V&R Academic

Reiner Knieling / Andreas Ruffing (Hg.)

Männerbeziehungen

Männerspezifische Bibelauslegung II

Vandenhoeck & Ruprecht

Biblisch-theologische Schwerpunkte Band 37

Bibliografische Information der Deutschen Nationalbibliothek

Die Deutsche Nationalbibliothek verzeichnet diese Publikation in der Deutschen Nationalbibliografie; detaillierte bibliografische Daten sind im Internet über http://dnb.d-nb.de abrufbar.

ISSN 2198-1086
ISBN 978-3-525-61618-5

Weitere Ausgaben und Online-Angebote sind erhältlich unter: www.v-r.de

Umschlagabbildung: Eugène Burnand: Les disciples Pierre et Jean courant au sépulcre le matin de la Résurrection, AKG254761, © akg-images

Satz: textformart, Göttingen
Druck und Bindung: ⊕ Hubert & Co, Göttingen

Gedruckt auf alterungsbeständigem Papier.

Inhalt

Neues Testament

Einführung

Reiner Knieling und Andreas Ruffing

„Mann sein ist kein abendfüllendes Programm“ könnte man in Anlehnung an ein Wort Fritz Kortners formulieren – jedenfalls nicht jeden Abend.[1] Und doch sind die erlebten Unterschiede zwischen Mann und Frau vorhanden. Sie prägen unsere Bilder voneinander, unser Reden übereinander, unser Verhalten. Der Eingangssatz z. B. wird ganz unterschiedliche Phantasien auslösen, wie Männer ihre Abende verbringen – und wie das mit der Abendgestaltung von Frauen übereinstimmt oder sich davon unterscheidet. Sobald Man(n) und Frau tiefer fragen, was Unterschiede und Gemeinsamkeiten sind, stellen sich nicht selten Unsicherheiten ein: Kann man das überhaupt so genau sagen? Gibt es nicht viel mehr Übereinstimmungen als Unterschiede? Und gibt es nicht zu jeder Tendenzaussage Gegenbeispiele?

Natürlich: Tendenzaussagen über eine Gruppe, ein Milieu, eine Kultur, ein Geschlecht sind keine Aussagen über jede und jeden. Und natürlich gibt es unzählige Gemeinsamkeiten zwischen Männern und Frauen. Bei vielen Überzeugungen und Verhaltensweisen liegen z. B. eher traditionell orientierte Frauen und Männer auf der einen Seite und eher modern orientierte Frauen und Männer auf der anderen Seite jeweils viel näher zusammen als Männer unter sich und Frauen unter sich. Das bedeutet aber nicht, dass Unterschiede zwischen Frauen und Männern bedeutungslos wären, ganz gleich, auf welche biologischen, sozialen oder kulturellen Faktoren sie zurückgeführt werden.[2] Sie prägen aktuell unser Erleben – als ein Faktor neben vielen anderen. Und es bleibt spannend, was die verschiedenen Wissenschaften dazu noch ans Licht bringen werden, welche Unterschiede irgendwann verschwunden sein werden, welche bleiben oder neu entstehen.

„Mann sein ist kein abendfüllendes Programm." Das könnte man auch über die biblischen Zeiten und Kulturen sagen. Die erlebten Unterschiede sind keineswegs allgegenwärtig, aber doch spürbar: manchmal ganz offensichtlich und manchmal sehr verborgen. *Mann sein ist kein abendfüllendes Programm, färbt aber Letzteres genauso wie das Tagesgeschäft und das Beziehungsgefüge ein.* Nach Männerbildern und Frauenbildern zu fragen, schärft den Blick für Aspekte, die sonst übersehen würden. Es bereichert die Lektüre biblischer Texte: Welche Männlichkeits- und Weiblichkeitskonstruktionen spiegeln sich in den verschiedenen biblischen Büchern? Welche unterschiedlichen Facetten sind zu entdecken: bei den vielen Frauen und Männern, von denen erzählt wird; bei denen, die die Traditionen mündlich und schriftlich weitergegeben haben; und bei denen, die die Auslegungsgeschichte geprägt haben? Welche Vorstellungen ändern sich bei den Frauen und Männern im Laufe des Lebens? Welche Männlichkeits- und Weiblichkeitskonstruktionen werden in den biblischen Büchern kritisch gebrochen? Wo und wie ist die Bipolarität bestimmend und wo bilden sich „Zwischenräume"? Die Schärfung des Blicks auf Männlichkeits- und Weiblichkeitskonstruktionen in der Bibel wird durch eine weitere Fragerichtung verstärkt, die – jedenfalls bei Männern – noch weniger selbstverständlich ist als die eben genannten Fragen: Was bedeutet es, dass wir heute diese Fragen als Frauen und Männer stellen? Was tragen wir dadurch ein? Was verstärken wir? Was übersehen wir?

Wir fokussieren in diesem Band auf „Männerbeziehungen". Es geht um berufliche und private Beziehungen, um Beziehungen zwischen den Generationen, um Vertrauen und Misstrauen, um geschenktes Glück und lähmende Konflikte, um Verlässlichkeit und Brüche, um Macht und Ohnmacht … und nicht zuletzt um die Gottesbeziehung. Unsere Hoffnung ist, dass die Lektüre der Beiträge den Blick für die Vielfalt von Männerbeziehungen vertieft: Wie werden die Männer zu den Männern, die sie später sind: Mose, David, Petrus, Paulus und die vielen anderen? Was wird ihnen im Laufe ihres Lebens „eingeschrieben"?[3] Wie verändert sich ihre Art, ihr Mann-Sein zu leben und zu erleben? Was erleiden sie und was gewinnen sie im Laufe ihres Lebens? Wie üben sie Macht aus und welchen Mächten und Kräften sind sie ausgesetzt? Wie nehmen Männer ihre Beziehungsverantwortungen wahr: der (Groß-)Familie gegenüber, Freunden und dem eigenen Volk gegenüber? Welche Ambivalenzen spiegeln sich in den beschriebenen Männern und in den Darstellungen? Welche Männlichkeitskonstruktionen werden reproduziert und damit stabilisiert? Welche werden mit anderen konfrontiert, transformiert oder verändert? Was wird ganz ohne Bewertungen erzählt und was wird bewertet? Was wird – absichtlich oder unabsichtlich – offen gelassen? Schließlich: Welche verändernden Potenziale liegen in den Gotteserfahrungen und Gottesbeziehungen? Was wird dadurch neu in die Männerbiographien eingeschrieben? Welche anderen Einschreibungen verlieren durch Gottesbegegnungen ihre Kraft? Welche neuen Ausprägungen von Mann sein und Männerleben entwickeln sich aus den Gotteserfahrungen?[4]

Wenn wir diesen Fragen nachgehen, entsteht ein immer genaueres Bild, wie Männer in der Bibel beschrieben werden. Damit ist noch nicht entschieden, was von all dem genauso oder ähnlich für Frauen in der Bibel gelten mag und was sich unterscheidet. Das wäre der nächste Schritt: der Vergleich mit dem, wie Frauen dargestellt werden. In manchen Beiträgen in diesem Buch finden sich Hinweise dazu. An manchen Stellen gibt es aus den antiken patriarchalisch geprägten Kulturen zu wenige Daten, um den Vergleich seriös durchführen zu können. Und an manchen Stellen ist schlicht weitere Forschungsarbeit nötig.[5]

Unsere Hoffnung ist, dass die Lektüre der Beiträge auch für den Blick für unser Mann- und Frau-Sein sensibilisiert: Was regt mich als Leser und Leserin an, *mein* Mann-Sein und *mein* Frau-Sein zu leben? Was regt mich auf? Was fordert meine eigenen Männlichkeits- und Weiblichkeitsvorstellungen heraus, was relativiert oder „verflüssigt" sie? Was gibt mir Orientierung und Mut in Zeiten von Unsicherheit und biografischen Bruchlinien? Was irritiert mich? Was inspiriert mich? Was nährt meine Lebendigkeit? Was fördert meine Flexibilität? Solche Fragen verstehen wir als Einladung, mit den dargestellten Personen in Beziehung zu treten – und mit der eigenen Männlichkeit bzw. Weiblichkeit. So kann ein anregender Dialog entstehen: mit den biblischen Figuren; mit den Autoren und der Autorin dieses Bandes; mit dem eigenen Herzen oder mit anderen Menschen, Frauen und Männern. Abendprogramme von Männern sind genauso wenig wie die von Frauen für alle Zeiten festgelegt. Und die Möglichkeiten, Beziehungen zu gestalten, sind bunter, als uns manche „Einschreibungen" glauben lassen.

Wir danken allen Autoren und der Autorin und wünschen eine inspirierende Lektüre.

Anmerkungen

1 Vgl. *Ebach*, Jürgen (2006), Elija. Ein biblisches Mannsbild, in: Mannsbilder. Kritische Männerforschung und theologische Frauenforschung im Gespräch (Theologische Frauenforschung in Europa, Bd. 21), hg.v. Marie-Theres *Wacker* u.a., Münster, 65–91, 67 mit Hinweis auf Fritz Kortners Aperçu: „Jude sein ist nicht abendfüllend".

2 Vgl. dazu: *Knieling*, Reiner (2010), Männer und Kirche. Konflikte, Missverständnisse, Annäherungen, Göttingen, bes. Kap. 2 und 5. Zu all den Unterschieden, die neurobiologisch *nicht* bestätigt werden können, und den wenigen, für die es neurobiologische Ursachen (v.a. hormoneller Art, wobei die Hormonspiegel schwanken!) zu geben scheint, vgl. *Roth*, Gerhard (2010), Intelligenz, Begabung und Geschlecht aus der Sicht der Hirnforschung, in: Intelligenz, Begabung und Geschlecht im Spiegel der Wissenschaft, hg.v. Deutschen Hochschulverband, Bonn, 54–63, 62f., und *Güntürkün*, Onur (2011), Gehirn und Geschlecht, in: *Fink*, Helmut/*Rosenzweig*, Rainer (Hg.), Mann, Frau, Gehirn. Geschlechterdifferenz und Neurowissenschaft, Paderborn, 15–32. Dabei ist zu bedenken: Ausbildung, Aktivität und Veränderung des Gehirns stehen in enger Wechselwirkung mit anderen Faktoren: Umwelt, Erziehung, Sozialisation, Kultur, aktuelle Situation etc.

3 Vgl. z.B. *Bourdieu*, Pierre ([4]2006), Die Männliche Herrschaft, Frankfurt a.M.

4 Was diese Fragen für die Seelsorge mit Männern und von Männern bedeuten, entfalten Christoph *Morgenthaler* und David *Kuratle* facettenreich in ihrer Männerseelsorge, die demnächst bei Kohlhammer erscheint. Die (parallele) Lektüre ihres und des vorliegenden Bandes wird (1) das Ge-

spräch zwischen biblischer und praktischer Theologie befruchten, (2) das Gespür vertiefen, wie Potenziale biblischer Männlichkeitswandlungen Seelsorgewege unterstützen, heilsam irritieren und voranbringen und (3) den Blick für Männerspezifisches in biblischen Texten schärfen.

5 Grundlegendes zum Thema ist zu finden in unserer Einführung in dem von uns herausgegebenen Band „Männerspezifische Bibelauslegung" (2012), Göttingen, 7–15.

Altes Testament

Die Konflikte zwischen Brüdern in der Genesis – typisch männliche Konflikte?

Matthias Millard

Eine Reihe von Bruderkonflikten in der Genesis

Bruderschaft ist im Alten Testament eine grundlegende Kategorie, mit der die Beziehung zum Stammes- oder Volksgenossen beschrieben und geregelt werden kann.[1] Zugleich kann aber Bruderschaft auch eine Beziehung bezeichnen, die nicht auf tatsächlicher Verwandtschaft beruhen muss, sondern die durch eine gelebte Beziehung erworben werden kann:

בכל־עת אהב הרע
ואח לצרה יולד

Zu jeder Zeit liebt der Gefährte,
aber ein Bruder wird für die Not geboren.
(Prov 17,17)

Diese beiden Verwendungen des Begriffs des Bruders entsprechen der Alltagssprache. In Aufnahme dieses Verwandtschaftsbegriffes präsentiert die Genesis ein weitreichendes theologisches Modell, indem sie am Anfang der Geschichte die Menschheit als ein System von Verwandtschaft präsentiert, das auf einem einzigen Urmenschenpaar beruht:[2] Die gesamte Menschheitsgeschichte wird als eine Familiengeschichte dargestellt.

Bruderschaft ist im ersten Buch der Bibel insgesamt vor allem ein konfliktbeladenes Thema: Kain und Abel, Jakob und Esau, Josef und seine Brüder sind nur die bekanntesten Beispiele. Im genealogischen Modell der Genesis spielen sie neben der individuellen auch auf einer kollektiven Ebene eine Rolle: Wenn Völker als Brudervölker dargestellt werden wie Israel und Edom in der Jakobsgeschichte der Genesis Gen 25–35, ist die Beziehung der Völker tatsächlich schwierig, wie beispielsweise der Fluch Ps 137,7 belegt. Alle Völkerkonflikte sind in dieser biblischen Darstellung im weiteren Sinne Geschwisterkonflikte.[3] Kain und Abel repräsentieren dabei im engeren Sinne eine allgemein menschheitliche Ebene, Jakob und Esau einen Konflikt zwischen Israel und einem Nachbarvolk, Josef und seine Brüder einen innerisraelitischen Konflikt.

Zugleich handelt es sich bei den verschiedenen Erzählungen von Bruderkonflikten in der Genesis um eine auch nach inhaltlichen Gesichtspunkten geordnete Reihe. Das wird am deutlichsten, wenn man sich ihren Anfangspunkt mit Kain und Abel und ihren Endpunkt mit Joseph und seinen Brüdern vor Augen führt: Der erste Fall steht für das schlechteste mögliche Ergebnis, die Ermordung eines Bruders durch den anderen. Beide, Opfer und Täter, scheiden aus dem die Bibel tragenden genealogischen System nach dem Intermezzo durch den noch blutrünstigeren Kainnachfahren Lamech und seiner wohl als abbrechend gedachten Linie aus (Gen 4,18 ff.), so dass mit Set ein eigens gezeugter dritter Nachkomme Adam und Evas die Menschheitsgenealogie weiterführt (Gen 5).

Der letzte Fall von diesen Bruderkonflikten eskaliert zunächst ähnlich dramatisch, indem Josef mit knapper Not und nur durch die Intervention des ältesten Bruders Ruben dem Tod entrinnt (Gen 37,18–22.26). In der Josefgeschichte wird nun aber nicht nur der zunächst bedrohte Bruder vom Tode gerettet, sondern der Gerettete kann im weiteren Verlauf der Josefgeschichte selber zum Lebensretter seiner Familie werden. Impliziert das Ende von Gen 4 mit dem Abbrechen der Genealogie des Brudermörders Kain die weisheitliche Sentenz „Der Weg der Frevler vergeht“ (Ps 1,6b) wie eine Drohung, so illustriert nun die Josefgeschichte, dass sich die Bewahrung des Bruders auszahlt. Das Lernen, das sich durch die Betrachtung der Reihe von Bruderkonflikten ergibt, zeigt, dass Israels Lösung des Problems der Bruderkonflikte ein Lernprozess ist, der auch für die Lösung eines allgemein-menschheitlichen Problems relevant ist: So wie Josef und seine Brüder haben lernen können, dass es sinnvoll ist, den Bruder am Leben zu lassen, kann und soll dies jedermann lernen.

Als Motiv für den Hass des Bruders liegt in Gen 4 wie in Gen 37 Neid nahe. Dem gegenüber entfalten die textlich dazwischen stehenden Varianten der erzählten Bruderkonflikte ein weiteres Spektrum dahinter stehender Motive: So geht es beispielsweise im Kampf von Esau und Jakob um das Erstgeburtsrecht und den Erstgeburtssegen (Gen 25,34; 27), die Hirten Abrahams und Lots wiederum streiten sich um Wasser (Gen 13,6 f.). Letztere Erzählung ist in die Reihe von Bruderkonflikten hinzuzurechnen, obwohl Lot Neffe von Abraham ist, weil Lot als Sohn Harans sein Rechtsvertreter ist und Abraham den jüngeren Lot als seinen Bruder anspricht (Gen 13,8), was der Erzähler zustimmend aufnimmt (Gen 13,11). Auch die mittlere Generation der Erzeltern hat mit Ismael und Isaak ein Halbbruderpaar, zu dem es eine das Verhältnis prägende Konfliktgeschichte gibt: Allerdings ist die Deutung von Gen 21,9 umstritten, wie schon ein Vergleich der Bibelübersetzungen zeigt:

> *Und Sara sah den Sohn Hagars, der Ägypterin, den sie Abraham geboren hatte, wie er Mutwillen trieb.* (revidierte Lutherbibel 1964/1999)[4]
>
> *Eines Tages beobachtete Sara, wie der Sohn, den die Ägypterin Hagar Abraham geboren hatte, umhertollte.* (Einheitsübersetzung)[5]
>
> *Und Sara sah den Sohn der Ägypterin Hagar, den diese dem Abraham geboren hatte, scherzen.* (Elberfelder Bibel, Edition SCM Brockhaus 2006, 3. Auflage 2011)[6]
>
> *Und Sara sah den Sohn Hagars, der Ägypterin, den sie Abraham geboren hatte, spotten*[7]. (Elberfelder Bibel, Edition CSV Hückeswagen 2003, 3. Auflage 2009)

Der Interpretationsgegensatz wird zwischen der revidierten Lutherbibel und der Einheitsübersetzung deutlich: Vergeht sich Ismael in irgendeiner Weise an Isaak, der hier allerdings namentlich nicht genannt ist, oder spielt er einfach? Beide aktuellen Elberfelder Bibeln scheinen sich nicht zwischen beiden Interpretationen entscheiden zu wollen, sondern deuten einen möglichen negativen Ton Ismaels gegenüber Isaak an, den die anderen neueren Übersetzungen zu Recht nicht einbringen.[8] Die Konfliktlösung mit der Vertreibung Hagars und Ismaels[9] ist entsprechend in diesem Fall vorsorglich zu verstehen, ähnlich wie Abraham kurz vor seinem Tod die Söhne seiner späteren Frau Ketura mit Geschenken wegschickt (Gen 25,6), wohl um Isaak als seinen Erben und Träger der Verheißung zu schützen.

Die Trennung als Modell der Konfliktlösung kann damit im Textverlauf der Genesis bereits am Ende der Abrahamerzählung als etabliert gelten.[10] Eingeführt wird es in der Erzählung vom Streit der Hirten Abrahams und Lots. Der Konflikt wird dabei zunächst nach dem Schema der Familienordnung geführt: Die einzelnen Mitglieder einer Gruppe delegieren ihren Konflikt an ihr Familienoberhaupt, und insofern ist der Konflikt zwischen den Hirten nun auf einer zweiten Ebene ein Konflikt zwischen Abraham und Lot als je eigenen Familienoberhäuptern, was typisch ist für die erzählte Ordnung der vorstaatlichen Zeit: Die Konflikte entscheiden sich entlang der familiären Strukturen und werden so zu Konflikten der Familienhäupter.[11] Der ältere und entsprechend eigentlich höher gestellte verzichtet dabei auf das Privileg der ersten Wahl: Als Höhergestellter innerhalb derselben Familie hätte er unter Umständen den Konflikt auch ganz autoritär und zu eigenen Gunsten regeln können, und genau darauf verzichtet Abraham hier. Der jüngere nimmt das Angebot der freien Wahl an und entscheidet sich für das offensichtlich fruchtbarere Land (Gen 13,10 f.), dessen Gefährdung durch die bösen ortsansässigen Bewohner zwar durch den Kommentar des Erzählers Gen 13,13 sofort danach in den Blick kommt, erzählerisch aber erst sehr viel später in der Geschichte der Vernichtung Sodom und Gomorras ab Gen 18,20 ff. ausgeführt wird. Diese freie Wahl bei der Trennung ist der große Unterschied zwischen der Trennung zwischen Abraham und Lot und den anderen Trennungsgeschichten, in denen die Trennung nicht wirklich auf einer freien Wahl beider Parteien beruht: Bei Jakob ist die Trennung eher eine Flucht vor der Rache des Bruders, bei

Josef erfolgt die Trennung durch einen Verkauf ins Ausland. Beide Trennungen verhindern, dass sich der Konflikt zwischen den Brüdern in einem Mord entlädt: Esau plant die Ermordung Jakobs (Gen 27,41), und auch Juda verhindert mit seinem Vorschlag des Verkaufs Josefs nach Ägypten dessen Ermordung (Gen 37,26 f.). Die Trennung zwischen Abraham und Lot ist hier im erzählerischen Duktus gewissermaßen ein positives Urbild, das in den folgenden Beispielen variiert wird. Das beginnt bereits innerhalb der Abrahamgeschichte selber, indem Abraham die Söhne seiner späteren Frau Ketura noch zu seinen Lebzeiten wegschickt (Gen 25,6).

Dass sich die Trennung als elementares Konfliktlösungsmodell aber dennoch insgesamt bewährt, wird erzählerisch durch den Fortgang der jeweiligen Trennungsgeschichten deutlich: So können in der Abrahamgeschichte Isaak und Ismael gemeinsam ihren Vater Abraham beerdigen (Gen 25,9).[12] Auch der Konflikt zwischen Jakob und Esau kann zumindest eine Begegnung aushalten, in der die Spannung zwar mit Händen zu greifen ist, aber kein offener Konflikt zwischen den beiden Brüdern ausbricht. Auf Seiten von Jakob ist hier sein Kampf Gen 32,24–32 zu nennen, indem der Kampf mit Esau stellvertretend vorweg genommen wird: Innerhalb der Geschichte wechselt die Wahrnehmung, ob Jakob mit einem Mann oder Gott kämpft, als Jakob danach seine Augen erhebt, sieht er Esau mit 400 Mann (Gen 33,1). Am Ende der Begegnung der beiden Brüder gehen beide getrennte Wege, das Modell der Trennung als elementare Konfliktlösung bleibt gewahrt (Gen 33,26 f.).

Auch die Konfliktlösung in der Josefgeschichte ist ja zunächst im Modell der Trennung verständlich, indem der dem Tod entronnene Bruder nach Ägypten verkauft wird.[13] Die Lösung der Josefgeschichte liegt damit einerseits ganz auf der Ebene der vorhergehenden Geschichten: Auch am Ende der Josefgeschichte sind die Brüder beispielsweise in der Lage, gemeinsam den Vater zu bestatten (Gen 50,12 f.) Die Josefgeschichte geht allerdings zugleich weiter, indem deutlich wird, dass die getrennt lebenden Brüder zu jedem Zeitpunkt in einer Verantwortungsgemeinschaft füreinander verbleiben. Ein Zusammenleben bleibt aber für die Täter ein Leben in Angst, insbesondere als der gemeinsame Vater tot ist (Gen 50,15). Ob diese Angst dadurch, dass Josef die Geschichte als Vorsorge Gottes deutet (Gen 50,20), wirklich besiegt ist, bleibt fraglich. So ist die Josefgeschichte auf dem Weg hin zu einer wirklichen Versöhnung; ob sie stattgefunden hat, bleibt der Deutung des Lesers und der Leserin überlassen. Ein Mittel der Versöhnung könnte innerhalb der Reihe von Bruderkonflikten schon vorher vorgestellt worden sein: Der großzügige Verzicht auf mögliche Vorrechte, wie ihn Abraham gegenüber dem ihm in jeder Hinsicht unterlegenen Lot praktiziert, indem er Lot als dem jüngeren die Wahl des Landes überlässt (Gen 13,8 f.). Abraham kann auch durch Wahrnehmung bleibender Verantwortung für Lot trotz der Trennung als vorbildlich gelten (Gen 18,22 ff.).

Einen Sonderfall stellen die erzählten Fälle der dreifachen Brüder dar: Der dritte Bruder kann dabei eine mittlere Rolle einnehmen wie Japhet zwischen den Antipoden Sem und Ham (vgl. Gen 9,18–27), er kann aufgrund der Erwählung eines Bruders wie Abraham ein weiterer, zurückbleibender Bruder sein (vgl. Gen 11,27), er kann auch erzählerisch notwendig werden, weil der ursprüngliche Bruder tot ist (vgl. Gen 4,25). Insofern sind diese Erzählungen der mehrfachen Bruderschaft nur Varianten des einfachen Typs der Konflikte zweier Brüder.[14]

Die Konfliktgeschichten in der Genesis – typische Männergeschichten?

Sind diese Bruderkonflikte ein rein männliches Problem? Innerhalb der Genesis gibt es wie in der Bibel insgesamt Figuren, deren geschlechtliche Rollen eindeutig bestimmt sind. In anderen sprachlichen und erzählerischen Formen scheint wiederum das Geschlecht keine Rolle zu spielen. Ein Beispiel für eine geschlechtsübergreifende Sprachform findet sich beispielsweise im Dekalog: Der grammatischen Form nach sprechen beispielsweise die Prohibitive nur männliche Personen an. Dies mag auf einer vorliterarischen Interpretationsebene, in der primär alle rechtsfähigen Männer angesprochen werden, Sinn machen. Dennoch ist auf der Interpretationsebene beispielsweise der Sinaiperikope mit dem ganzen Volk als direktem Adressaten Gottes (Ex 20,18–21) beispielsweise die Gültigkeit des Mordverbotes auch für Frauen wohl kaum bestreitbar. Inklusivität ist aber nicht nur ein grammatisches Phänomen. Innerhalb der Figuren der Genesis ist Adam bei einer zusammenhängenden Lektüre der beiden Schöpfungserzählungen in Gen 1,26–2,21 ein personifiziertes Beispiel für Inklusivität, er wird dann aber ein Beispiel für geschlechtliche Differenzierung. Dass Adam als literarische Figur eine Person ist, wird zum Beispiel dadurch deutlich, dass er eine Arbeit erhält und mit Geboten angesprochen wird (Gen 2,15 f.). Dass in dieser Person nicht nur ein männlicher, sondern auch ein weiblicher Anteil steckt, wird dann durch seine schöpferische Trennung deutlich (Gen 2,22), in deren Folge dann Adam durch sein weibliches Gegenüber Eva nicht nur grammatisch, sondern auch in seinem Rollenverhalten eindeutig männlich wird. Ganz auf dieser Linie ist Adam in Gen 1 als androgyner Mensch, also als Adam vor seiner Teilung, zu denken, und nur insofern ist der Adam von Gen 1 die personifizierte Menschheit. Deutlich wird dieses Zusammenspiel von kollektivem Singular und implizitem Plural in Gen 1,27: „Da schuf Gott Adam (Sg.) als göttliches Bild, als Bild Gottes wurde er (Sg.) geschaffen, männlich und weiblich hat er (Sg. für Gott) sie (Pl. für den geschlechtlich differenzierten „Adam“) geschaffen.“[15]

Der androgyne Urmensch ist nur ein Beispiel, wie sich innerhalb der Genesis Personen und ihre geschlechtlichen Rollenbilder verändern. Mal handeln Personen typisch genderspezifisch, mal allgemein menschlich. Zudem unterscheiden sich genderspezifische Rollenverhalten auch innerhalb der Genesis zwischen den unterschiedlichen Erzelterngenerationen. So nimmt beispielsweise innerhalb der Geschichte von Abraham und Sara die Frau die Rolle der impliziten Trägerin der Verheißung ein: Obwohl die Verheißungen von Land und Nachkommenschaft grammatisch an eine männliche Person gehen, müssen Abraham und Sara lernen, dass Sara ebenfalls Trägerin der Verheißung ist und insofern nicht einfach und noch nicht einmal innerhalb des Erzelternpaares einvernehmlich durch Hagar ersetzt werden kann.[16] Ganz anders ist die Darstellung in der Jakoberzählung, in der die 12 Söhne von vier verschiedenen Frauen unterschiedslos als Söhne Jakobs Teil von Israel und Träger der Verheißung sind.

Was bedeutet das nun für die Erzählungen der Bruderkonflikte in der Genesis? Sind es typische Männererzählungen oder sind die männlichen Protagonisten nur Vertreter einer allgemeinen anthropologischen Aussage? Es fällt zunächst schon einmal auf, dass eine ähnliche Reihe von Konflikten in der Genesis von Frauen nicht erzählt wird. Dass kann einerseits daran liegen, dass Frauen in der Genesis erzählerisch benachteiligt werden, indem beispielsweise ihre Namen oder sogar ihre aus dem Zusammenhang notwendig anzunehmende Geschichten nicht explizit erzählt werden. Wenn beispielsweise die Welt auf ein Urmenschenpaar zurückgeht, muss es auch Töchter von Adam und Eva gegeben haben, die aber weder in den Erzählungen noch in den genealogischen Listen erwähnt werden. Was die namenslose Frau Kains (Gen 4,17) zu dessen Bluttat gedacht hat, erfahren wir nicht. Erst Lamechs Frauen werden namentlich erwähnt, vermutlich um die Kinder Lamechs den jeweiligen Teillisten zuordnen zu können (Gen 4,19 ff.).

In der Regel sind es solche polygamen Verhältnisse, die innerhalb der Genesis typischerweise die Konfliktgeschichten zwischen Frauen motivieren. So ist die Trennung zwischen Ismael und Isaak wohl im Kern eher ein tatsächlicher Konflikt zwischen den beiden Müttern Sara und Hagar, für die entsprechend die Lösung der Befriedung durch Trennung gilt. Auch der Gebärwettstreit zwischen den Schwestern Lea und Rahel, den beide in Phasen, in denen sie nicht schwanger werden, mit dem Einsatz ihrer Dienerinnen als Nebenfrauen Jakobs eskalieren lassen, ist durch die polygamen Verhältnisse begründet. Das heißt nun aber nicht, dass die Konflikte um Nachkommenschaft auf Frauen beschränkt sind. Da rechtmäßige polyandre Verhältnisse im Alten Testament nicht bekannt sind, sind die sogenannten Schwagerehen die einzigen Fälle, in denen verschiedene Männer rechtmäßig um die Nachkommenschaft einer Frau konkurrieren: Da der Schwager nach dem Tod seines kinderlos gebliebenen Bruders zur Schwängerung der Witwe verpflichtet ist, konkurrieren hier seine eigenen ehelichen Kinder mit denen in der Schwagerehe zu zeugenden, die dann als Kinder des Verstorbenen gelten. Entsprechend dominieren im Alten Testament Erzählungen von Fällen, in denen die Männer die Schwagerehe verweigern[17] oder zumindest die Zeugung von Nachkommen in der schwagerehelichen Verbindung vermeiden.[18]

Zwischen Frauen werden damit in der Genesis auch Konfliktgeschichten erzählt, sie haben aber nicht denselben tödlichen Ernst, wie er seit Kain und Abel hinter allen Bruderkonflikten steht. Natürlich können auch Frauen Konflikte mit tödlichem Ernst austragen, aber: Gewalt, gerade tödliche Gewalt ist in der Bibel wie in unser heutigen Welt ein typisches Männerphänomen. Das belegt nicht nur die Wirklichkeit heute, sondern zeigen auch andere biblische Texte, nicht zuletzt auch das Richterbuch, das in vielerlei Hinsicht mit der Genesis verwandt ist.[19] Das Richterbuch kann nun als ein Beispiel gelesen werden, wie durch das Vergessen der Geschichte Gottes mit seinem Volk und damit auch der Tora[20] Gewalt immer unkontrollierbarer wird und sich ausbreitet. Frauen sind dabei gelegentlich Anlass von Gewalt, vor allem aber ihre Opfer.[21] Männer hingegen werden zwar auch Opfer von Gewalt, können aber Gewalt an Männern verhindern, indem sie Frauen statt Männern opfern.[22] In der frühen Phase des Richterbuches können Frauen den Niedergang aufhalten, indem sie eher männliche Rollen annehmen. So ist es kein Zufall, dass Debora als einzige Richterin innerhalb des biblischen Richterbuches recht früh platziert ist. Dass Debora als eine solche Ersatzrichterin die einzige ist, die dem eigentlichen Sinn des Wortes entsprechend tatsächlich Recht spricht (Ri 4,5), hat noch eine gesonderte Pointe – Frauen funktionieren in traditionell männlich belegten Rollen manchmal besser und machen so deutlich, dass diese Rolle gerade kein männliches Privileg sein sollte. Das betrifft nun auch die Ausübung militärischer Gewalt: Die ideale Ersatzrichterin Debora hat für diesen Teil ihres Aufgabenspektrums ihren Feldhauptmann Barak. Aber im literarischen Umfeld der Deborageschichte gibt es eine andere Frau, die die Tötung des Feindes übernimmt, zu der die israelitischen Männer nicht fähig waren: Jael tötet den geflohenen feindlichen Feldhauptmann Sisera, den sie mütterlich umsorgt, ihn zudeckt (Ri 4,18) und ihm Milch aus einem Schlauch gibt (Ri 4,20) – auch in solchen Details wird deutlich, wie hier an dieser Stelle im Richterbuch traditionelle Rollenbilder bewusst umgekehrt werden, denn diese Fürsorge dient der Absicherung der Tötung. Ganz anders traditionell sind die Rollenbilder demgegenüber am Schluss des Richterbuches verteilt: Hier ist das Versagen der Männer, das Frauen gerade nicht mehr aufhalten. Hier werden Frauen Opfer männlicher Gewalt, beginnend mit Jefta, der seine Tochter anders als Abraham seinen Sohn tatsächlich opfert (Ri 11,39). Dieses Motiv wird weitergeführt mit Simson: Für Simson scheinen Frauen mit Ausnahme seiner Mutter Objekte sexueller Begier zu sein,[23] was ihn zu immer größerer Gewalt treibt.[24] Auch in den sogenannten Anhängen des Richterbuches wird das Anwachsen männlicher Gewalt beschrieben: Der Tod einer Frau wird durch das Strafgericht an dem Stamm Benjamin gerächt (Ri 20). Um den Stamm Benjamin aber nicht auszurotten, werden dann die gesamten Bürger von Jabesch in Gilead getötet (Ri 21,10) mit Ausnahme der unverheirateten Frauen, die zu Zwangsehen mit Benjaminitern genötigt werden (Ri 21,14, ähnlich 21,23). Gerade dadurch, dass hier Frauen als Opfer der Gewalt beschrieben werden, wird deutlich, dass es Männer sind, die als Täter agieren.

Wege aus der Gewalt

Fassen wir zusammen, wie die Genesis einen Weg aus der Gewalt weist. Im Erzählduktus der Genesis ist es Gott selber, der lernt, dass Gewalt keine Lösung ist: Endet schon die Kaingeschichte damit, dass das Leben des Täters geschützt wird (Gen 4,15), so verzichtet Gott nach der Massenvernichtung durch die Flut programmatisch auf eine solche Gewaltausübung durch die Aufhebung der Ordnung in der Natur mit der Zusage: „Nie wieder werde ich schlagen, was da alles lebt, wie ich es getan habe" (Gen 8,21b).

Auf der Ebene der Menschen erfolgt das Lernen von Wegen aus der Gewalt in mehreren Stufen, wobei es jeweils Männer sind, an denen dieser Lernprozess verdeutlicht wird: Sie sind es, die die klarere Gewalt ausüben, und entsprechend sind sie es, an denen der Lernprozess illustriert wird. Insofern als im genealogischen Modell der Genesis die Individuen zugleich für Gruppen stehen, können diese Texte zugleich als Lösungsmodell für Gruppenkonflikte gelten. Als wichtige Elemente der Wege aus der Gewalt können von den Texten der Genesis her festgehalten werden:

1. Basis ist die räumliche Trennung der verfeindeten Parteien, die von beiden Seiten akzeptiert wird, auch wenn sie auf völlig unterschiedlichen Wegen erreicht wird.
2. Dass Gott auch für die unterliegende Partei sorgt, macht den Verzicht, der hinter allen Trennungen steht, leichter akzeptabel.
3. Trotz dieser Trennung bleiben die Parteien in gemeinsamer Verantwortung füreinander und für Dritte verbunden.
4. Versöhnung ist, wie insbesondere die Josefgeschichte zeigt, das Ziel. Die anderen Varianten der Bruderkonflikte zeigen aber wie die Josefgeschichte selber (vgl. Gen 50,15), dass dieses Ziel nicht immer erreichbar ist.

Das genealogische System der Genesis ist aber nicht nur die Grundlage einer bloß negativen, straftatverhindernden Ethik, sondern auch die Grundlage einer Geschwisterethik, die positive Ziele setzt und so zeigt, wie Versöhnung möglich werden kann: Dass alle Menschen in diesem System über das Urmenschenpaar Schwestern und Brüder sind, kann schon in der spätantiken jüdischen Bibelauslegung mit dem Liebesgebot Lev 19,18 verbunden werden. Deutlich wird dies in einer typischen jüdischen Auffassung dieses Gebotes: „Halte lieb deinen Genossen, dir gleich" übersetzt Martin Buber das Liebesgebot.[25] Buber schwankt hier zwischen zwei Übersetzungsvarianten: Der üblichen christlichen, in der der Vergleich als Adverb gelesen wird[26] und einer typisch jüdischen, die den Vergleichspunkt zwischen dem liebenden Ich und dem zu liebenden Du ansetzt. Letztere Deutung ist rabbinisch recht breit durch einen Bezug zwischen Lev 19,18 und der Menschheitsgenealogie Gen 5 belegt.[27] Hierbei kann mal die anthropologische Grundlegung des gemeinsamen Ursprunges aller Menschen, mal die ethische Konkretion zum Grundprinzip erklärt werden.[28] So heißt es in Sifra Qedoshim 4 (Kommentierung von Lev 19,18):

> *Liebe Deinen Nächsten. Er ist wie Du* (Lev 19,18)
>
> Rabbi Aqiba sagt:
>
> *Das ist ein wichtiger Grundsatz in der Tora.*
>
> Ben Azzai sagt:
>
> *Dies ist das Buch der Zeugungen Adams.* (Gen 5,1)
> *Das ist ein wichtigerer Grundsatz als dieser.*
> *Alternativ heißt es in Genesis Rabba 24,7* (zu Gen 5,1):
>
> Ben Azzai sagt:
>
> *Dies ist das Buch der Zeugungen Adams.* (Gen 5,1)
> *Ein wichtiger Grundsatz in der Tora.*
>
> Rabbi Aqiba sagt:
>
> *Liebe Deinen Nächsten. Er ist wie du.* (Lev 19,18)
> *Ein wichtigerer Grundsatz als dieser.*

Fest steht damit nicht, welche Stelle wichtiger ist oder welche Stelle von welcher abhängt, wohl aber, dass nach rabbinischer Auffassung beide Stellen aufeinander bezogen sind. Durch die Stellenverbindung wird deutlich, dass das Nächstenliebegebot und das Konzept des gemeinsamen Ursprungs aller Menschen fest miteinander verbunden gedacht werden. Insofern ist auch das Feindesliebegebot keine Neuerung, sondern im Nächstenliebegebot eingeschlossen:[29] Wenn alle Menschen Geschwister sind, ist auch der Feind trotzdem ein Mensch, mit dem ich als Bruder oder Schwester verbunden bleibe. Die Aufforderung zu geschwisterlicher Liebe wird insofern auch nicht durch die

Selbstliebe als Relation begrenzt: Geschwisterschaft ist nicht quantifizier- und nicht beendbar. Das Liebesgebot zielt damit auf die positive Ausgestaltung einer unauflösbaren Beziehung. Es beschreibt damit ein Ideal, auf dessen Hintergrund der Rat zur Trennung zur Verhinderung weiterer Gewalt lediglich als erster Schritt auf einem wesentlich weiteren Weg erscheint.

Allerdings wären wir manchmal froh, wenn wenigstens ein solches grundlegendes Element einer Konfliktlösung schon beschritten und verlässlich eingehalten würde. Ein Versuch, Liebe zu üben, darf nicht als Vorwand dazu dienen, eine Nähe herzustellen, die der andere als Wiederaufnahme des Konfliktes versteht. Genauso wie das Nicht-Töten Basis aller anderen Anstrengungen ist, mit Konflikten besser umzugehen, ist auch die Trennung als Verhinderung von Gewalt die Basis, die allenfalls in kleinen Schritten, zeitweise und einvernehmlich zugunsten einer Wiederentdeckung einer neu möglichen Gemeinschaft aufgegeben werden kann. Schließlich ist die Erneuerung der Gemeinschaft auch in der Genesis nur eine Lösung, die meisten Konflikte in der Genesis bleiben bis auf wenige biographische Schlüsselsituationen wie Beerdigungen dauerhaft auf der Ebene der Konfliktlösung durch Trennung stehen.

Anmerkungen

1 Vgl. z. B. im Deuteronomium Dtn 1,16; 15,3.9.11 f. u.ö., aber auch Hi 22,6; Jes 19,2; Jer 31,34.

2 Dazu ausführlich *Hieke*, Thomas (2003), Die Genealogien der Genesis, HBS 39, Freiburg i. Br. u. a.

3 *Crüsemann*, Frank (1993), Herrschaft, Schuld und Versöhnung. Der Beitrag der Jakobgeschichte der Genesis zur politischen Ethik, Junge Kirche 54 (1993), 614–620.

4 Die Bibel nach der Übersetzung Martin Luthers 1999). Bibeltext in der revidierten Fassung von 1984, Stuttgart.

5 Die Heilige Schrift. Einheitsübersetzung (1981), Stuttgart.

6 Elberfelder Bibel (2006, [3]2011), Witten/Dillenburg.

7 Auch in der Übersetzung von *Zunz* findet sich „spotten“ (Die vierundzwanzig Bücher der Heiligen Schrift. Übersetzt von Dr. Leopold Zunz, Basel o. J.). In der Elberfelder Bibel (Die Heilige Schrift. Aus dem Grund-

text übersetzt. Elberfelder Übersetzung. Edition CSV Hückeswagen, Hückeswagen, [3]2009) findet sich noch eine Anmerkung zu „spotten“: „O. [= oder] lachen“).

8 So z. B. BigS: „herumjauchzte“ (Ulrike *Bail* u. a. (Hg. [4]2011), Bibel in gerechter Sprache, Gütersloh), und Zürcher Bibel 2007: „spielte“ (Kirchenrat der Evangelisch-reformierten Landeskirche des Kantons Zürich, Hg., Zürcher Bibel 2007, Genossenschaftsverlag der Zürcher Bibel beim Theologischen Verlag Zürich 2007), entsprechend u. a. *Gunkel*, Hermann (1901, [9]1977), Genesis, Göttingen, 228; *Seebass*, Horst (1997) Vätergeschichte I (11,27–22,24), Neukirchen-Vluyn, 178; *Westermann*, Claus (1981), Genesis. 2. Teilband. Genesis 12–36 (BK I/2), Neukirchen-Vluyn, 414 f..

9 Auch nach der Rettung Hagars und Ismaels Gen 21,17–19 bleibt Ismael in der Wüste wohnen (Gen 21,20 f.).

10 Beachtlich ist, dass auch schon in der Urgeschichte Gott selber zum Mittel der Trennung zur Konfliktlösung greift, indem er das Urmenschenpaar aus dem Paradies als dem Ort der natürlichen Nähe zu ihm vertreibt.

11 Mit *Crüsemann*, Tora, 91–94, der diese Struktur kritisch zur üblichen These des Rechtes im Tor sieht.

12 Dass in der Beerdigungsnotiz Gen 25,9 die Söhne der zweiten Frau Abrahams Ketura nicht erwähnt werden, fällt angesichts der Nähe zu ihrer Wegschickung (25,6) auf. Das mag an den eigenständigen Bewahrungs- und Verheißungsgeschichten Ismaels und seiner Mutter Hagar liegen (vgl. z. B. Gen 16,12; 21,18). Immerhin fällt aber über das Verhältnis zu den Söhnen der Ketura auch kein böses Wort.

13 Eine Pointe ist hier allerdings, dass Ägypten oft mit dem Totenreich assoziiert wird,

14 Anders *Steinberg*, Julius (2011), Architektonische Bauformen als Mittel der literarischen Kommunikation am Beispiel von Gen 1–4, in: *Hilbrands*, Walter (Hg.), Sprache lieben – Gottes Wort verstehen: Beiträge zur biblischen Exegese. FS Heinrich von Siebenthal, Gießen, 51–73, hier 67–72, der in diesem sehr lesenswerten theologischen Entwurf den dritten Bruder als Beispiel für ein neues Element „neue Hoffnung“ sieht.

15 Frank Crüsemann hat zu Recht in seiner interpretierenden Übersetzung des Verses in der Bibel in gerechten Sprache herausgearbeitet, dass diese implizite Androgynität Adams auch für das Gottesbild Konsequenzen hat (unterstrichen sind die interpretierenden Ergänzungen): „Da schuf Gott Adam, die Menschen, als göttliches Bild, als Bild Gottes wurden sie geschaffen, männlich und weiblich hat er, hat sie, hat Gott sie geschaffen.“

16 Grundlegend Irmtraud Fischer, die statt Erzvätererzählungen den Begriff der Erzelterngeschichte (EEE) eingeführt hat, vgl. *dies* (1994)., Die Erzeltern Israels. Feministisch-theologische Studien zu Genesis 12–36 (BZAW 222) Berlin/New York: de Gruyter, und *dies*. (1998), Gen 12–50. Die Ursprungsgeschichte Israels als Frauengeschichte, in: Luise *Schottroff*/Marie Therese *Wacker* (Hg.), Kompendium Feministische Bibelauslegung, Gütersloh, 12–25.

17 Rut 4, bes. v.4–8.

18 Gen 38, bes. v.9ff. Die Begründung benennt v.9 mit größter Deutlichkeit: Der Schwager „wusste, dass die Nachkommen nicht zu ihm gehören würden".

19 Vgl. den engen Bezug zwischen Gen 22 und Ri 11 (Beinaheopferung bzw. tatsächliche Opferung eines Kindes) oder Gen 19 und Ri 19 (Bedrohung eines Gastes, Angebot der Auslieferung von Frauen und – nur in Ri 19 – tatsächliche Auslieferung und darauf folgender Tod der Nebenfrau des Gastes).

20 Ri 2,10. In diesem Kontext ist auch die dreifache Erwähnung des Todes Josua (Jos 24,29; Ri 1,1; 2,8), des exemplarischen Bibellesers (Jos 1,8).

21 Vgl. Ri 14,19; 15,3–5.15; 16,30; 19,22–29; 20,21.25.35.44–48; 21,12–14.23.

22 Ri 19,24–26. Unklar ist dabei, wann die Frau tatsächlich stirbt: Die brutale Vergewaltigung als solche führt auf jeden Fall nicht sofort zum Tod, da sie nach v.26 noch an die Haustür gelangen kann, wo sie aber nicht hinein geholt wird. Allein dies kann als Tod durch unterlassene Hilfeleistung gewertet werden. In jedem Fall ist die Frau aber nach ihrer Zerstückelung v.29 tot, so dass nicht ausgeschlossen werden kann, dass sie durch die Hand ihres Mannes stirbt (dazu *Exum,* Chreyl (1997), Was sagt das Richterbuch den Frauen? (SBS 169), Stuttgart, 59).

23 Ri 14,1; 16,1; 16,4.

24 Ri 15,4f.; 16,3.30.

25 Die Schrift. Verdeutscht von Martin Buber gemeinsam mit Franz Rosenzweig, ([10]1954.) Darmstadt 1984

26 *Hieke,* Thomas (2014), Leviticus. Zweiter Teilband: 16–27, HThK, Freiburg i. Br.: Herder, 735, führt hier als antiken jüdischen Beleg neben der Septuaginta die grammatisch ähnlichen Formulierungen in Jub 20,2 und 36,4 an.

27 So auch *Hieke*, Leviticus, 732–736, der neben *Millard*, Matthias (2001), Die Genesis als Eröffnung der Tora. Kompositions- und auslegungsgeschichtliche Annäherungen an der erste Buch Mose (WMANT 90), Neukirchen-Vluyn, 188, auf *Neudecker*, Reinhard (1992), „And You Shall Love Your Neighbor as Yourself – I Am the Lord" (Lev 19,18), in: Jewish Interpretation, Bib. 73 (1992), 496–517, verweist. Vgl. auch *Schüle*, Andreas (2001), Kāmōkā – der Nächste, der ist wie du. Zur Philologie des Liebesgebotes von Lev 19,18.34, KUSATU 2 (2001), 97–129.

28 Vgl. auch *Millard*, Matthias (1999), Kain – Ethische Evidenz in der Genesis, in: Texte und Kontexte 83 (1999), 3–13.

29 Mit *Otto*, Eckart (1994), Theologische Ethik des Alten Testaments (Theologische Wissenschaft 3,2), Stuttgart, 247.

Der Mann Mose: Gottesmann und homo politicus

Dominik Markl

„Der Mann Mose und die monotheistische Religion" betitelte Sigmund Freud drei Abhandlungen, die sein jahrzehntelanges, „zwanghaftes Interesse an der Gestalt des Mose" dokumentieren.[1] Freud ist nur einer der zahlreichen prominenten Zeugen für die Faszination der Mosegestalt, auf die wir am Ende zurückkommen werden. Zunächst aber betrachten wir Mose hier als literarische Figur, vor allem in der Darstellung der Bücher Exodus bis Deuteronomium in ihrer kanonischen Gestalt. Indem wir die Beziehungen des Mose in den Blick nehmen, erschließt sich zugleich seine literarische Charakterisierung. Es geht also nicht um einen ‚historischen Mose', von dem wir kaum eine Spur haben,[2] sondern um die literarische Mosegestalt,[3] nach deren Portrait und historischem Sinn mit einem Blick auf ihre Wirkung gefragt werden soll.

Mose und die Frauen seiner Kindheit

Mose verdankt sein Leben dem Engagement mehrerer mutiger Frauen. Da der Pharao befohlen hatte, alle männlichen hebräischen Babys in den Nil zu werfen, versteckt Moses Mutter ihn als Baby für drei Monate, bevor sie ihn in einem Korb im Nil aussetzt (Ex 1,22–2,3). Während Moses Schwester das kleine Boot bewacht, entdeckt es die badende Tochter des Pharao und lässt es durch ihre Dienerin holen. Obwohl sie sofort bemerkt, dass es sich um einen hebräischen Buben handelt, lässt sie ihn auf Vermittlung von Moses Schwester hin von seiner Mutter als ‚Amme' stillen, um ihn dann zu adoptieren (Ex 2,4–10). Der Beginn des

Buches Exodus porträtiert Frauen als kluge Lebensretter und diskrete Beziehungsvermittler – in scharfem Kontrast zum ‚starken Mann', dem Pharao, der mit demagogischen Mitteln darauf aus ist, wehrlose Kinder einer Minderheit zu ermorden.[4]

Die Kindheitserzählung des Mose ist möglicherweise von der Kindheitslegende des Sargon von Akkad beeinflusst und richtet sich damit gegen die neuassyrische Königsideologie.[5] Das Motiv der kindheitlichen Aussetzung und Rettung eines Helden ist jedenfalls seit der Antike weit verbreitet[6] und findet sich in abgewandelter Form nicht zuletzt auch in der Erzählung von der Rettung Jesu vor dem Kindermord in Bethlehem (Mt 2,13–23).[7] Die Erfahrung von Bedrohung und Rettung in frühester Kindheit ist gleichsam ein Omen für Moses Lebensaufgabe. Er wird zum geretteten Retter.

Mose zwischen den Kulturen

Mose wächst als Kind von Hebräern am ägyptischen Hof auf, sodass sich in seiner Erziehung starke kulturelle Kontraste verbinden. Die Hebräer waren gemäß der Erzählung des Buches Genesis als Herdenbesitzer nach Ägypten gekommen – ein Berufsstand, der in den Augen der Ägypter ein „Gräuel" war (Gen 46,34).[8] Mose verbringt wohl die ersten Lebensjahre noch bei seiner hebräischen Ursprungsfamilie – diesbezüglich erhalten wir keine genaue Zeitangabe (Ex 2,10) –, von der er seine erste Prägung mitbekommt. Dann aber gibt ihm die Tochter des Pharao bei seiner Adoption den ägyptischen Namen Mose,[9] womit seine Inkulturation am ägyptischen Hof angedeutet ist. Schon in seiner frühen Kindheit erlebt Mose den Übergang vom marginalisierten Milieu seiner Ursprungsfamilie ins Zentrum der Macht der dominierenden Hochkultur, deren Prachtentfaltung bis heute in den Pyramiden und den archäologischen Schätzen Ägyptens sichtbar ist. Die Spannung zwischen beiden Milieus, in die Mose existentiell involviert ist, zeigt sich unmittelbar, als Mose als junger Mann den Palast verlässt, sich mit den Hebräern solidarisiert und deshalb vom Pharao verfolgt wird (Ex 2,11–15).

Ähnlich wie Josef erfährt auch Mose sein Leben in Ägypten als ambivalent.[10] Josef, der von seinen Brüdern nach Ägypten verkauft worden war (Gen 37), ist als Fremder der Ungerechtigkeit ausgesetzt, als er unschuldig ins Gefängnis geworfen wird (Gen 39); dann aber erhält er große Anerkennung durch den Pharao (Gen 41). Dagegen ist Mose zunächst positiv in die Königsfamilie integriert, während er dann durch das Vorhaben des Exodus in einen unüberwindlichen Konflikt mit dem Pharao gerät (Ex 5–11). In diesen Erzählungen spiegelt sich vermutlich ein historisch ambivalentes Verhältnis Israels zu Ägypten.[11] Ägypten war einerseits ein wichtiger Handelspartner für Israel mit einer beeindruckenden Hochkultur. Andererseits scheute sich Ägypten nicht, sich gegenüber Nachbarvölkern präpotent und zuweilen schonungslos zu verhalten.

Wie Mose die Spannung zwischen seiner hebräischen und seiner ägyptischen Herkunft in seiner Persönlichkeit verbindet, bleibt der Vorstellung der Leser des Buches Exodus vorbehalten. Diese Prägung scheint Mose jedenfalls eine interkulturelle Offenheit und Beziehungsfähigkeit zu verleihen. Nach seiner Flucht aus Ägypten heiratet er in Midian[12] Zippora, die Tochter des dortigen Priesters (Ex 2,15–22). Mit seinem midianitischen Schwiegervater Jitro verbindet Mose ein respektvolles Vertrauensverhältnis, das sich schon nach der Berufung zeigt, als er ihn bittet, nach Ägypten zurückgehen zu dürfen (4,18). Besonders deutlich wird es aber nach dem Auszug aus Ägypten (Ex 18). Jitro besucht Mose beim Gottesberg, um sich nach seinem Wohlergehen zu erkundigen. Mose empfängt ihn mit Verneigung und Begrüßungskuss (Ex 18,7). Moses Bericht vom Exodus erfreut Jitro so sehr, dass er mit Mose und Vertretern des Volkes einen Dankgottesdienst mit einem Festmahl hält (Ex 18,8–12). Im Folgenden berät Jitro Mose in seiner Leitungsfunktion, und Mose folgt seinem Rat aufs Wort (Ex 18,14–27).

Von Zippora hat Mose zwei Söhne mit symbolischen Namen, die auf seine Erfahrung des Fremdseins in Midian (Gerschom,

Ex 2,22; 18,3) und seine Rettung vor dem Pharao anspielen (Eliëser, Ex 18,4). Über die beiden Söhne und Moses Beziehung zu ihnen erfahren wir sonst nur die fürsorgliche Geste, wie er sie bei der Rückkehr nach Ägypten gemeinsam mit ihrer Mutter auf einem Esel reiten lässt (Ex 4,20). Auch über Moses sonstige private Beziehungen sind die Erzählpassagen kurz und im Vergleich zur Darstellung seiner politischen Tätigkeit und seiner Gottesbeziehung eher spärlich. Dies spiegelt einerseits das Interesse der Autoren der Bücher Exodus bis Deuteronomium, die vor allem die Ursprungsgeschichte Israels als Nation darstellen wollen und weniger eine umfassende Mosebiographie, charakterisiert aber auch Mose, dessen Leben maßgeblich von seinen Aufgaben als Politiker und Gottesmann geprägt ist. Während Moses leibliche Söhne keine große Aufmerksamkeit erhalten, hat Mose am Ende seines Lebens gleichsam eine väterliche Rolle für das ganze Volk Israel erlangt: er segnet die zwölf Stämme (Dtn 33) wie Jakob seine zwölf Söhne gesegnet hatte (Gen 49).[13]

Während der Wüstenwanderung wird berichtet, Mose habe auch eine Kuschiterin zur Frau genommen (Num 12,1), was nach aller Wahrscheinlichkeit auf eine Herkunft aus der Region des heutigen Sudan bzw. Äthiopien verweist.[14] Obwohl andere Texte des Alten Testaments die Heirat mit fremden Frauen negativ bewerten,[15] verteidigt Gott Mose gegenüber Vorhaltungen seiner Geschwister (Num 12,1–9). Mose, die wichtigste Gestalt für die nationale Identität des Volkes Israel, verhält er sich privat unkonventionell und lässt sich nicht in ein enges Korsett einsperren.

Auf dem Hintergrund seiner doppelten Herkunft als Hebräer mit einer ägyptischen Erziehung bleibt Mose auch in seinem weiteren Privatleben fremdorientiert. Er heiratet zwei fremde Frauen und wird so zu einem Modell kultureller Aufgeschlossenheit und Weite. Während die Gestalt Abrahams Israel in eine ursprüngliche Beziehung mit den nordöstlichen Hochkulturen des alten Orients bringt,[16] schafft die Mosegestalt enge Brücken mit südwestlichen Nachbarkulturen. Moses soziale Erfahrung sowohl von Marginalisierung als auch des Ambientes von Macht und Luxus, seine komplexen eigenen kulturellen Wurzeln sowie sein Ausgesetztsein in der Fremde, all dies schafft einen Erfahrungshorizont, der weitblickende politische Verantwortung ermöglicht.

Mose in Konflikten – der demütigste aller Menschen

Die kulturellen Spannungen, in die Mose hineingeboren ist, sind das Substrat für eine Biographie, die von Konflikten geprägt ist. Sobald Mose als junger Mann beobachtet, wie ein Ägypter einen Hebräer bei der Zwangsarbeit schlägt, erschlägt er den Ägypter (Ex 2,11 f). Die Rache, die er dafür vom Pharao zu befürchten hat, zwingt ihn zur Flucht (v15). Noch zuvor aber interveniert er in einem Streit zwischen zwei Hebräern und wird in seiner Autorität in Frage gestellt: „Wer hat dich zum Aufseher und Richter über uns eingesetzt?“ (v14). Diese beiden Zwischenfälle deuten zwei Konfliktfelder an, die später ausführlich entfaltet werden: Moses Einsatz für die Befreiung der Hebräer gegen den Pharao (Ex 5–11) und Moses mühsamer Weg zur Anerkennung und Akzeptanz durch sein eigenes Volk (z. B. Ex 14,11 f; 16,2 f; Num 14,1–4; 16). Während der Vorwurf des Volkes mehrfach lautet, Mose wolle es töten (Ex 14,11 f; 16,3; 17,3; Num 20,4), macht er am Ende seines Lebens unmissverständlich klar, worum es ihm zutiefst geht – das Leben des Volkes: „Wähle das Leben, damit du lebst“ (Dtn 30,19).[17]

Moses erste große Bewährungsprobe ist die Auseinandersetzung mit dem Pharao. Die Angst vor der Vergeltung des Pharao mag einer der Gründe für den mehrfachen Widerstand bei seiner Berufung sein (Ex 3,11.13; 4,1.10.13); dass jener Pharao inzwischen verstorben war, erfährt Mose erst im Nachhinein (4,19). In der Konfrontation mit dem Pharao beweist Mose Mut und Beharrlichkeit. Seine erste Forderung, der Pharao solle den Auszug erlauben, wird unmittelbar abgelehnt und führt zur Verschärfung der Zwangsarbeit und zu Widerstand im Volk gegen Mose (Ex 5). Im Zuge der neun Zeichen, die den Pharao dazu bewegen sollen, Israel ziehen zu lassen (Ex 7–11), muss Mose nicht weniger als vierzehn Mal vor den Pharao treten,[18] der sich in seiner tyrannischen Selbstherrlichkeit verrennt.

Zu den zumeist treuen Unterstützern des Mose zählen seine Geschwister Mirjam und Aaron. Mirjam hatte schon bei seiner Lebensrettung mitgewirkt (Ex 2,4.7 f) und leitet die Frauen beim Jubelgesang und Tanz nach dem Exodus (Ex 15,20 f). Aaron bekommt seit Moses Berufung eine Rolle als Helfer (Ex 4,14–16), die er in Ägypten treu ausfüllt.[19] Doch entstehen mit beiden Geschwistern auch empfindliche Auseinandersetzungen. Aaron verliert sein Gesicht vor Mose durch seine Rolle bei der Herstellung des Goldenen Kalbes (Ex 32,1–6), mit der Mose ihn konfrontiert, die er aber nicht voll eingesteht (32,21–24). Gemeinsam beschweren sich Mirjam und Aaron bei Mose wegen seiner kuschitischen Frau und stellen seine einmalige Rolle als Prophet in Frage (Num 12,1 f). Hier bleibt Mose passiv. Eine scharfe Gegenreaktion folgt hingegen von göttlicher Seite (Num 12,4–16). In diesem Moment der Zurückhaltung gegenüber der Kritik der eigenen Geschwister wird Mose in seiner Besonderheit gezeigt: „Der Mann Mose aber war sehr demütig, mehr als alle Menschen, die auf dem Erdboden waren“ (Num 12,3). Wird Mose hier ausdrücklich als ‚Mann‘ bezeichnet, weil Demut sonst keine typisch männliche Stärke ist?

Durch seine politische Rolle erhält Mose auch eine besondere Verantwortung in Kriegen. Als die Israeliten von Amalek attackiert werden, hängt der Erfolg des Volkes im Kampf davon ab, dass Mose am Hügel seine Arme (wohl zum Gebet) erhoben hält (Ex 17,8–16). Moses Rolle zeigt hier, wie wichtig es ist, dass Verantwortungsträger in Zeiten extremer Krise Souveränität, Ruhe und Konzentration bewahren. Bei der Eroberung des Ostjordanlandes (Num 21,21–35) erhält Mose nur den göttlichen Auftrag (v34), doch wird seine Rolle beim Krieg gegen die Midianiter belastet von Gewalt (Num 31, bes. v14–18).

Damit aber nicht genug. All diese verschiedenen menschlichen Konfliktebenen rufen für Mose mehrfach auch spannungsvolle Auseinandersetzungen mit Gott hervor (siehe dazu unten). Hinsichtlich seiner Verstrickung in zahlreiche Konflikte könnte man

Mose mit Jeremia vergleichen.[20] Beide stehen an entscheidenden geschichtlichen Übergängen. Während Mose beim großen Aufbruch Israels als Nation an seiner Spitze steht, gerät Jeremia beim Zusammenbruch Judas und Jerusalems an den Rand des Volkes – bis in die Tiefe der Zisterne (Jer 38,6–13).[21] Wer in turbulenten Zeiten Stellung bezieht und Verantwortung übernimmt, gerät unweigerlich in schwere Konflikte. Zugleich zeigt sich in der Mosegestalt, wie interkulturelle Beziehungsfähigkeit auch Kompetenz zum Umgang mit Konflikten verleiht.

Mose – homo politicus

Neben Moses Weite des Horizonts durch die Ausbildung am ägyptischen Hof und die Erfahrung der Fremde gehört auch Moses Konfliktfähigkeit zu den notwendigen Voraussetzungen für seine Lebensverantwortung – die politische Leitung Israels. Noch eine weitere Erfahrung qualifiziert ihn symbolträchtig als politischen Verantwortungsträger. Seine Tätigkeit als Hirte (Ex 3,1) bereitet ihn – wie später König David (1 Sam 16,11; 17,15.34) – auf sein ‚Hirtenamt' (vgl. z. B. Jer 2,8; Ez 34) vor.[22] Wenn Mose in Midian Jitros Schafe tränkt (Ex 2,17.19), spiegelt dies voraus, dass er später dem Volk Israel und seinem Vieh Wasser aus dem Felsen zu trinken geben wird (Num 20,8).[23] Keinesfalls zufällig heißt es dabei, er habe Jitros Töchter „gerettet" (Ex 2,17), ebenso wie Gott Israel aus der Hand Ägyptens „rettet" (Ex 14,20).[24] Wenn Mose Jitros Herde „jenseits der Wüste" führt (Ex 3,1), mag diese einmalige Formulierung[25] schon vorausspiegeln, dass Mose auch Israel an jenen besonderen Ort, den Gottesberg, führen wird (vgl. Ex 3,1.12; 19,1 f).

Trotz seiner herausragenden Eignung und seiner göttlichen Berufung leidet Mose unter mangelnder Anerkennung durch das Volk und muss diese mehrfach neu gewinnen. Besonders während der Wüstenwanderungen – der dreimonatigen von Ägypten zum Sinai (Ex 15,22–17,16) und der vierzigjährigen vom Sinai nach Moab (Num 10,11–22,1) – wendet das Volk die Frustrationen von Durst und Hunger gegen ihn. Mose reagiert nicht etwa mit Selbstverteidigung, sondern indem er zu Gott ruft (Ex 15,22; 17,4) und „auf sein Angesicht fällt" (Num 14,5; 16,4; 20,6).[26] So, wie er seine Leitungsfunktion von vornherein eher abgelehnt als gesucht hatte (Ex 3 f) hängt auch die Bestätigung seiner Leitung einzig von göttlicher Bestärkung ab. Anerkennung erhält er, als das Volk unmittelbar erfahren hat, wie Mose gemeinsam mit Gott zur Befreiung aus Ägypten gewirkt hat (Ex 14,31).

Im Folgenden sollen drei Hauptaspekte der politischen Tätigkeit Moses hervorgehoben werden: (1) sein Einsatz für Gerechtigkeit und Recht, (2) seine didaktischen und pädagogischen Fähigkeiten als politischer Redner sowie (3) seine vermittelnde Haltung in schwierigen Beziehungen.

(1) Moses Empfindlichkeit gegenüber Ungerechtigkeit hatte sich schon in seinem jugendlichen Mord an einem Ägypter, in seinem Schlichtungsversuch im Streit zwischen Hebräern und in seinem Eintreten für Jitros Töchter gezeigt (Ex 2,11–17). Nach dem Auszug aus Ägypten ist sein Gerechtigkeitssinn zu richterlicher Verantwortung gereift. Er setzt sich so sehr für die Klärung von Streitigkeiten im Volk ein, dass er sich dabei überfordert und auf den Rat von Jitro hin eine gerichtliche Organisation in Israel einsetzt, wobei er weiterhin das höchste Richteramt behält (Ex 18,13–26; vgl. Dtn 1,9–18). Nachdem Gott selbst am Sinai die Zehn Gebote dem ganzen Volk offenbart hat (Ex 20,1–17), bittet Israel Mose von nun an als Vermittler einzutreten (Ex 20,19). Mose hört die Bestimmungen des ‚Bundesbuches' (Ex 20,22–23,33) allein am Sinai und vermittelt sie daraufhin dem Volk (Ex 24,3.7). Diese Vermittlungsrolle übt Mose im Folgenden vielfach aus, und sie kulminiert im Buch Deuteronomium, in dem Mose am letzten Tag seines Lebens eine große Erklärung der göttlichen Gesetze vom Sinai vorlegt (besonders Dtn 5–26).[27] Mose symbolisiert in seiner Person, dass politische Leitung auf dem Einsatz für Gerechtigkeit und eine funktionierende rechtliche Ordnung beruht.

(2) Das Buch Deuteronomium ist es auch, das Mose als großen politischen Redner porträtiert. Er hält darin die längsten Reden

der Bibel (v.a. Dtn 1–30) in feierlicher Sprache. Ironischerweise gibt Mose bei seiner Berufung vor, er sei nicht „ein Mann von Worten“ (Ex 4,10) – doch kleidet er schon diese Behauptung in eine kunstvoll ausgefeilte Formulierung.[28] „Worte“ sind es, die Mose an seinem letzten Lebenstag (Dtn 1,1; 32,45–47) unauslöschlich als den ‚Mann des Wortes‘ schlechthin charakterisieren. Als politischer Redner zieht Mose Lehren aus der Geschichte für die Zukunft, motiviert durch Lob und Tadel[29] und stärkt die Wir-Identität des Volkes (z.B. Dtn 5,2 f). Darüber hinaus setzt er zahlreiche didaktische und pädagogische Mittel ein, um die Bewahrung seiner Lehre für die Zukunft zu sichern. Exemplarisch wird dies im rhetorischen Mittel des „Heute“ sichbar, das die Botschaft jeweils neu in die Gegenwart der Leser und Hörer vermittelt.[30] Mose betreibt eine vehemente Bildungspolitik (z.B. Dtn 6,6 f), die das Judentum bis heute in seiner Lernkultur prägt. Hinter dem ‚Mose‘ des Deuteronomium in seiner kanonischen Gestalt stehen freilich viel später agierende Schriftgelehrte, die eine Rekonstruktion der Identität Israels für die nachexilische Zeit propagieren.[31]

(3) Ein weiteres Merkmal in der politischen Tätigkeit des Mose ist seine vermittelnde Rolle in schwierigen Beziehungen. Als Advokat für das Volk tritt er vehement gegenüber dem Pharao auf (Ex 5–11), nach der Enttäuschung des Goldenen Kalbes aber auch gegenüber Gott (Ex 32,7–14; vgl. Dtn 9,12–19). Dabei zeigt er Geduld mit den Schwächen anderer und verzichtet auf eigene Vorteile.[32] Mose ist so als Kontrastbild zur Ellbogentechnik und Korruption gezeichnet, die das politische Geschäft in menschlichen Verhältnissen häufig prägt.

Am Ende seines Lebens übergibt Mose sein Leitungsamt an Josua (Dtn 31,1–8). Josua hatte schon beim Kampf gegen Amalek Verantwortung übernommen (Ex 17,9–13), er war nicht bei der Herstellung des Goldenen Kalbes beteiligt (Ex 24,13; 32,17), er hat sich persönlich für Mose eingesetzt (Num 11,28) und er gehört zu den wenigen Zeugen des Exodus, die ins Land einziehen würden (neben ihm nur Kaleb, Num 14,38; 26,65). Josuas langjährige Nähe zu Mose als sein Diener (Ex 33,11; Num 11,28) garantiert Kontinuität für Israel (vgl. Dtn 34,9; Jos 1).

Mose – ein einmaliger Prophet und ‚Mann Gottes'

Am Ende seines Lebens wird Mose in rückblickender Auswertung als „Mann Gottes" bezeichnet (Dtn 33,1) und als einmaliger „Prophet", den Gott „von Angesicht zu Angesicht" gekannt habe (Dtn 34,10). Moses religiöse Bestimmung ist schon in seiner Herkunft aus dem Stamm Levi vorausgezeichnet (Ex 2,1), und nicht zufällig heiratet er die Tocher des Priesters von Midian (Ex 2,16–21). Doch gründet seine Gottesbeziehung in der Berufung am Gottesberg. Während Israel in Ägypten zu Gott schreit und Gott sie hört (Ex 2,23–25) wagt sich Mose in die größte Abgeschiedenheit „jenseits der Wüste" (Ex 3,1). Dort erhält er am brennenden Dornbusch den Auftrag, Israel aus Ägypten zu führen (3,2–10). Die beiden Szenen zeigen, wie die Gottesbegegnung in spiritueller Einsamkeit Bedeutung für das Schicksal eines ganzen Volkes haben kann.

Moses Berufung (Ex 3,1–4,17) ist die umfangreichste Berufungserzählung der Bibel[33] und gleichsam ein Kompendium der anfänglichen spirituellen Persönlichkeitsentwicklung. Moses Einwände betreffen Fragen seiner Identität und seines Selbstvertrauens („wer bin ich?", 3,11), seines Verständnisses von Gott („was ist sein Name?", 3,13), seiner Glaubwürdigkeit und Autorität („was, wenn sie mir nicht glauben und nicht auf meine Stimme hören?", 4,1), seiner Ausdrucksfähigkeit (4,10), seiner Motivation und seines Mutes (4,13). Auf diese Fragen, hinsichtlich derer jeder junge Mensch herausgefordert ist, zu wachsen, reagiert Gott immer bestärkend: durch die Zusage seiner Begleitung („ich bin mit dir", 3,12), der Offenbarung seines Namens (3,14 f), indem er Mose besondere Fähigkeiten entdecken lässt (4,2–9), indem er ihn weniger auf die eigenen Begabungen sondern auf göttliche Inspiration vertrauen lässt (4,11 f) und Aaron als menschlichen Helfer für ihn wählt (4,14–16). Die prophetischen Worte und die Zeichen, zu denen Mose bei seiner Berufung beauftragt ist, prägen ihn bis zum Ende seines Lebens (Dtn 1,1; 34,11 f).[34]

Einen zweiten Höhepunkt erfährt Mose in seiner Gottesbeziehung in der intensiven Zeit am Sinai. Unmittelbar nach der Ankunft des Volkes steigt Mose zum Berg hinauf und hört Gottes Bundesangebot, das Israels weiteres Schicksal als „heiliges Volk“ prägen soll (Ex 19,3–6). Seine weiteren Gottesbegegnungen am Berg (Ex 19,8.19.20; 20,21) werden zunehmend mystisch, bis hin zu zweimal vierzig Tagen und Nächten, die er am Berg verbringt ohne zu essen oder zu trinken (Ex 24,18; 34,28; vgl. Dtn 9,9.11.18.25; 10,10). Die Krise des Goldenen Kalbes intensiviert noch Moses Gottesbeziehung (Ex 32–34). Auf Gottes Zorn geht Mose ein, indem er ihn an eigene Anliegen erinnert (Ex 32,7–14). Nur in mühsamen Verhandlungen gelingt es Mose, Gott zu beschwichtigen (Ex 32,31–34,10).[35] In diesem Zusammenhang wird berichtet, Gott habe beim Zelt der Begegnung mit Mose gesprochen „von Angesicht zu Angesicht, wie ein Mann mit seinem Freund redet“ (Ex 33,11; vgl. Num 12,8: „Mund zu Mund“). Mose bittet Gott, seine Herrlichkeit sehen zu dürfen (33,18), was Gott so weit als möglich erfüllt (33,19–34,7; vgl Num 12,8: „die Gestalt Jhwhs schaut er“). Am Höhepunkt der durch Mose vermittelten Versöhnung steht Gottes Selbstmitteilung in seiner ewigen Treue und Bereitschaft zu vergeben (34,6f).

Moses Gottesbeziehung beschränkt sich nicht auf einzelne Höhepunkte, sondern besteht kontinuierlich im Alltag. Die Herausforderungen mit dem Pharao, die Krisen im eigenen Volk und in Kriegen mit äußeren Feinden besteht Mose alle aufgrund seiner kontinuierlichen Beziehung mit Gott. Mehrfach betet Mose für jene, die ihm Probleme bereiten: für Pharao und Ägypten (Ex 7,26; 10,18); für Aaron und Volk nach ihrer Sünde mit dem Goldenen Kalb (Dtn 9,20.26; vgl. Ps 106,23); für die Israeliten, die schon wieder lamentiert hatten (Num 21,6). Als sich das Volk beim Aufbruch vom Sinai besonders über die kulinarischen Einbußen der Wüste beschwert und sich an die Fische, die Gurken, Melonen, den Lauch, die Zwiebeln und an den Knoblauch Ägyptens erinnert und Mose an ihnen zu verzweifeln droht (Num 11,1–15), erweist sich die Krise als besondere Chance. Gott nimmt vom „Geist, der auf Mose ist“, um ihn auf siebzig Älteste zu legen, die Mose die Leitungsaufgabe erleichtern sollen (v16–25). Kein anderer Text spricht sonst so deutlich von Moses prophetischem Geist. Mose will ihn nicht für sich behalten, sondern würde ihn dem ganzen Volk wünschen (v26–29).

Selbst Moses Gottesbeziehung ist nicht ganz frei von Spannungen. Als Mose und Aaron zum zweiten Mal Wasser aus dem Felsen schlagen, bekennen sie nicht Gottes Wirken, weshalb Gott entscheidet, sie sollen Israel nicht ins Gelobte Land führen (Num 20,10–12). Aaron stirbt am Berg Hor (Num 20,28), Mose am Berg Nebo (Dtn 34,5). Obwohl Mose Gott darum bittet, das Land betreten zu dürfen, bleibt Gott bei seinem Beschluss (Dtn 3,23–28). Nachdem Mose seine Abschiedsreden beendet hat, befielt Gott ihm zum Berg Nebo aufzusteigen, um das Land zu sehen und zu sterben (Dtn 32,48–52). Mose erfüllt auch diesen Auftrag (Dtn 34,1–5) und stirbt „auf dem Mund Gottes" (v5) – eine idiomatische Wendung, die das auftragsgemäße Handeln bezeichnet, aber auch im Bild auf Moses intime Gottesnähe verweist. Mose bleibt ‚gehorsam bis zum Tod'. Da Mose von Gott selbst begraben wird und sein Grab unbekannt bleibt (Dtn 34,6), ist es einzig die von Mose geschriebene Tora (Dtn 31,9.22), die als sein geistiges Vermächtnis den Jordan überquert und Israel „für immer" mitgegeben ist (Dtn 29,28).

Zur Wirkung der Mosegestalt

Schon zahlreiche andere Schriften des Alten Testaments verweisen auf Moses Wirken oder auf seine Tora.[36] Besonders Josua, die Könige Hiskija und Joschija und die beim nachexilischen Wiederaufbau leitenden Gestalten Esra und Nehemia werden positiv mit ihm in Verbindung gebracht, während Jeremia als Prophet wie Mose gezeichnet ist, und so teils in Konkurrenz zu ihm tritt. Das entstehende Judentum beruft sich stark auf Mose als Gründerfigur, weshalb er für frühjüdische Autoren wie Philo von Alexandrien und Josephus eine große Rolle spielt und oft als griechisch-philosophischer Lehrer stilisiert, von paganen Autoren aber teils polemisch angegriffen wird.[37]

Im Neuen Testament tritt Jesus als der neue gerettete Retter und ‚demütig von Herzen' (Mt 11,29) gleichsam in die Fußspuren des Mose. In der Bergpredigt erscheint er als Erfüller und Ausleger des mosaischen Gesetzes (Mt 5,17–48). In der Verklärung begegnet er Mose mit Elija in mystisch entrücktem Gespräch (Mk 9,4 // Mt 17,3 // Lk 9,30). Da das frühe Christentum das mosaische Gesetz mit einer sehr freien Hermeneutik auslegte und teilweise sogar negativ bewertete, wurde die mystische Gottesbegegnung des Mose hervorgehoben – so in Gregor von Nyssas „Der Aufstieg des Mose". Für Gregor ist Mose ein Beispiel vollkommener Tugend, weil er zur Freundschaft mit Gott (vgl. Ex 33,11) als höchstem Wert gefunden hat.

Im Koran ist Mose die am häufigsten genannte biblische Gestalt und so auch ein wichtiges Verbindungsglied zwischen der jüdisch-christlichen und der islamischen Tradition.[38] In der christlichen Kunst- und Kulturgeschichte[39] wurde Mose zu einem Urtypos des altehrwürdigen Volksführers, dessen Hauptattribut – die steinernen Gesetzestalfeln – selbst in der französischen Revolution symbolisch für die Würde des Rechts standen.[40]

Den kritischen Bibelwissenschaftlern des 20. Jahrhundert war der historische Mose weitgehend abhanden gekommen. Sigmund Freud war zum einen von Michelangelos Mose-Skulptur in San Pietro in Vincoli in Rom fasziniert, zum anderen war seine phantasievolle Rekonstruktion der Mosebiographie an einer psychologischen Interpretation der jüdischen Religion interessiert.[41] Demgegenüber versuchten Denker wie Martin Buber oder Elias Auerbach Rekonstruktionen des historischen Mose.[42] Sie konnten meiner Ansicht nach hinsichtlich ihres historischen Interesses nur scheitern. Falls es eine historische Gestalt gegeben hat, die der literarischen Mosegestalt zugrunde liegt, hat Erstere mit Letzterer so wenig zu tun, dass sie letztlich wohl weder historisch noch religiös von Bedeutung ist. Kuturgeschichlich prägend wurde die literarische Mosegestalt des kanonischen Pentateuch, die daher auch von historisch kritischen Bibelwissenschaftlern wieder neu ernst genommen wird.

Als literarische Transformation des Mose sei Thomas Manns Novellc „Das Gesetz“ genannt, in der Mose angesichts des Naziregimes zu einer Symbolgestalt ethischer Grundlagen wird.[43] Der lutherische Pastor Dietrich Bonnhoeffer deutete 1944 seinen bevorstehenden Tod im Gefängnis von Berlin-Tegel im Licht des Mosetodes. Die letzte Strophe seines Gedichts lautet:[44]

Der die Sünde straft und gern vergibt,
Gott, ich habe dieses Volk geliebt.
Daß ich seine Schmach und Lasten trug
und sein Heil geschaut – das ist genug.

Mose als Vorbild politischer und religiöser Leitung

Obwohl in der komplexen Entstehungsgeschichte des Pentateuch verschiedene mündliche Traditionen und literarische Quellen verarbeitet wurden,[45] präsentieren die Bücher Exodus bis Deuteronomium insgesamt ein abgerundetes Charakterbild des Mose. Er ist vor allem als Vorbild politischer und religiöser Leitung dargestellt.

Seine außergewöhnliche Rettung als Kleinkind verweist auf seine besondere Bestimmung, die sich als rettend für sein Volk erweist. Die Erziehung in zwei sehr unterschiedlichen Kulturen bereitet ihn auf die Aufgabe des Verhandelns und Vermittelns vor. Sein hitziger Gerechtigkeitssinn, der sich im jugendlichen Mord zeigt, transformiert sich in eine Sorge um korrektes gerichtliches Verfahren. In der Fremde findet er eine neue Beheimatung in seiner Schwiegerfamilie, die für ihn Unterstützung von außen bietet.

Während der Einsamkeit der Wüste fordert ihn die Gottesbegegnung zu einer intensiven Neurorientierung heraus: zur neuen Einschätzung seiner Identität, seiner Gottesbeziehung, seiner Fähigkeiten, seiner Lebensperspektive mit einer verantwortungsvollen Leitungsrolle. Von nun an bildet die Gottesbeziehung das Fundament, auf das alle menschlichen Beziehungen gründen und mit deren Hilfe er alle menschlichen Konflikte angeht: mit dem Pharao, seinem eigenen Volk, seinen eigenen Geschwistern. Mose agiert meist nicht im persönlichen spontanen Affekt, sondern mit direkten Bitten an Gott.

Seine Gottesbeziehung intensiviert sich am Sinai zu mystischer Nähe, die eine freundschaftliche Offenheit ermöglicht. Die Enttäuschung, das Gelobte Land nicht selbst betreten zu dürfen, ist aufgehoben in seiner existentiellen Gottesverbundenheit bis in den Tod. Für Israel begründet Mose eine religiöse Kultur, die auf mündlichem Lehren und Lernen der schriftlichen Tora beruht. Für das Judentum wurde Mose zu der religiösen Gründerfigur schlechthin, ohne deren Vorbild auch Jesus und das Christentum nicht denkbar wären. Mose kann weiterhin als Modell dienen – für Menschen in sozialer Leitungsverantwortung. Wer in authentischem Sinn ein Mensch Gottes ist, kann einer Gemeinschaft Gutes tun, weil die gelebte Gottesbeziehung immer über begrenzte menschliche Eigeninteressen und Verletzlichkeiten hinaus verweist.

Reflexionsfragen für eine Spiritualität der Leitungsverantwortung

Als Möglichkeit für die praktische Anwendung seien im Folgenden Texte und Fragen genannt, die zur Reflexion einer ‚Spiritualität des Managements' (z. B. bei Exerzitien) hilfreich sein können.

- Ex 2,1–10: Wer waren die schützenden Frauen (oder Männer) meiner Kindheit? Welche Kräfte haben sie in mir grundgelegt? Welche Kulturen und Spannungen haben mich in meiner Kindheit geprägt? Welche Fähigkeit zur Vermittlung habe ich daraus gewonnen?
- Ex 2,11–14: Welche soziale Ungerechtigkeit habe ich gespürt, die mich zum Einsatz motiviert?
- Ex 3,1–4,17: Was ist meine ‚Wüste', der Ort meiner Gottesbegegnung?
- Ex 4,13–18: Wer sind meine vertrauten Helfer und Berater?

- Ex 32,7–14: Wie reagiere ich in Krisen?
- Num 11,1–15: Was hilft mir, mit den Schwächen von Mitarbeitern umzugehen?
- Num 12,1–9: Was bedeutet ‚Demut' in meinem Beruf?
- Dtn 3,23–28: Wie gehe ich mit meinen eigenen Schwächen um?
- Dtn 6,4–11: Wie setze ich die Kunst des Wortes ein? Wie gelingt es mir, Gemeinschaft zu stärken? Wie begründe ich eine Firmenkultur des gemeinsamen Lernens?

Anmerkungen

1 *Maciejewski*, Franz (2006), Der Moses des Sigmund Freud. Ein unheimlicher Bruder, Göttingen, 168.

2 Zur Frage der Historizität des Mose vgl. z. B. *Otto*, Eckart (2000), Mose und das Gesetz. Die Mose-Figur als Gegenentwurf Politischer Theologie zur neuassyrischen Königsideologie im 7. Jh. v. Chr., in ders., Mose. Ägypten und das Alte Testament (SBS 189), Stuttgart, 43–83; *ders.* (2006), Mose. Geschichte und Legende, München, 21–42; zur Frage nach der Historizität des Exodus *Grabbe*, Lester L. (2007), Ancient Israel: What Do We Know and How Do We Know It? London, 84–88; *Lemche*, Niels Peter (1996), Die Vorgeschichte Israels. Von den Anfängen bis zum Ausgang des 13. Jahrhunderts v. Chr. (Biblische Enzyklopädie 1), Stuttgart, 52–68. Zur Forschungsgeschichte s. *Smend*, Rudolf (1959), Das Mosebild von Heinrich Ewald bis Martin Noth (Beiträge zur Geschichte der biblischen Exegese 3), Tübingen; *Oßwald*, Eva (1962), Das Bild des Mose in der kritischen alttestamentlichen Wissenschaft seit Julius Wellhausen (Theologische Arbeiten 18), Berlin; *Rendtorff*, Rolf (1975), Mose als Religionsstifter, in ders., Gesammelte Studien zum Alten Testament (ThB 57), München, 152–171; *Schmid*, Herbert (1986), Die Gestalt des Mose. Probleme alttestamentlicher Forschung unter Berücksichtigung der Pentateuchkrise (EdF 237), Darmstadt; *Nigosian*, Solomon A., Moses as They Saw Him, VT 43 (1993) 339–350; *Zenger*, Erich (1994), Mose/Moselied/Mosesegen/Moseschriften I, TRE 23, 330–341.

3 Die Anregung, in dieser Weise über die Mosegestalt zu reflektieren, verdanke ich einem unpublizierten Vortrag, den Norbert Lohfink 2002 in Nürnberg für die jesuitische „Arbeitsgemeinschaft Soziale Gerechtigkeit" gehalten hat. Da die Konzentration hier auf den Beziehungen des Mose liegt, ist kein umfassendes Portrait der literarischen Mosegestalt angestrebt. Zu weiteren Aspekten vgl. z. B. *Fischer*, Georg, Das Mosebild der hebräischen Bibel, in: Otto (Hg.), Mose (Anm. 2) 84–120; *Nohrnberg*, James (1995), Like Unto Moses. The Constituting of an Interruption, Bloomington.

4 Vgl. *Fischer*, Georg/*Markl*, Dominik (2009), Das Buch Exodus (NSK.AT 2), Stuttgart, 30–38. Zum Thema vgl. jüngst auch *Römer*, Thomas, Mose und

die Frauen in Exodus 1–4, in: *Achenbach*, Reinhard/*Ebach*, Ruth/*Wöhrle*, Jakob (Hg.), Wege der Freiheit. Zur Entstehung und Theologie des Exodusbuches. Die Beiträge eines Symposiums zum 70. Geburtstag von Rainer Albertz (AThANT 104), Zürich 2014, 73–86.

5 *Otto*, Mose und das Gesetz (Anm. 2), bes. 51–59; ders. (2007), Das Gesetz des Mose, Darmstadt: WBG, 182–187; *Gerhards*, Meik (2006), Die Aussetzungsgeschichte des Mose. Literar- und traditionsgeschichtliche Untersuchungen zu einem Schlüsseltext des nichtpriesterlichen Tetrateuch (WMANT 109), Neukirchen-Vluyn.

6 *Lewis*, Brian (1980), The Sargon Legend. A Study of the Akkadian Text and the Tale of the Hero Who Was Exposed at Birth (ASOR.DS 4), Cambridge, 149–195. Zur Vielfalt der Darstellung der Kindheit altorientalischer Herrscher s. *Bock*, Ulrike (2012), „Von seiner Kindheit bis zum Erwachsenenalter". Die Darstellung der Kindheit des Herrschers in mesopotamischen und kleinasiatischen Herrscherinschriften und literarischen Texten (AOAT 383), Münster.

7 Besonders Mt 2,20 („Denn sie sind gestorben, die dem Kind nach dem Leben trachteten") spielt spiegelbildlich auf Moses Rückkehr nach Ägypten an (vgl. Ex 4,19: „… denn alle Männer sind gestorben, die dir nach dem Leben trachteten"). Vgl. *Garret*, Galvin (2011), Egypt as a Place of Refuge (FAT II, 51), Tübingen, 177–179.

8 Vgl. *Ebach*, Jürgen (2007), Genesis 37–50 (HThK.AT), Freiburg i. Br., 472 f.

9 Die Namensdeutung „ich habe ihn aus dem Wasser gezogen" (Ex 2,10) verbindet den Namen Moše mit dem hebräischen Verbum *mšh* („herausziehen"). Zugleich klingt „Mose" an typisch ägyptische Namen an. Vgl. *Görg*, Manfred, Mose – Name und Namensträger. Versuch einer historischen Annäherung, in *Otto* (Hg.), Mose (Anm. 2), 17–42.

10 Zu einigen Parallelen zwischen Josef und Mose vgl. *Hamilton*, Victor P. (2011), Exodus. An Exegetical Commentary, Grand Rapids, 24.

11 Vgl. *Pfeifer*, Gerhard (1995), Ägypten im Alten Testament (Biblische Notizen. Beihefte 8), München, bes. 101–105.

12 Midian lag östlich des Golfes von Aqaba; vgl. Knauf, Ernst Axel, Midian. Untersuchungen zur Geschichte Palästinas und Nordarabiens am Ende des 2. Jahrtausends v. Chr. (ADPV), Wiesbaden 1988, 1–6. Moses positives Verhältnis zu seiner midianitischen Schwiegerfamilie steht in einem starken Kontrast zu den midianfeindlichen Texten in Num 25; 31, die durch die Bileamsepisode vorbereitet werden (s. bes. Num 22,4.7).

13 Zum Verhältnis von Mose zu den Erzvätern am Ende des Pentateuch s. *Sonnet*, Jean-Pierre (1997), The Book within the Book: Writing in Deuteronomy (Biblical Interpretation Series 14), Leiden, 199–234.

14 Noch im 3. Jh. v. Chr. übersetzt die Septuaginta im üblichen Sinn, es handle sich um eine „äthiopische" Frau. Doch schon mit Demetrius (Ende 3. Jh. v. Chr.) und Ezechiel dem Tragiker (2. Jh. v. Chr.) setzt eine Auslegungstradition ein, die aus moralischen Gründen versucht, die Kuschiterin mit Zippora zu identifizieren. Vgl. *Sadler*, Rodney Steven (2005), Can a Cushite Change His Skin? An Examination of Race,

Ethnicity, and Othering in the Hebrew Bible (LHB/OTS 425), New York, bes. 32–40.

15 Vgl. Salomos fremdländische Frauen (1 Kön 11,1–10) oder die Trennung von fremden Frauen unter Esra (Esra 10).

16 Abrahams Vater Terach stammte gemäß Gen 11,31 aus Ur in Chaldäa (Babylonien bzw. heute Irak), übersiedelte dann aber mit seinen Kindern nach Haran (im heutigen Syrien). Vgl. auch das Bekenntnis „ein umherirrender Aramäer war mein Vater" (Dtn 26,5), das auf die syrische Herkunft Abrahams anspielt.

17 Siehe dazu *Markl*, Dominik (2014), This Word is Your Life: The Theology of ‚Life' in Deuteronomy, in: *ders.*/*Paganini*, Claudia/*Paganini*, Simone (Hg.), Gottes Wort im Menschenwort. Festschrift für Georg Fischer SJ zum 60. Geburtstag (ÖBS 43), Frankfurt a. M., 71–96.

18 Vgl. Ex 7,10.20.26; 8,4.16.21; 9,1.10.13.27; 10,3.8.16.24. In manchen Fällen ist nur Gottes Auftrag und nicht die Ausführung berichtet, die aber im weiteren Erzählverlauf vorausgesetzt ist.

19 Vgl. *Fischer*, Mosebild (Anm. 3), 95 f.

20 Der Vergleich liegt schon insofern nahe, als Jeremia in Jer als der ‚Prophet wie Mose' gemäß Dtn 18,15–18 gezeichnet ist: *Fischer*, Georg (2005), Jeremia 1–25 (HThK.AT), Freiburg i. Br., 98 f; zur zentralen Rolle dieser Ankündigung s. *Markl*, Dominik (2011), Moses Prophetenrolle in Dtn 5; 18; 34. Strukturelle Wendepunkte von rechtshermeneutischem Gewicht, in: *Fischer*, Georg/*Markl*, Dominik/*Paganini*, Simone (Hg.), Deuteronomium – Tora für eine neue Generation (BZAR 17), Wiesbaden, 51–68.

21 *Fischer*, Jeremia 1–25 (Anm. 2), 100 f.

22 Mose vergleicht das Leitungsamt der Gemeinde mit einem Hirten, als er Gott um einen Nachfolger bittet (Num 27,16 f). Die vielfältigen Leitungsfunktionen, die im AT mit der Hirtenmetapher bezeichnet werden können, verbieten eine Identifikation mit einer königlichen Rolle – gegen *Mathews*, Danny (2012), Royal Motifs in the Pentateuchal Portrayal of Moses (LHB/OTS 571), New York, 52–54. Sogar Gott wird als „Hirte Israels" bezeichnet: Ps 80,2. Vgl. *Hunziker-Rodewald*, Regine (2001), Hirt und Herde. Ein Beitrag zum alttestamentlichen Gottesverständnis (BWANT 155), Stuttgart.

23 An beiden Stellen ist das hebräische Verb für „tränken" verwendet (*nšq* hi.).

24 Wiederum ist jeweils dasselbe hebräische Verb verwendet (*jšʿ* hi.). Vgl. *Jacob*, Benno (1997), Das Buch Exodus (Hg. S. Mayer), Stuttgart, 37.

25 Siehe hierzu *Fischer*, Georg (1989), Jahwe unser Gott. Sprache, Aufbau und Erzähltechnik in der Berufung des Mose (Ex 3–4) (OBO 91), Göttingen, 100.

26 Die sogenannten Murrerzählungen der Wüstenwanderungen in den Büchern Exodus und Numeri sind im Pentateuchzusammenhang spiegelbildlich angeordnet. Während Gott vor dem Sinai ohne jegliche Strafe darauf reagiert, ruft die Auflehnung des Volkes nach dem Aufbruch vom Sinai die Entscheidung hervor, dass die gesamte Auszugsgeneration in der Wüste sterben muss (Num 14,28–35). Vgl. *Schart*, Aaron (1990), Moses und Israel im Konflik. Eine redaktionsgeschichtliche Studie zu den Wüstenerzählungen (OBO 98), Fribourg.

27 Zur doppelten Autorisierung des pentateuchischen Rechts als göttlich und mosaisch vgl. *Watts*, James W. (1998), The Legal Characterization of Moses in the Rhetoric of the Pentateuch, JBL 117 (1998), 415–426.

28 Vgl. *Fischer*, Jahwe unser Gott (Anm. 25), 186–192.

29 *Markl*, Dominik (2013), Moses' Praise and Blame – Israel's Honour and Shame. Rhetorical Devices in the Ethical Foundations of Deuteronomy, Verbum et Ecclesia 34 (2013) Art. #861, 4 Seiten. http://dx.doi.org/10.4102/ve.v34i2.861.

30 Vgl. *Markl*, Dominik (2013), „Mit uns allen, die wir hier heute leben!" Das Buch Deuteronomium als Aktualisierung, Bibel heute 196 (2013) 7–9, sowie für die weitere Thematik ders. (2012), Gottes Volk im Deuteronomium (BZAR 18), Wiesbaden, 47–87.

31 Ebd. 291–295.

32 Mose verzichtet auf Gottes Angebot, ihn selbst zu einer großen Nation zu machen (Ex 32,10).

33 S. *Fischer*, Jahwe unser Gott (Anm. 25), 47–53; ders./*Hasitschka*, Martin (1995), Auf dein Wort hin. Berufung und Nachfolge in der Bibel, Innsbruck/Wien, 11–33.

34 Vgl. *Markl*, Dominik (2004), Ex 3f und Dtn 1,1; 34,10–12 als literarische Eckpunkte des pentateuchischen Mosebildes, in: *Paganini*, Simone/*Paganini*, Claudia/*Mark*l, Dominik (Hg.), Führe mein Volk heraus. Zur innerbiblischen Rezeption der Exodusthematik. FS G. Fischer, Frankfurt a. M., 15–23.

35 Vgl. *Fischer*/*Markl*, Exodus (Anm. 4), 338–358.

36 Vgl. z. B. Jos 1; 4; 8; 11; 13f; 22; 23,6; Ri 3,4; 1 Sam 12,6.8; 1 Kön 2,3; 8,9.53.56; 2 Kön 18,6.12; 21,8; 23,25; Esra 3,2; 7,6; Neh 1,7f; 8,1.14; 9,14; 10,30; 13,1; Ps 77,21; 90,1; 99,6; 103,7; 105,26; 106,16.23.32; Jes 63,11f; Jer 15,1; Dan 9,11.13; Mi 6,4; Mal 3,22. Zu der in den Chronikbüchern gegenüber den Königebüchern verstärkten Rolle des Mose vgl. *Dörrfuß*, Ernst Michael (1994), Mose in den Chronikbüchern (BZAW 219), Berlin.

37 Vgl. *Otto*, Mose (Anm. 2), 81–91; *Graupner*, Axel/*Wolter*, Michael (Hg.) (2007), Moses in Biblical and Extra-Biblical Traditions (BZAW 372), Berlin; *Martin*, Seán Charles (1997), Pauli Testamentum. 2 Timothy and the Last Words of Moses (Tesi Gregoriana. Serie Teologia 18), Rom, 101–185; *Gager*, John G. (1972), Moses in Greco-Roman Paganism (SBL.MS 16), Nashville.

38 *Hagemann*, Ludwig (2006), Mose, Islam-Lexikon A-Z (2006) 435–437; Speyer, Heinrich (1988), Die biblischen Erzählungen im Qoran, Hildesheim: Georg Olms, 225–363; (Nachdruck; Originalausgabe: Gräfenheinichen 1931, einige Jahre vordatiert); *Neuwirth*, Angelika (2010), Mose – seine koranische Entwicklung, in dies., Der Koran als Text der Spätantike. Ein europäischer Zugang, Berlin, 653–671.

39 Zur kulturgeschichtlichen Rezeption der Mosegestalt s. *Beal*, Jane (2014), Illuminating Moses. A History of Reception from Exodus to the Renaissance (Commentaria 4), Leiden; *Dohmen*, Christoph, Mose. Der Mann, der zum Buch wurde (Biblische Gestalten 24), Leipzig, bes. 161–275;

Graf, Friedrich Wilhelm ([3]2006), Moses Vermächtnis. Über göttliche und menschliche Gesetze. München; *Böttrich*, Christfried/*Ego,* Beate/*Eißler*, Friedmann (2010), Mose, in: Judentum, Christentum und Islam, Göttingen; *Schlosser,* Hanspeter (1971), Moses, Lexikon der christlichen Ikonographie 3 (1971), 282–297; *Bocian*, Martin, u.a. ([2]2004), Mose, Lexikon der biblischen Personen ([2]2004), 374–387.

40 *Ribner,* Jonathan (1993), Broken Tablets. The Cult of the Law in French Art from David to Delacroix, Berkeley.

41 *Freud*, Sigmund (2000), Der Moses des Michelangelo, in ders., Sigmund Freud. Studienausgabe 10, Frankfurt a.M., 195–222; *ders.* (2000), Der Mann Moses und die monotheistische Religion, in ders., Sigmund Freud. Studienausgabe 9, Frankfurt a.M., 455–581; zum kulturgeschichtlichen Kontext von Freuds Mosedeutung vgl. *Assmann*, Jan (1998), Moses der Ägypter. Entzifferung einer Gedächnisspur, München.

42 Buber, Martin, Moses (1964), in ders., Schriften zur Bibel (Werke II), München, 9–230 (ursprünglich 1944); *Auerbach*, Elias (1953), Moses, Amsterdam.

43 Vgl. die sublime Analyse bei *Lauer*, Gerhard (2013), The Law and the Artist in the Age of Extremes. On Thomas Mann's *Das Gesetz,* in: *Markl*, Dominik (Hg.), The Decalogue and its Cultural Influence (Hebrew Bible Monographs 58), Sheffield: Phoenix, 318–332.

44 Zitiert nach *Otto*, Mose (Anm. 2), 119.

45 Zu einigen aktuellen Forschungspositionen siehe *Zenger*, Erich u.a. ([8]2012), Einleitung in das Alte Testament (Hg. C. Frevel; StTh 1,1), Stuttgart: Kohlhammer, 67–231.

David und Jonatan – eine „zärtliche" Männerbeziehung?

Detlef Dieckmann

1. Das EKD-Familienpapier zu gleichgeschlechtlichen Partnerschaften

Als die EKD im sog. Familienpapier 2013 verbindliche gleichgeschlechtliche Partnerschaften „in theologischer Sicht als gleichwertig"[1] bezeichnete, war dies für die einen ein Skandal, weil die Bibel ihrer Meinung nach Homosexualität eindeutig negativ bewerte. Die anderen sahen in dieser Formulierung des Rates der EKD ein längst überfälliges Zeichen gegenüber jenen Paaren von Männern bzw. Frauen, die sich „zu einem verbindlichen und verantwortlichen Miteinander verpflichten"[2], wie es die Orientierungshilfe formuliert.

Die zentrale Passage, in der sich das EKD-Papier „Zwischen Autonomie und Angewiesenheit. Familie als verlässliche Gemeinschaft stärken" mit dem Thema Homosexualität befasst, beginnt mit den folgenden Worten:

> *„Deutet man die biblischen Aussagen, in denen Homosexualität als Sünde gekennzeichnet wird* (3. Mose 18,22; 20,13; Röm 1,26–27), *als zeitlos gültig, kann man zu der Meinung kommen, eine homosexuelle Partnerschaft sei mit einer heterosexuellen keinesfalls vergleichbar. Allerdings gibt es auch biblische Texte, die von zärtlichen Beziehungen zwischen Männern sprechen."*[3]

Welche „zärtlichen" Männerbeziehungen damit gemeint sind, wird nicht gesagt – es findet sich weder hier noch in einer Anmerkung der Verweis auf eine Bibelstelle. Diese Leerstelle will ich in diesem Aufsatz ein Stück weit füllen, indem ich vor dem Hintergrund der aktuellen Debatte jene Erzählung erneut betrachte, die am häufigsten als Beleg für eine „zärtliche" Beziehung zwischen Männern genannt wird: die Geschichte von David und Jonathan in 1 Sam 18 bis 2 Sam 1,1.

2. Ist Homosexualität „Sünde"?

Doch zuvor soll anhand der obigen Passage aus dem Familienpapier der kirchenpolitische und gesellschaftliche Kontext einer solchen Lektüre verdeutlicht werden: Viele christlich geprägte Menschen sind der Ansicht, dass „Homosexualität" eine „Sünde" ist, und führen als Beleg die in der Orientierungshilfe zitierten Bibelstellen oder auch andere[4] Bibelworte an. Demgegenüber verweisen andere darauf, dass der wohl erst im 19. Jh. entstandene Begriff „Homosexualität"[5] in der Bibel nicht vorkomme und zudem die angegebenen Textstellen nicht von „Sünde" sprechen.

Doch worum geht es im Buch Levitikus und bei Paulus? Was genau wird hier abgelehnt und welcher moderne Begriff ist dafür angemessen? Betrachten wir zunächst die beiden Stellen aus dem Buch Levitikus in der Übersetzung von Dorothea Erbele-Küster für die Gütersloher Bibel „in gerechter Sprache"[6]:

> *Mit einem männlichen Partner sollst du keinen Geschlechtsverkehr haben wie mit einer Frau, ein Tabu ist das.* (Lev 18,22)

> *Ein Mann, der bei einem männlichen Geschlechtspartner wie bei einer Frau liegt, ein Tabu haben sie beide gebrochen, sie müssen unbedingt getötet werden, ihr Blut ist auf ihnen.* (Lev 20,13)

Deutlich ist, dass beide Stellen eine Sexualpraktik zwischen Männern verbieten, die mit dem Geschlechtsverkehr zwischen Mann und Frau verglichen wird. Welche Praktik genau gemeint ist, bleibt unklar, weil schwer zu sagen ist, was angesichts der anatomischen Unterschiede zwischen Mann und Frau das Analogon zum Verkehr eines Mannes mit einer Frau ist. Ebenfalls undeutlich bleibt, was mit dem hebräischen Begriff *to'evah* תּוֹעֵבָה gemeint ist, der in fast allen deutschen Bibelübersetzungen mit „Gräuel" wiedergegeben und von Erbele-Küster hier mit „Tabu" übersetzt wird. Damit hängt die Frage nach dem genauen

Grund zusammen, aus dem die Autoren des Buches Levitikus den Geschlechtsverkehr zwischen Männern verbieten.

Es ist hier nicht der Ort, die ausufernde Diskussion zu Lev 18,22 und 20,13 darzustellen.[7] Daher beschränke ich mich auf einige Beobachtungen zu dem unmittelbaren Textzusammenhang: Gegenstand der Verbotsreihe in Lev 18 sind vor allem Inzest-Handlungen (18,6–18), sodann der Verkehr mit der eigenen Frau während der „unreinen Zeit" der Menstruation (18,19), der Verkehr mit der Frau eines anderen Mannes (18,20), das Opfern von Kindern (18,21), der Sexualakt mit einem anderen Mann (18,22) und der Verkehr mit Tieren (18,23). All diese Handlungen werden in 18,26 summarisch als *to'evot* תּוֹעֵבָה bezeichnet. Die Rahmung der Verbote in 18,3.24–30 macht deutlich: Sie sollen dazu dienen, das Land rein zu halten und sich von den Kanaanäern bzw. „Heiden", d. h. Nicht-Israeliten abzugrenzen, die nach dieser Darstellung das Land durch solche Vergehen verunreinigt haben. Damit soll letztlich verhindert werden, dass das Land das Volk Israel wieder ausspeit (18,28–29).

Es wurde immer wieder vermutet, dass die in Lev 18 aufgezählten Handlungen mit dem Wort *to'evah* תּוֹעֵבָה als heidnische Rituale, als „Gräuel" der Nicht-Israeliten abgelehnt werden sollen. Diese These ist jedoch schwer zu belegen und wird daher zunehmend kritisch gesehen.[8]

Hält man sich allein an den Text, so lässt sich nicht viel mehr sagen als dies: Eine *to'evah* תּוֹעֵבָה ist offenbar eine Handlung, die nach Meinung der Autoren von Lev 18 die Zukunft Israels im Land gefährden würde und deswegen verboten ist. Dabei erscheint das Opfern von Kindern ebenso als eine existenzgefährdende Handlung wie der Sexual-Akt in einer „unreinen Zeit", mit einer Blutsverwandten, einer fremden Partnerin, einem anderen Mann oder einem Tier. Besteht für die Autoren von Lev 18 das Anstößige dieser Handlungen darin, dass sie nicht zur Zeugung von patrilinearen Kindern führen? Wird deswegen der Beischlaf eines Mannes mit einem anderen in Lev 18,22 noch einmal zusätzlich als *to'evah* תּוֹעֵבָה bezeichnet und in Lev 20,13 sogar mit der Todesstrafe belegt (wobei es jedoch keinen einzigen Beleg darüber gibt, dass diese Todesstrafe einmal vollzogen worden ist)? Letztlich wissen wir nicht, warum die Autoren den Beischlaf eines Mannes mit einem Mann verbieten.

Auch Paulus bezieht sich in Röm 1,26–27 auf bestimmte sexuelle Praktiken - von Frauen einerseits und von Männern gegenüber anderen Männern andererseits, deren Verhalten er als schändlich und *para physin* παρὰ φύσιν bezeichnet, also wörtlich „neben der Natur" oder gar „wider" sie.

Somit zeigt sich: Den Begriff Homosexualität kennen diese biblischen Texte nicht. Auch das Wort Sünde kommt in Lev 18,22; 20,13 und Röm 1,26–27 nicht vor. Vielmehr kennzeichnen diese Texte (bestimmte) gleichgeschlechtliche Sexualpraktiken als Tabu, modern gesprochen: als *no-go*. Dass die Autoren dieser Texte mit homosexuellen Veranlagungen rechnen, deutet sich nirgends an. Ebenso ist keine Rede von „verbindlichen und verantwortlichen" homosexuellen Partnerschaften oder gar von Liebe - Lev 18,22 könnte sich theoretisch sogar auf eine Vergewaltigung beziehen. Deswegen werden homosexuelle und heterosexuelle Partnerschaften auch nicht miteinander verglichen. Da es in der Antike jedoch durchaus die Vorstellung von homoerotischen Freundschaften und offenbar auch dauerhafte gleichgeschlechtliche Beziehungen gegeben hat,[9] ist es jedoch nicht ausgeschlossen, dass die Autoren des Buches Levitikus oder Paulus auch solche Beziehungen vor Augen hatten und in ihren Aussagen mitgemeint haben.

3. David und Jonatan – eine „zärtliche" Männerbeziehung?

Kehren wir zum Text der Orientierungshilfe zurück. Die von vielen Christinnen und Christen vertretene These, Homosexualität sei nach biblischem Zeugnis Sünde, versieht das EKD-Familienpapier mit einer gewichtigen Einschränkung, die als Antithese aufgefasst werden kann: „Allerdings gibt es auch biblische Texte, die von zärtlichen Beziehungen zwischen Männern sprechen."

Beschreibt die Geschichte von David und Jonathan in 1 Sam 18 bis 2 Sam 1,1 eine solche „zärtliche" Verbindung? Handelt es sich bei dieser Männer-Beziehung um eine verlässliche, liebevolle, verantwortliche und treue Freundschaft? War sie „eine homoerotische und sehr wahrscheinlich auch homosexuelle Beziehung", wie Silvia Schroer und Thomas Staubli behaupten?[10] Oder hat Markus Zehnder Recht, wenn er entgegnet: Ein „Verständnis des Verhältnisses zwischen David und Jonatan als einer homosexuellen Beziehung wird von der textlichen Basis nicht gedeckt"?[11] Wie verhalten sich die politische und die emotionale Dimension der Beziehung zwischen David und Jonatan zueinander, wie vielschichtig sind die Texte? Was in ihnen ist eindeutig und was lassen sie offen? Was wird in der Geschichte bewertet und was nicht? Und was lässt sich aus der Lektüre dieser Texte für die biblische Theologie und für die kirchliche Haltung zu gleichgeschlechtlichen Partnerschaften lernen, über die nach der Veröffentlichung des Familienpapiers wieder verstärkt diskutiert wird? Der Antwort auf diese Fragen soll die folgende Lektüre dienen.

David lernt zunächst Jonatans Vater kennen, den depressiven König Saul, für den David als Musiktherapeut engagiert wird (1 Sam 16,14–23). Da der junge David gleichzeitig ein tüchtiger Krieger ist, macht Saul ihn eines Tages zu seinem Adjutanten:

> *So ging David zu Saul hinein und diente ihm. Und er liebte ihn sehr, und er wurde zu seinem Waffenträger. Und Saul sandte zu Isai und ließ ihm ausrichten: ‚David möge bei mir bleiben. Denn er hat in meinen Augen Gnade/Gefallen gefunden.‘* (16,21–22)

Das enge Verhältnis Sauls zu David wird hier zum einen durch das Verb *ahav* אהב („lieben") beschrieben und zum anderen durch die Wendung *maza chen be'enej* … מצא חֵן בְעֵינֵי („Gefallen/Gunst/Gnade finden in den Augen von …").

Da das Verb „lieben" auch in politischen Bundesverträgen erscheint und das Substantiv חֵן die „Gnade" des Höhergestellten gegenüber dem Begünstigten bezeichnen kann (vgl. Gen 6,8), lassen diese Formulierungen nicht notwendig auf eine enge emotionale Beziehung schließen. Weil diese Begriffe jedoch auch die Liebe eines Mannes zu einer Frau und die Wirkung eines attraktiven Menschen auf einen anderen ausdrücken können (vgl. z.B. Gen 24,67; Est 5,2), schwingt diese Bedeutungsebene jedenfalls mit.

Als hätte Saul David wieder aus den Augen verloren und völlig vergessen (oder als wären hier zwei ursprünglich eigenständige Erzählungen zusammengeschoben worden), fällt in 1 Sam 17,55–58 dem König Saul plötzlich ein mutiger und erfolgreicher Krieger auf, der David heißt. In nur einem Gespräch kann David jedoch nicht nur Saul, sondern auch dessen Sohn Jonatan für sich einnehmen:

> *Gerade hatte David mit Saul gesprochen, da verband sich die Seele/das Leben Jonathans mit der Seele/dem Leben Davids. Und Jonatan liebte ihn wie sein eigenes Leben. Und Saul nahm ihn an jenem Tag zu sich und ließ ihn nicht wieder in das Haus seines Vaters zurückkehren. Und Jonatan und David schlossen einen Bund, weil er ihn wie sein eigenes Leben liebte.* (1 Sam 18,1–3)

Es ist wie Zuneigung auf den ersten Blick: Wie von selbst verbindet sich die *näfäsch* נֶפֶשׁ, die „Seele“ Jonatans mit der Davids. Das Substantiv *näfäsch* נֶפֶשׁ meint ursprünglich die „Kehle“ und bezeichnet den ganzen Menschen unter dem Aspekt seiner Bedürftigkeit, je nach Kontext sein Sehnen, sein Begehren, den Sexualtrieb, den Überlebenstrieb, die Lebensenergie, Lebenskraft, Lebendigkeit und nicht selten sogar das Leben an sich. Deswegen kann dieser Abschnitt so verstanden werden, dass sich hier nicht nur zwei Seelen, sondern zwei Leben, zwei Lebensläufe verbinden. Jonatan und David schließen einen Bund für's Leben.

Auch der Begriff „Bund“, mit dem schon die Verbindung Gottes mit Noah (Gen 9,9), Abraham (15,18) und dessen Nachkommen benannt wurde, kommt im Alten Orient in politischen Verträgen vor. Doch auch hier wird man schwerlich ausschließen können, dass dieser – aus Liebe und vollkommen freiwillig geschlossene – Bund zwischen Jonatan und David eine emotionale Komponente enthält.

Wie innig die Beziehung zwischen den beiden ist, zeigt der nächste Vers:

> *Und Jonatan zog sich seinen Mantel aus, den er trug, und gab ihn David, dazu seine Gewänder, sogar sein Schwert, seinen Bogen und seinen Gürtel.* (1 Sam 18,4)

Nachdem sich Jonatan Stück für Stück seiner Kleidung und seiner Waffen entledigt hat, steht er nackt und vollkommen ungeschützt vor David. Auf der politischen Ebene übergibt hier der legitime Thronfolger die Insignien seiner Macht demjenigen, der einmal der Thronfolger sein wird (was die Erzählfiguren freilich noch nicht wissen können). Auf der Erzählebene steht hier ein entwaffneter Mann unbekleidet vor einem anderen Mann, der ihn „wie sein eigenes Leben liebt".

Durch diese Liebe ist nun eine „Dreiecksbeziehung"[12] entstanden zwischen König Saul, seinem Sohn Jonatan und dem geliebten David, den Saul wie einen Sohn adoptiert und mit dem Jonatan einen Lebensbund geschlossen hat.

Das Spannungspotential dieses Dreiecksverhältnisses entlädt sich, als Sauls Neid gegenüber dem außerordentlich beliebten und ihm als Kriegsheld weitaus überlegenen David entbrennt und er ihn an die Wand spießen will (18,8–11). Doch David hat – wie immer – Glück (18,14).

Was auf dem direkten Wege nicht funktioniert hat, versucht Saul nun mit einer List zu erreichen: Er will David mit seiner älteren Tochter Merab verheiraten, damit dieser in seiner Schuld steht und in einen tödlichen Krieg gegen die Philister zieht. Doch David hat keineswegs vor, Merab zu heiraten. Den Grund dafür erfahren wir nicht. Geschickt verweist David darauf, dass er als Sohn von einfacher Herkunft keine Königstochter heiraten könne (18,17–19). Als Saul ihm dann seine Tochter Michal anbietet, die David liebt, und „nur" noch hundert Vorhäute der Philister fordert, schlägt David ein und bringt ihm als Brautpreis – die doppelte Zahl an Vorhäuten (18,20–27).

Gleichwohl sucht Saul, der David immer mehr zu fürchten scheint und der immer wieder von Depressionen ergriffen wird, den Freund seines Sohnes weiterhin zu töten.

Nun bewährt sich Davids Freundschaft zu Jonatan, von dem es in 19,1 heißt:

Und Jonatan, der Sohn Sauls, hatte großen Gefallen (chafez חפץ*) an David gefunden.*

Wie die Begriffe „lieben" und „Anmut (חֵן) finden" in 16,22, so kann auch das Verb *chafez* חפץ sowohl eine nicht-emotionale als auch eine stark emotionale Bedeutung tragen. So wird in Gen 34,19 etwa Sichems sexuelles Verlangen nach Dina mit der Wendung *chafez b*ᵉ חפץ בְּ dargestellt.

Jonatan warnt nun David ebenso verlässlich vor Sauls Anschlägen wie seine Frau Michal (Kap. 19–20). Was Jonatan und seine Schwester Michal verbindet, ist ihre Liebe zu David. So wird aus dem Beziehungsdreieck genau genommen ein Viereck.

Wie explosiv dieses Beziehungsgeflecht bleibt, wird deutlich, als Saul seinen Sohn Jonatan zornerfüllt anfährt:

Du Hurensohn! Als ob ich nicht wüsste, dass Du den Sohn des Isai erwählt hast, zu deiner Schande und zur Schande der Blöße deiner Mutter. Denn solange der Sohn des Isai auf dem Erdboden lebt, werden weder du noch dein Königtum Bestand haben. Und nun: Sende hin und hol ihn zu mir, denn er ist ein Sohn des Todes! (20,30–31)

Saul erkennt also ganz klar: Indem Jonatan seinen geliebten Freund immer wieder vor der Ermordung rettet, gefährdet er sowohl das gegenwärtige Königtum Sauls als auch das zukünftige eigene. So spielen das Private und das Politische hier ineinander. Dennoch ändert Jonatan sein Verhalten nicht.

Der trifft sich schließlich mit David auf dem freien Feld. Nachdem David dafür gesorgt hat, dass sie beide ungestört sind, heißt es:

Sie küssten einer den anderen und weinten einer um den anderen, David am allermeisten. Da sprach Jonatan zu David: ‚Geh in Frieden.

Denn wir beide haben beim Namen ADONAJS *geschworen:* ADONAJ *sei zwischen mir und zwischen dir, zwischen meinen Nachkommen und deinen Nachkommen für immer*'. (20,41b–42)

Auch in dieser Abschiedsszene werden auf der Erzählebene durch das Küssen und Weinen die Gefühle der Charaktere in den Fokus gerückt. Ob das Küssen mehr oder weniger zärtlich war, wird nicht gesagt, und es würde auch nicht dem lapidaren hebräischen Erzählstil entsprechen, dies weiter auszuschmücken. Gleichzeitig wissen die informierten Rezipientinnen und Rezipienten aber um den politischen Hintergrund des Geschehens: Denn die miteinander tief verbundenen Männer agieren hier als Stellvertreter der im Untergang begriffenen Dynastie und des aufkommenden, davidischen Königtums, indem sie einen immerwährenden Frieden schließen.

Als Saul und Jonatan dann im Krieg getötet werden, singt David ein Trauerlied, in dem Jonatan an zwei Stellen vorkommt. An der ersten Stelle heißt es über Vater und Sohn:

Saul und Jonatan – geliebt und liebenswert, solange sie lebten, auch im Tod nicht voneinander getrennt. Schneller waren sie als Adler und stärker als Löwen. (2 Sam 1,23)

Dass David auch Saul als geliebt und liebenswert bezeichnet, mag angesichts dessen mörderischen Absichten verwundern. Fast scheint es, als erfahre Saul nun posthum Genugtuung, indem auch er als geliebt bezeichnet wird, nachdem er in der letzten Zeit seines Lebens fortwährend auf den beliebten Freund seines Sohnes David eifersüchtig und neidisch war. Während dieser Vers noch im Stil eines Heldenliedes formuliert ist, wird David im folgenden Vers sehr persönlich:

Es wird mir weh um dich, mein Bruder Jonatan. Du warst mir sehr lieb. Wunderbarer war deine Liebe für mich als die Frauenliebe. (1,26)

Während David in 1,23 von Saul und Jonatan in der dritten Person spricht, wendet er sich hier direkt an seinen verstorbenen Freund. „Eng wird es mir deinetwegen" (*zar li 'aläkha* צַר־לִי עָלֶיךָ), sagt er wörtlich, als schnüre es ihm den Hals zu. Im nächsten

Satz benutzt David ein Verb von derselben Wurzel wie das Adjektiv, das ich in 1,23 mit „liebenswert" übersetzt habe: *na'am* נעם („angenehm sein/sich freundlich erweisen"). Diese Aussage hat zwei Ebenen, wie es die – an die neue Zürcher Bibel angelehnte – Übersetzung zum Ausdruck bringt: Zum einen besingt David hier die Liebenswürdigkeit, die Jonatan ihm erwiesen hat, indem er ihn zuverlässig vor seinem Vater gewarnt und so letztlich das Leben gerettet hat. Zum anderen kann diese Aussage auch bedeuten, dass David seinen Freund Jonatan als „angenehm" oder „liebenswert" empfunden hat, so wie in 1,23 mitgemeint sein kann, dass auch David Jonatan geliebt hat.

Diese Deutungsmöglichkeit lässt aufhorchen. Denn bis zu diesem Vers hat David kein einziges Mal davon gesprochen, dass er Jonatan liebt. Stets war nur umgekehrt von Jonatans Liebe zu David die Rede. Das bedeutet, dass wir zunächst nicht von einer Liebesbeziehung zwischen David und Jonatan, sondern nur von einer Liebesbeziehung Jonatans zu David sprechen können.[13]

Es sei denn, David hätte seine wahren Gefühle für Jonatan erst nach dessen Tod entdeckt. Dafür könnte evtl. der letzte Satz in 1,26 sprechen, wo es heißt, dass die Liebe Jonatans für David wunderbarer war als die Frauenliebe. Denn es ist nicht vollkommen klar, ob Jonatan und die Frauen als Subjekt oder Objekt der Liebe gemeint sind. Mit den Formulierungen „deine Liebe" und „Liebe der Frauen" spricht der hebräische Text aber eher dafür, dass David hier die Liebe vergleicht, die Jonatan und Frauen wie Michal ihm entgegengebracht haben.

Die Liebe Jonatans war ihm „wunderbar" (*nifle'atah*, נִפְלְאַתָה), und zwar wunderbarer als die Liebe der Frauen, sagt David. Mit dem Verb *pala* פלא wird im Hebräischen etwas bezeichnet, was wundersam, außergewöhnlich, rätselhaft, schwer begreiflich oder gar zu herausfordernd ist. Damit eröffnet die Semantik dieses Verbs einen weiteren Interpretationsspielraum: Staunt David angesichts des Maßes an Liebe, die Jonatan ihm erwiesen hat? Gelingt es ihm nicht, diese Liebe einzuordnen wie die Liebe der Frauen? Hat sie ihn überfordert? Wenn ja: Lag das daran, dass sie nicht in das dominante heterosexuelle Schema passte?

Daran, dass diese Liebe David emotional näher kam als die Liebe der Frauen – er aber nicht in der Lage war, sie zu beantworten? Die Antworten auf diese Fragen müssen letztlich offenbleiben.

So lässt sich das folgende Fazit aus der Lektüre der Geschichte von Saul, David, Jonatan und Michal ziehen: In der Dreiecksbeziehung zwischen Saul, David und Jonatan spielen stets die politische und die emotional-persönliche Ebene so ineinander, dass sie nicht voneinander getrennt werden können. Daher muss jemand, der nur das Politische oder nur das Private in dieser Beziehung erkennen will, die jeweils andere Ebene und damit eine Seite der Texte negieren. Das Beziehungsviereck zwischen den Genannten wird dadurch konstituiert, dass alle David lieben. Dabei entwickelt sich die Liebesbeziehung Jonatans zu David zu der alles bestimmenden Beziehung: Dadurch, dass die beiden einen Bund für's Leben miteinander schließen, ist diese Beziehung verbindlich; dadurch, dass Jonatan David immer wieder warnt, ist sie verlässlich; dadurch, dass Jonatan David liebt, ist sie liebevoll. Allerdings bleibt höchst unklar, ob diese Liebe auf Gegenseitigkeit beruht. Einiges deutet darauf hin, dass Jonatan der Gebende, David hauptsächlich der Empfangende ist. Schon deswegen kann diese Beziehung nicht mit der Verbindung zweier Menschen verglichen werden, die aus gegenseitiger Liebe heraus einander die lebenslange Treue versprechen.

Wie „zärtlich" die Freundschaft zwischen Jonatan und David war, sagen die Texte nicht. Die Nacktszene und der Kuss an abgeschiedenem Ort tragen eine erotische Konnotation – wären ein Mann und eine Frau die Protagonisten dieser Szene, käme niemand auf die Idee, dass es hier ausschließlich um politische Vorgänge geht, wie Markus Zehnder meint. Insofern legen es die Texte nah, zumindest an diesen Stellen eine homoerotische Spannung wahrzunehmen.

Allerdings wird an keiner Stelle erzählt oder angedeutet, dass die Liebesbeziehung Jonatans zu David mit sexuellen Handlungen einherging. Wie weit diese Beziehung im Einzelnen ging, wissen wir nicht. Das lässt der Erzähler im Dunkeln. Insofern liefern die Texte meiner Ansicht nach keine Rechtfertigung dafür, von einer „sehr wahrscheinlich auch homosexuelle[n] Beziehung“ zwischen David und Jonatan zu sprechen, wie es Silvia Schroer und Thomas Staubli tun.[14]

4. Lev 18 und die Jonatan-David-Erzählung im Dialog

Setzen wir nun die Stellen im Buch Levitikus und die Erzählung von David und Jonatan miteinander in Beziehung, so muss man sagen: Beide Textzusammenhänge haben nicht viel mehr miteinander zu tun, als dass sie vom Verhalten eines Mannes zu einem anderen handeln. In Levitikus wird eine sexuelle Handlung zwischen Männern verboten, von der in der Geschichte von David und Jonatan keine Rede ist. Was Lev 18 und Lev 20 verbieten, wird in 1 Sam also ausgespart und hat zwischen Jonatan und David vielleicht auch nie stattgefunden. Auf der anderen Seite steht im Zentrum der Erzählung in 1 Sam bis 2 Sam eine Beziehung mit einer ebenso deutlich politischen wie persönlich-emotionalen Komponente, während es in Lev nicht einmal andeutungsweise um Liebe oder um Politik geht. Ein weiterer Unterschied besteht darin, dass im Gesetzestext von Lev die Verbote eine negative Wertung der sexuellen Handlungen implizieren, während der narrative Zusammenhang der David-Jonatan-Geschichte keinerlei Bewertung enthält: an keiner Stelle wertet der Erzähler die Gefühle oder Handlungen zwischen Jonatan und David. Gemeinsam ist den Texten in Lev und 1 Sam bis 2 Sam, dass jeweils die Zukunft der Familie bzw. der Dynastie und damit des Volkes im Blick ist: Im ersten Fall steht das blanke Überleben auf dem Spiel, im zweiten Fall wird der Übergang von einer Dynastie zur anderen erzählerisch gestaltet, der für den Fortbestand Israels bedeutsam war.

5. Schlussfolgerungen für Theologie und Kirche

Damit ist es sehr schwierig und hermeneutisch höchst problematisch, aus den in der Orientierungshilfe genannten Bibeltexten oder aus der David-Jonatan-Geschichte eine Stellungnahme zur Homosexualität herauszulesen: Weder Lev noch 1 Sam hatten eine symmetrische liebevolle, verbindliche, verlässliche und treue Partnerschaft vor Augen, wie sie in unserer Gegenwart durch eine eingetragene Lebenspartnerschaft geschlossen werden kann. Und was die biblischen Texte nicht kennen, können sie auch nicht bewerten.

Das bedeutet allerdings nicht, dass diese Texte nichts zu dem Themenfeld Familie und Partnerschaft zu sagen hätten. Diejenigen, die für die gesellschaftliche und kirchliche Anerkennung gleichgeschlechtlicher Partnerschaften eintreten und vielleicht selbst in einer solchen leben, können in der Geschichte von David und Jonatan die Schwierigkeiten wiederfinden, denen sich solche innigen Freundschaften in einer heterosexuell- und macht-orientierten Gesellschaft gegenübersehen. Sie können Jonatan als einen Mann sehen, dessen Liebe zu einem anderen Mann sich nie ganz erfüllen konnte, und David als den ‚verhinderten' Liebespartner, der einerseits in der Ehe und andererseits durch diese wunderbare Liebe eines Mannes gebunden war. Zudem können diese Befürworter aus dem Textzusammenhang in Levitikus ein Kriterium dafür entwickeln, ob gleichgeschlechtliche Beziehungen genauso ‚sozialverträglich' sind, wie es heterosexuelle Partnerschaften sein sollen: Gefährdet die jeweilige Beziehung oder das sexuelle Handeln eine bestehende Beziehung bzw. eine Familie und damit die Bedingung für den Fortbestand der Gesellschaft? Unterhält z. B. ein verheirateter Familienvater eine außereheliche Beziehung zu einem Mann oder einer Frau, dann würde er damit in der Tat eine Familie gefährden. Gründet dagegen eine ledige Frau (oder ein lediger Mann) eine verbindliche und treue Partnerschaft mit einer anderen unverheirateten Frau (bzw. einem anderen unverheirateten Mann), dann sind damit keine bestehenden Beziehungen infrage gestellt.

Auch diejenigen, die Bedenken gegenüber gleichgeschlechtlichen Partnerschaften haben, könnten die Geschichte von David und Jonatan als – damals wie heute lebbares – Modell einer engen Männer-Freundschaft mit homoerotisch getönten, aber nicht ausgelebten Anklängen betrachten. Wer jedoch aus Lev 18 und Lev 20 das Verbot einer verbindlichen gleichgeschlechtlichen Partnerschaft herauslesen will, müsste zunächst beweisen, dass mit dem hebräischen Wort *to'evah* תּוֹעֵבָה eine solche verlässliche Verbindung zweier Menschen gemeint ist. Das dürfte jedoch sehr schwierig sein. Und selbst wenn man der Ansicht ist, dass das Verbot solcher homosexueller Handlungen auch gleichgeschlechtliche Liebesbeziehungen trifft, dann muss zunächst die hermeneutische Frage geklärt werden, nach welchen Kriterien wir entscheiden, welche biblischen Verbote wir heute noch befolgen und welche nicht. Mit Jürgen Ebach gefragt: Warum interessieren wir uns z. B. vergleichsweise wenig für das Zinsverbot, das im Alten Testament immer wieder begegnet (Ex 22,24; Lev 25,35–38; Dtn 23,30; Ez 22,2.12), während homosexuelle Handlungen zwischen Männern nur in Lev 18 und Lev 20 thematisiert werden? Warum gibt es Talare aus Mischgewebe, wenn dieses nach Lev 19,19 eindeutig verboten ist? Und wenn eingewandt wird, dass diese Gesetze ‚nur' alttestamentlich seien, während homosexuelle Handlungen mindestens zwischen Männern auch durch Paulus in Röm 1,26–27 kritisiert werden, dann ist rückzufragen: Nach welchen Maßstäben richten wir uns, wenn wir uns zwar diese Kritik an homosexuellen Kontakten zu eigen machen, aber nicht etwa das Diktum über die Frauen, die in der Gemeinde zu schweigen haben (1 Kor 14,34)[15]? Was bestimmt unseren ‚Kanon im Kanon'?

Weil es hermeneutisch fragwürdig ist, die biblischen Aussagen über homosexuelle Handlungen unmittelbar auf die gegenwärtige Frage nach der Stellung verbindlicher gleichgeschlechtlicher Partnerschaften zu beziehen, halte ich es für klug, dass die EKD-Schrift einen biblisch-ethischen Orientierungspunkt sucht, von dem aus sie die gleichgeschlechtlichen Partnerschaften neu in den Blick nehmen kann. Das Familienpapier findet diesen Punkt in der Bestimmung des Menschen zur Gemeinschaft und in dem biblischen Ruf zur Treue:

> *Fragt man jenseits dieser einzelnen Textstellen nach dem, was menschliche Beziehung in Gottes Schöpfung ausmacht, dann ist zu konstatieren: Der Mensch wird von Anfang an als Wesen beschrieben, das zur Gemeinschaft bestimmt ist* (1. Mose 2,18). *Durch das biblische Zeugnis hindurch klingt als ‚Grundton' vor allem der Ruf nach einem verlässlichen, liebevollen und verantwortlichen Miteinander, nach einer Treue, die der Treue Gottes entspricht. Liest man die Bibel von dieser Grundüberzeugung her, dann sind gleichgeschlechtliche Partnerschaften, in denen sich Menschen zu einem verbindlichen und verantwortlichen Miteinander verpflichten, auch in theologischer Sicht als gleichwertig anzuerkennen.*[16]

„Es ist nicht gut, dass der Mensch allein sein" (Gen 2,18), ist in schmuckvollen Buchstaben auf traditionellen jüdischen Heiratsurkunden zu lesen. Und in der Tat ist die Aussage, dass der Mensch auf Gemeinschaft hin geschaffen ist, biblisch-theologisch gut begründet. Nachvollziehbar ist auch der Schluss, dass sich dieses Angelegt-Sein auf Gemeinschaft nicht nur in einer Ehe zwischen Mann und Frau, sondern auch in einer ebenso verbindlichen gleichgeschlechtlichen Partnerschaft verwirklichen kann.

Biblische Vorbilder für derart verbindliche homosexuelle Beziehungen gibt es jedoch nicht. Und wie wir in diesem Aufsatz gesehen haben, kann selbst die besonders innige Beziehung zwischen Jonatan und David nicht als eine solche betrachtet werden, auch wenn in diesem Zusammenhang immer wieder gern auf sie hingewiesen wird. Denn treu und verlässlich war Jonatans Beziehung zu David, ob sie aber im erotischen Sinne zärtlich war, muss offenbleiben.

Anmerkungen

1 Evangelische Kirche in Deutschland (Hg. 2013), Zwischen Autonomie und Angewiesenheit. Familie als verlässliche Gemeinschaft stärken. Eine Orientierungshilfe des Rates der Evangelischen Kirche in Deutschland (EKD), Gütersloh, 66. Online abrufbar unter: http://www.ekd.de/download/20130617_familie_als_verlaessliche_gemeinschaft.pdf [abgerufen: 1.7.2014]. Mit der theologisch-hermeneutischen Dimension des Themas Homosexualität befasst sich der jüngst erschienene Text der Vereinigten Evangelisch-Lutherischen Kirche Deutschlands: *Lasogga*, Mareile (2014), Orientierungslinien zur ethisch-theologischen Urteilsbildung am Beispiel der strittigen Bewertung von Homosexualität in christlicher Perspektive, in: Texte aus der VELKD 170, Hannover. Online abrufbar unter: http://velkd.de/downloads/Texte_170_Orientierungslinien_zur_ethisch-theologischen_Urteilsbildung.pdf [abgerufen am 18.6.2014].
2 Ebd.
3 Ebd.
4 So wird zum Thema Homosexualität z.T. auch Gen 19 thematisiert. Die Autoren der EKD-Schrift haben jedoch Recht, diesen Text nicht mit aufzuführen, weil es darin um die Vergewaltigung eines Mannes durch andere Männer geht, also um sexualisierte Gewalt. Zudem werden z.T. 1 Kor 6,9–10 und 1 Tim 1,10 für das Thema herangezogen, vgl. z.B. *Ebach*, Jürgen (2012), Homosexualität und die Bibel, in: *ders.* (Hg.), In Atem gehalten. Theologische Reden 10, Biblische Erkundungen, Uelzen, 103–115, 106.
5 Anscheinend wurde der Begriff „Homosexualität" 1869 von einem österreichischen Arzt eingeführt, der damit eine abweichende, als Störung begriffene sexuelle Orientierung bezeichnen wollte (vgl. *Römer*, Thomas (2008): Homosexualität in der Hebräischen Bibel? Einige Überlegungen zu Leviticus 18 und 20, Genesis 19 und der David-Jonathan-Erzählung, in: *Bauks*, Michaela, *Liess, Kathrin* und *Riede,* Peter (Hg.), Was ist der Mensch, dass du seiner gedenkst? (Psalm 8,5). Aspekte einer theologischen Anthropologie. Festschrift für Bernd Janowski zum 65. Geburtstag. Unter Mitarbeit von Bernd Janowski, Neukirchen-Vluyn, 435–454, 436).
6 *Erbele-Küster*, Dorothea (2011), Das Buch Levitikus, in: *Bail*, Ulrike, *Crüsemann*, Marlene, *Crüsemann*, Frank, *Ebach*, Jürgen, *Janssen*, Claudia, *Köhler*, Hanne et al. (Hg.), Bibel in gerechter Sprache, Gütersloh, z.St.
7 Einen Überblick über die Diskussion gibt *Römer*, Homosexualität, 437ff.
8 Vgl. dazu *Römer*, Homosexualität, 439: „Abgesehen von den schwer zu begründenden Phantasmen bezüglich der orgiastischen kanaanäischen Religion, finden sich weder in Lev 18 noch in Lev 20 Hinweise auf einen Sexualkult."
9 Vgl. dazu *Schroer*, Silvia, *Staubli*, Thomas (1996), Saul, David und Jonathan – eine Dreiecksgeschichte? Ein Beitrag zum Thema „Homosexualität

im Ersten Testament", in: Bibel und Kirche 51 (1996), 15–22, 20–22. Zur Homosexualität in der Antike vgl. einführend *Hoheisel*, Karl (1994): Art. Homosexualität, in: Reallexikon für Antike und Christentum, Stuttgart, Sp. 331–332.

10 *Schroer/Staubli*, Saul, 15. Zu 1 Sam 18 ff. vgl. auch *Keren*, Orly (2012): David and Jonathan: A Case of Unconditional Love? In: Journal of the Study of the Old Testament 37 (2012), 3–23; *Nissinen*, Martti (1999), Die Liebe von David und Jonatan als Frage der modernen Exegese. In: Biblica 80 (1999), 250–263.

11 *Zehnder*, Markus (2008): Homosexualität (AT). Online verfügbar unter http://www.bibelwissenschaft.de/stichwort/21490/ [abgerufen 15.7.2014], Abschnitt 5.7. Vgl. auch *ders.* (1998), Exegetische Beobachtungen zu den David-Jonathan-Geschichten. In: Biblica 79 (1998), 153–179.

12 Vgl. *Schroer/Staubli*: Saul, 15 und pass.

13 Vgl. dazu auch *Horner*, Tom (1978), Jonathan loved David. Homosexuality in biblical times, Philadelphia. Online verfügbar unter http://www.loc.gov/catdir/enhancements/fy1206/77015628-b.html; *Heacock*, Anthony (2011), Jonathan Loved David. Manly love in the bible and the hermeneutics of sex, The Bible in the modern world 22, Sheffield.

14 *Schroer/Staubli*: Saul, 15.

15 Bis heute ist in der neutestamentlichen Exegese umstritten, ob dieser Vers von Paulus stammt oder ein späterer Einschub ist. Vgl. dazu Schrage, Wolfgang (1999): Der erste Brief an die Korinther (1 Kor 11,17–14,40), EKK VII/3 481–487 (mit Literaturverweisen).

16 EKD, Autonomie, 66.

David und Abschalom

Eine Vater-Sohn-Beziehung zwischen Politik und Privatheit

Rainer Kessler

Kommt die Rede auf Männer-Beziehungen, wie sie Gegenstand dieses Sammelbands sind, dürfte die erste Assoziation auf die Beziehungen zwischen Brüdern oder Freunden gehen. Sie sind Peers, also im gleichen Status und in etwa gleich alt. Auch die Hebräische Bibel widmet diesen Beziehungen eine hohe Aufmerksamkeit. Man denke nur an die Brüderkonstellationen, die im Buch der Genesis von Kain und Abel bis zu Josef und seinen Brüdern erzählerisch behandelt werden. Das Motiv der Männerfreundschaft findet seinen berühmtesten Ausdruck in der Freundschaft zwischen David und Jonatan, die über den Binnenkontext des Alten Testaments hinaus als paradigmatisch verstanden wird.

Aber über die Männer-Beziehung zwischen den Peers ist die ihrem Wesen nach asymmetrische Beziehung zwischen Vätern und Söhnen nicht zu vernachlässigen. Sie fängt naturgemäß als die Beziehung zwischen einem Erwachsenen und einem Kind an. Aber das Kind wird selbst zum Erwachsenen. Und so wird aus der Eltern-Kind- mit der Zeit eine Männer-Beziehung. Sie bleibt insofern asymmetrisch, als der Vater immer der Vater und auf jeden Fall der Ältere ist, so wie der Sohn immer der Jüngere ist. Aber gerade in dieser Asymmetrie eignet sie sich zur metaphorischen Beschreibung des Verhältnisses Gottes zu seinem Volk. Im Streit mit dem Pharao, dem Gott die Tötung seines erstgeborenen Sohnes androht, zieht er die Parallele: „Israel ist mein erstgeborener Sohn“ (Ex 4,22). Und im Rückblick auf das Exodusgeschehen kann der Prophet Hosea Gott sagen lassen:

> *Als Israel jung war, liebte ich es, und aus Ägypten rief ich meinen Sohn* (Hos 11,1).

Doch wollen wir diese Linie, in der die Beziehung Gottes zu Israel als Männer-Beziehung zwischen Vater und Sohn metaphorisiert wird, hier nicht weiter verfolgen.[1] Auch die irdischen Vater-Sohn-Beziehungen finden in der biblischen Überlieferung die ihnen gebührende Aufmerksamkeit. Schon in der Genesis stehen sie neben den Brudererzählungen oder sind in sie hinein gewoben. Mit Noah fängt es an. Er hat drei Söhne, von denen einer die Scham seines Vaters, als dieser im Rausch nackt liegt, sieht und dies seinen Brüdern sagt. Damit missachtet er die Würde seines Vaters, indem er dessen peinliche Lage ausnutzt. Entsprechend wird er im Folgenden verflucht, während seine Brüder sich angemessen verhalten und ihn, ohne hinzusehen, zudecken, wofür sie gesegnet werden (Gen 9,18–27).

Auch die Beziehung Abrahams zu seinem Sohn Isaak kann man als Männer-Beziehung deuten. Zwar könnte die Erzählung von der Bindung Isaaks nahelegen, dass Isaak noch ein Kind ist, denn Abraham bezeichnet ihn den Knechten gegenüber als „Jungen" (Gen 22,5). Allerdings ist das nicht zwingend, denn das Wort kann durchaus für junge erwachsene Männer gebraucht werden (Jer 1,6f). Im Text selbst werden so auch die Knechte Abrahams bezeichnet, die gewiss keine Kinder mehr sind (Gen 22,3.5.19). Deshalb ist es gar nicht abwegig, wenn in jüdischen Interpretationen Isaak nicht nur – wie durchgängig in der christlichen Bildkunst – als Kind, sondern von der Mehrheit der Ausleger als Erwachsener vorgestellt wird, dessen Alter zwischen Mitte 20 bis zu 37 Jahren angegeben wird.[2] Bei der Bindung Isaaks ginge es, so gelesen, um eine Männer-Beziehung zwischen einem Vater und seinem erwachsenen Sohn.

In der Geschichte von Jakob und seinen Söhnen sind schließlich die Vater-Sohn-Beziehung und die Konflikte unter den Brüdern ursächlich miteinander verknüpft. Denn die bevorzugende Liebe des Vaters zu dem einen Sohn Josef ist ein wesentlicher Auslöser für den Hass der übrigen Brüder auf Josef (Gen 37,3–4). Dass zuvor schon die zwei Söhne Simeon und Levi ihren Vater in Bedrängnis brachten, weil sie das von ihm mit den Sichemiten geschlossene Abkommen blutig brachen (Gen 34) – wofür der Vater später ihren Zorn verflucht (Gen 49,5–7) –, sei nur am Rande erwähnt. Es steht dafür, dass es im Verhältnis zwischen dem Vater Jakob und seinen zwölf Söhnen von allen Seiten konfliktreich zugeht.

Ähnlich wie bei den Männer-Beziehungen, sofern sie Gleichaltrige betreffen, führt uns die Hebräische Bibel auch bei der Vater-Sohn-Konstellation schließlich zu David. Dessen Beziehung zu seinem Sohn Abschalom nimmt in der Erzählung des 2 Samuelbuches einen breiten Raum ein.

Dass sich um David so viele paradigmatische Erzählungen ranken, hat einen doppelten Grund. Zum einen werden an der Figur Davids erzählerisch zahlreiche Facetten der *conditio humana* durchbuchstabiert. Das sind Liebesbeziehungen wie die zu Sauls Tochter Michal und Freundschaften wie die zu Jonatan, aber auch die dunklen Seiten des Lebens wie der Ehebruch mit Batseba, der Mord an ihrem Mann und eben das Zerwürfnis mit dem Sohn Abschalom. Wesentlich aber verbindet sich bei David dieses allgemein Menschliche zum zweiten mit dem Politischen. An der Erzählgestalt Davids wird die Ambivalenz menschlichen Handelns im Kontext der Macht zur Darstellung gebracht. Keine der menschlichen Irrungen und Wirrungen Davids ist zu trennen von der Tatsache, dass er die Bühne der Erzählung bereits als designierter König betritt, obwohl der herrschende Regent Saul noch lebt, und dann alle Macht im Land sukzessive auf sich vereint. Nur, wenn wir beides im Auge behalten, die allgemein menschliche Vater-Sohn-Beziehung und den politischen Kontext, in dem sie steht, werden wir das Besondere der Erzählungen über David und Abschalom erfassen können.

1. Abschalom – von königlicher Herkunft (2 Sam 3,2–5)

Davids Herrschaftsbereich, so erzählt es die Hebräische Bibel, weitete sich in Schritten aus. Zunächst führte er eine Gruppe von Ausgestoßenen an. Das waren Menschen, die wegen eines Vergehens verfolgt wurden, die Schulden hatten oder wegen eines familiären Konflikts aus ihrer Heimat fliehen mussten (so ist wohl die Aufzählung in 1 Sam 22,2 zu verstehen). In dieser Zeit schuf sich David bereits eine regionale Machtbasis. Sie ermöglichte es ihm, zwei Frauen zu heiraten, die Witwe Nabals aus Karmel namens Abigajil und eine sonst nicht weiter bekannte Ahinoam aus Jesreel (1 Sam 25,1–43). Nach Sauls Tod zieht David mit diesen beiden Frauen nach Hebron, wo ihn die Männer von Juda zum König von Juda salben (2 Sam 2,1–4).

In Hebron wurden David von seinen ersten beiden Frauen zwei Söhne geboren, der erstgeborene Amnon von Ahinoam und ein Kilab von Abigajil, der wohl früh verstorben ist, weil er später keine Rolle mehr spielt (2 Sam 3,2.3a). Dann erfahren wir, dass ihm in Hebron noch weitere Söhne geboren werden, insgesamt sechs von sechs verschiedenen Müttern. Der dritte ist Abschalom. Seine Mutter Maacha ist keine Frau wie Abigajil und Ahinoam, die aus lokalen Familien stammen, sondern eine Prinzessin aus dem kleinen Königtum Geschur (2 Sam 3,3b). Ihr Vater Talmai ist König dieses Gebietes, das östlich des Sees Gennesaret im nördlichen Ostjordanland zu suchen ist.[3] In 2 Sam 15,8 wird es als „Geschur in Aram" bezeichnet. Offenbar ist David, als er in Hebron König über das ebenfalls kleine Juda wurde, eine erste diplomatische Heirat mit der Tochter eines aramäischen Kleinkönigs eingegangen. Anders als seine älteren Brüder hat Abschalom nicht nur einen König zum Vater, sondern auch eine Mutter aus königlichem Geschlecht.

Die nach Abschalom in Hebron geborenen Söhne Davids sind schnell aufgezählt. Der vierte, nach Abschalom geborene, ist Adonija, der erst nach Abschaloms Tod wieder von Bedeutung wird. Der fünfte und sechste haben wohl nicht lange gelebt, weil sie nicht wieder erwähnt werden (2 Sam 3,4–5).

2. Ein Vater und seine Kinder (2 Sam 13–14)

Nach den Notizen über die Söhne Davids, die ihm in Hebron geboren wurden, begegnen wir zweien dieser Söhne und einer Tochter Davids erst wieder, als David in Jerusalem König über ganz Israel ist und die Kinder erwachsen sind. Einleitend werden uns die Hauptpersonen des folgenden Dramas vorgestellt: Abschalom, dessen Vollschwester Tamar und beider Halbbruder Amnon.[4] Erzählt wird die Vergewaltigung Tamars durch Amnon. Zu einer Interaktion zwischen David und Abschalom kommt es in dieser Geschichte nicht. Wohl aber werden erste Charakterzüge der handelnden Personen sichtbar. David ist zunächst sehr naiv. Als Amnon den Vater bittet, Tamar zu ihm zu schicken, durchschaut er dessen lügnerische Absicht nicht, stellt nicht einmal eine Rückfrage, sondern schickt seine Tochter Tamar in ihr Unglück (13,6–7). Als er später von Tamars Vergewaltigung hört, wird er „sehr zornig" (13,21) – tut aber nichts. Wie sich ein König angemessen verhalten würde, weiß die Spruchweisheit: „Knurren wie das eines Löwen ist die Drohung eines Königs, wer seinen Zorn erregt, verwirkt sein Leben" (Spr 20,2; vgl. 16,14; 19,12). David aber knurrt und handelt dann nicht. Was immer der Grund ist, es ist eine Schwäche gegenüber seinem Sohn Amnon und ein Verrat an seiner Tochter Tamar.

Abschalom reagiert anders. Allerdings betrifft das nicht seine Schwester Tamar. Die nimmt er zwar in sein Haus auf. Aber er verpflichtet sie zum Schweigen, sodass sie „völlig zerstört" den Rest ihrer Tage im Haus ihres Bruders zubringt (2 Sam 13,20). Auch Amnon gegenüber handelt Abschalom nicht, scheinbar wie sein Vater David. Aber die Erzählstimme verrät uns, dass es sich um ein taktisches Schweigen handelt, indem sie hinzufügt: „Denn Abschalom hasste Amnon dafür, dass er seine Schwester Tamar vergewaltigt hatte" (V. 22).[5] Das bereitet darauf vor, dass da noch mehr kommen muss.

Und es kommt. Zwei Jahre später lädt Abschalom die gesamte königliche Familie zum Fest der Schafschur auf seinem Besitz in Efraim ein. Zum ersten Mal kommt es erzählerisch zu einer Begegnung zwischen David und seinem Sohn. Wir hören einem Dialog zwischen Vater und Sohn zu, der über die Art ihrer Beziehung zueinander nichts aussagt. Abschalom lädt zunächst den König und seine Getreuen ein. Als David ablehnt, bittet er, dass wenigstens Amnon mitkommt. Wie vor Tamars Vergewaltigung scheint David nichts zu ahnen. Zwar fragt er zurück, aber schließlich stimmt er zu, dass Amnon und alle übrigen Königssöhne mitgehen. Abschalom gibt, als die Königssöhne bei ihm eingetroffen sind, den Befehl, Amnon auf sein Zeichen hin zu erschlagen. Den Befehl führen Abschaloms Diener umstandslos aus (2 Sam 13,23–29).

Nach einem erzählerischen Seitenwechsel erleben wir das weitere Geschehen aus der Perspektive Davids. Interessant ist, was Amnons Freund und Davids Neffe Jonadab, der sich jetzt beim König aufhält, sagt: „... Amnon allein wird tot sein. Denn auf Befehl Abschaloms ist jetzt geschehen, was seit dem Tag, als der seine Schwester Tamar vergewaltigte, beschlossen war" (V. 32). Wenn selbst Jonadab weiß, was Abschalom plante, warum ließ David Amnon dann zu ihm ziehen? Ist er so naiv? Oder kann er seinen Kindern nichts ausschlagen?

Abschalom ist da deutlich hellsichtiger. Nicht nur hat er seine Rache von langer Hand vorbereitet. Wie es der Zufall will, ist er nach dem Tod des Erstgeborenen nun – von Davids zweitem Sohn Kilab hören wir wie gesagt nichts, er ist vermutlich früh gestorben – der älteste Sohn Davids mit dem entsprechenden Anspruch auf den Thron. Und zugleich ist er vorsichtig genug, nach dem Mordbefehl zu fliehen. Drei Jahre hält er sich bei seiner mütterlichen Verwandtschaft in Geschur auf (13,34.37–38).

Die Rückkehr Abschaloms zu David gestaltet sich schwierig. Drei Jahre braucht David, um über den Tod Amnons hinwegzukommen (1 Sam 13,39). Er muss also sehr an diesem Sohn gehangen haben. Allerdings erfahren wir nun auch zum ersten Mal etwas über Davids Beziehung zum Mörder Amnons, zu Abschalom. Das geschieht jedoch nicht als Feststellung des Erzählers. Vielmehr teilt uns die Erzählstimme eine Einsicht von Joab, Davids oberstem Befehlshaber, mit. Der nämlich „erkannte, dass das Herz des Königs Abschalom zugetan war“ (14,1). Hier werden wir direkt in eine Emotion Davids gegenüber Abschalom eingeweiht, wenn auch nur aus der Außenperspektive Joabs. Joab gelingt es, von David die Erlaubnis zur Rückkehr Abschaloms nach Jerusalem zu erwirken. Er holt Abschalom aus Geschur. Aber der König verbietet jeglichen direkten Kontakt zwischen seinem zurückgekehrten Sohn und sich selbst (14,21–24).

Überraschend schiebt die Erzählstimme hier einige Nachrichten über Abschalom ein: dass man seine außerordentliche Schönheit pries, dass sein Kopfhaar von gewaltiger Fülle war, und dass er neben drei Söhnen eine Tochter hatte, die er – doch wohl nach seiner „völlig zerstörten“ Schwester – Tamar nannte und die „eine Frau von schönem Aussehen war“ (14,25–27). Es sind dies Notizen, die uns für Abschalom einnehmen können und uns darauf hinweisen, dass er sich zum König eignen würde. Schließlich ist er ja auch als Ältester der prädestinierte Thronfolger.

Doch noch einmal vergehen zwei Jahre, in denen Abschalom nicht vor den König gelassen wird. Wieder muss Joab, diesmal auf Drängen Abschaloms, als Vermittler wirken. Abschalom wird vorgelassen. Er wirft sich vor dem König nieder „mit dem Gesicht zur Erde“, das heißt er unterwirft sich dem König bedingungslos. Dieser küsst ihn. Die Versöhnung ist vollendet (14,28–33). Das Ganze wird als ein politischer Akt erzählt. Die handelnden Personen werden nicht in ihrer Beziehung als Vater und Sohn angesprochen. Die Rede ist von Abschalom, von David oder meist „dem König“. Ein einziges Mal hatte David Abschalom als „mein Sohn“ angeredet, aber das war vor Abschaloms Rache an Amnon (13,25). Als er Abschalom die Erlaubnis zur Rückkehr erteilt, sagt er zu Joab nur, er solle „den jungen Mann, den Abschalom“, zurückbringen (14,21). Das Verhältnis zwischen Vater und Sohn wird von der Politik dominiert.

Immerhin, einmal hat David „mein Sohn“ gesagt. Aus Abschaloms Mund hören wir nie das entsprechende „mein Vater“. Ist das ein dezenter Hinweis darauf, dass mehr noch als bei David das Verhältnis zwischen Vater und Sohn bei Abschalom ausschließlich von der Politik bestimmt wird? Die Fortsetzung der Erzählung bestätigt dies.

3. Abschaloms Aufstand (2 Sam 15–17)

Vom Fortgang der Geschichte her betrachtet ist alles, was in Kap. 13–14 erzählt wurde, von Tamars Vergewaltigung über die Ermordung Amnons und Abschaloms Flucht bis zu seiner lang sich hinziehenden Rückkehr und Versöhnung mit dem König, nur die Vorgeschichte. Sie läuft zielstrebig auf die Erzählung vom Aufstand Abschaloms gegen seinen Vater David zu, der mit dem Tod des Sohnes endet.[6] Markiert wird der Übergang zur Hauptgeschichte durch die Einleitung „Danach geschah Folgendes" (15,1), mit der wortgleich schon die Erzählfolge um Abschalom, Amnon und Tamar eingeleitet wurde (13,1). Der zeitliche Abstand zum vorher Erzählten bleibt damit unbestimmt. Literarisch aber schließen Abschaloms Aufstandsvorbereitungen ohne Zwischentext an die Versöhnungsszene an, bei der Abschalom sich dem König unterwarf und dieser ihn küsste (14,31).

Danach also geschah Folgendes: Abschalom bereitet den Aufstand gegen seinen Vater, den regierenden König David, vor. Ob dazu schon gehört, dass Abschalom sich Wagen, Pferde und fünfzig Mann Wache zulegt (15,1), kann man fragen. Offenbar beansprucht er eine herausgehobene Position. Später, nach Abschaloms Tod, wird sein jüngerer Halbbruder Adonija dieselben Maßnahmen mit den Worten begründen, er wolle König werden (1 Kön 1,5). Diesem so wenig wie Abschalom jedoch untersagt David die Maßnahme. Sie dokumentiert wohl einen späteren Anspruch auf den Thron, ist aber noch nicht als Aufstandsversuch gegen den regierenden König zu werten.

Anders ist es mit Abschaloms Verhalten gegenüber den Menschen, die zum König kommen, um Recht zu bekommen. Wie man sich das vorstellen kann, konnten wir im vorangehenden Kapitel lesen. Da kommt eine Frau aus Tekoa zu David, trägt ihm ihren Fall vor und bittet ihn um rechtlichen Beistand. Es geht, auch wenn es sich nur um einen fiktiven Fall handelt, darum, dass einer der zwei Söhne der Witwe seinen Bruder im Streit erschlagen hat und nun die Sippe Blutrache an dem Totschläger nehmen will. Das will die Frau verhindern, und nach einigem Hin und Her verfügt der König: „So wahr Jhwh lebt: Von den Haaren deines Sohnes soll keines zur Erde fallen!" (2 Sam 14,11). Offenbar stellt es sich die Erzählung so vor, dass regelmäßig Menschen aus Israel, „die einen Streitfall hatten", zum König kommen, „um Recht zu bekommen" (15,2).

Diese Situation nun macht sich Abschalom zu nutze. Er fängt diese Männer und Frauen am Weg zum Palasttor ab und macht die königliche Rechtsprechung schlecht. „Sieh doch", sagt er, „dein Anliegen ist zwar schön und recht, doch du hast keinen Anwalt beim König" (15,3). Dann bietet er sich als bessere Alternative an: „Wenn man doch mich als Richter im Land einsetzen würde! Zu mir könnten alle kommen, die einen Streitfall oder eine Rechtssache haben, und ich würde ihnen zum Recht verhelfen" (V. 4). Wer sich vor ihm verneigt, wie wenn er schon König wäre, den küsst er, um zu signalisieren, dass er alle als Seinesgleichen ansieht. Die Erzählstimme kommentiert dies mit den Worten: „So stahl Abschalom das Herz der Israelitinnen und Israeliten" (V. 6).

Natürlich ist diese kurze Erzählung stark stilisiert. Man kann sich kaum vorstellen, dass David sich so etwas lange gefallen lassen würde. Der folgende Vers beginnt mit den Worten „Nach vier Jahren". Es ist sicher nicht gemeint, dass Abschalom vier Jahre lang im Palasttor steht und ungehindert den König denunziert. Zweck der Erzählung ist es wohl, Abschalom als ebenso geschickten wie skrupellosen Demagogen zu charakterisieren. Geschickt ist er, weil er die Bittsteller wie Seinesgleichen behandelt, indem er ihre Huldigung ablehnt und sie küsst. Geschickt ist er auch darin, dass er an einer der Hauptaufgaben des Königtums ansetzt, nämlich das Recht herzustellen. Nach biblischer Darstellung wird die Einführung der Monarchie eben mit diesem Anliegen begründet, indem die Ältesten zu Samuel sagen:

„Nun setze einen König über uns, uns zu richten …“ (1 Sam 8,5). Abschalom zeigt sich aber auch als Demagoge. Denn wie sollte es einem Richter möglich sein, allen Recht zu geben? Wenn im Fall der Witwe von Tekoa, den ich oben kurz skizziert habe, die Verwandtschaft auch gekommen wäre, wem hätte Abschalom da Recht gegeben? Aber Abschalom tut so, als könne er das.[7]

Vier Jahre also, so die Erzählung, bereitet Abschalom den Aufstand vor. Dann geht er zum König. So sagt es der Text, und nicht „zu seinem Vater“. Es ist die letzte Begegnung zwischen Vater und Sohn. Aber so wie sie erzählt wird, ist sie keine Begegnung zwischen Vater und Sohn, sondern zwischen Abschalom und dem König. Und doch fragt man sich, ob der König David auch so naiv reagieren würde, wenn vor ihm ein anderer als sein Sohn stünde. Wir erinnern uns: Als Amnon bat, David möge Tamar zu ihm schicken, tat er dies. Das Ende war Tamars Schändung. Als Abschalom bat, der König möge alle seine Söhne einschließlich Amnons zu ihm zum Fest der Schafschur schicken, tat er dies. Das Ende war die Ermordung Amnons. Und nun bittet Abschalom, er möge ihn nach Hebron ziehen lassen, um dort ein Gelübde zu erfüllen, das er bei seinem Aufenthalt in Geschur abgelegt hatte. Das Gelübde lautete nach Abschaloms eigenen Worten: „Wenn Jhwh mich jemals nach Jerusalem zurückkehren lässt, dann will ich Jhwh einen Gottesdienst abhalten“ (2 Sam 15,8). Seit der Rückkehr aus Geschur nach Jerusalem sind mindestens sechs Jahre vergangen, nämlich die zwei Jahre, in denen Abschalom in Jerusalem nicht vor den König treten durfte, und die vier Jahre, in denen er seinen Aufstand vorbereitete. Hätte er da nicht reichlich Zeit gehabt, sein Gelübde einzulösen? Und warum musste er das in Hebron tun und konnte dazu nicht in Jerusalem bleiben?

Man kommt um den Eindruck nicht herum, dass David, wenn es um Bitten seiner Kinder geht, alle Aufmerksamkeit fahren lässt. Das Ergebnis ist in diesem Fall Abschaloms Aufstand. Kaum in Hebron angekommen, bläst Abschalom zum Signal. Die Erzählstimme resümiert: „So wurde die Verschwörung immer stärker, und das Volk schloss sich Abschalom immer mehr an“ (15,12). Nach dem im ersten Anlauf geglückten Aufstand unternimmt Abschalom alles, um den Bruch mit seinem Vater unumkehrbar zu machen. Die zehn Nebenfrauen Davids, die dieser zurückgelassen hatte, „um den Palast zu hüten“ (15,16), vergewaltigt Abschalom öffentlich in einem Zelt auf dem Dach des Palastes (16,21–22). Was seiner Schwester Tamar widerfuhr, verübt er nun zehnfach mit dem ausdrücklichen Ziel, sich bei seinem Vater verhasst zu machen. Von dem Vorschlag seines Beraters, den König zu ermorden, heißt es, dass er „Abschalom gefällt“ (17,2–4). Von Seiten Abschaloms ist der Bruch mit seinem Vater vollständig.[8]

Erst als es bereits zum Aufstand gekommen ist, schaltet David um. Er erfährt von Abschaloms Aufstand. Klar erkennt er, dass es den Tod bedeuten könnte, wenn er in Abschaloms Hände fiele. Also beschließt er die Flucht: „Auf, lasst uns fliehen! Denn sonst wird es für uns kein Entkommen vor Abschalom geben. Macht schnell, damit er nicht schneller ist und uns einholt, über uns Unheil bringt und die Stadt mit der Gewalt des Schwertes schlägt“ (15,14). Es ist aber keine heillose Flucht, Hals über Kopf. Kühl berechnend lässt David die Priester Zadok und Abjatar in die Stadt zurückgehen, damit deren Söhne als geheime Botschafter ihn über den Stand der Dinge auf dem Laufenden halten können (15,24–29). Noch raffinierter ist es, dass er den Berater Huschai zu Abschalom zurückschickt, um den Rat des anderen Beraters Ahitofel zu vereiteln, der sich Abschalom angeschlossen hatte, und zugleich über die Priestersöhne David zu informieren (15,31–37).

An dieser Stelle muss eine sprachliche Eigenheit notiert werden. Wir hatten gesehen, dass im direkten Kontakt zwischen David und Abschalom bisher praktisch nie von Vater und Sohn die Rede war, weder von Seiten der Erzählstimme noch in direkter Rede. Umso auffälliger ist, dass nun immer dann, wenn Dritte von den beiden sprechen, betont von Vater und Sohn die Rede ist. Dem eingeschleusten Berater Huschai trägt David auf, er solle zu Abschalom sagen: „Ich bin dein Getreuer, o König, wie ich einst ein Getreuer deines Vaters war, so bin ich nun dein

Getreuer“ (15,34). Nach dem erzählerischen Perspektivwechsel hin zu Abschalom hören wir, wie Huschai dies ausführt und dabei von „deinem Vater“ und „seinem Sohn“ spricht (16,19). Bei den anschließenden Beratungen vor Abschalom, wie nun weiter zu verfahren sei, reden sowohl Ahitofel als auch Huschai von David fast durchgängig als von „deinem Vater“ (16,21; 17,8.10) (oder die Erzählstimme von „seinem Vater“, 16,22). Abschalom selbst allerdings spricht nie von „meinem Vater“.

Das ist bei David anders. Auf der Flucht wird er von dem Benjaminiter Schimi beschimpft: „Jhwh hat das Königtum in die Hand deines Sohnes Abschalom gegeben“ (16,8). Es sind diese Worte, die nun auch David dazu bringen, selbst von Abschalom als seinem Sohn zu sprechen. Eine Bestrafung Schimis wegen seines Fluches lehnt er mit den Worten ab: „Wenn schon mein Sohn, der von meinem Fleisch abstammt, mir nach dem Leben trachtet, wie viel mehr dann jetzt der Benjaminit. Lasst ihn fluchen, denn Jhwh hat es ihm gesagt“ (16,11). In der Stunde der tiefsten Erniedrigung und des schwersten Zerwürfnisses spricht David endlich klar aus, dass es hier nicht nur um eine politische Intrige, sondern um einen Konflikt zwischen einem Vater und seinem leiblichen Sohn geht, genauer, dass es um den Konflikt zwischen ihm und *seinem* leiblichen Sohn geht.

Was sich schon nach Lektüre der Erzählungen über Amnon, Tamar und Abschalom nahe legt, bestätigt sich jetzt. Die Vater-Sohn-Beziehung wird von den beiden Beteiligten unterschiedlich wahrgenommen. Für Abschalom spielt es offenbar keine Rolle, dass der König, den er stürzt und bereit ist zu töten, sein Vater ist. Dagegen sieht David auch im Rebellen immer noch seinen Sohn.

4. Abschaloms Ende und Davids Trauer (2 Sam 18–19)

Diese Asymmetrie in der Beziehung schlägt nun in der Erzählung vom Tod Abschaloms voll durch. Von Abschalom selbst wird keine Äußerung mehr mitgeteilt. Das letzte, was er in Bezug auf seinen Vater geäußert hatte, war seine Zustimmung zu dem Vorschlag, ihn zu erschlagen, sobald man seiner habhaft würde (2 Sam 17,2–4).

Dagegen bricht es jetzt, wo es zur Entscheidung zwischen den Truppen von Vater und Sohn kommt, bei David voll durch, dass sein Gegner zugleich sein Sohn ist. David teilt strategisch geschickt sein Heer in drei Teile. Das Kriegsvolk verhindert, dass David selbst mit in den Kampf zieht. Den Soldaten werden dabei die selbstlosen Worte in den Mund gelegt: „Du sollst nicht mit uns ins Feld ziehen! Denn wenn wir fliehen müssen, dann nimmt man von uns keine Notiz, und selbst wenn wir zur Hälfte umkommen, nimmt man von uns keine Notiz. Du aber bist wie Zehntausend von uns" (18,3). Beim Auszug der Truppen gibt David vor den Ohren aller den drei Heerführern den ausdrücklichen Befehl: „Verfahrt mir schonend mit dem jungen Mann, mit Abschalom!" (V. 5).

Der Erzählung zufolge ist die Schlacht schnell zugunsten der Truppen Davids entschieden. Abschalom bleibt mit seiner mächtigen Haarpracht in einem Baum hängen, das Maultier unter ihm geht durch. Ein Mann des Heerführers Joab weigert sich, trotz einer angebotenen hohen Belohnung Abschalom umzubringen. Ausdrücklich beruft er sich auf den Befehl Davids, den er wörtlich wiederholt, und formuliert selbst, er wolle seine „Hand nicht gegen den Sohn des Königs erheben" (18,12). Das erledigt Joab dann eigenhändig, indem er Abschalom drei Spieße ins Herz stößt. Anschließend wird der Leichnam ehrlos in eine Grube im Wald geworfen und mit einem Steinhaufen bedeckt (18,14–17).

Die Überbringung der Nachricht vom Sieg der Truppen und vom Tod Abschaloms erleben wir wieder aus der Perspektive

Davids.[9] Ein erster Bote trifft ein und verkündigt David: „Gesegnet sei Jhwh, deine Gottheit, die die Männer preisgegeben hat, die ihre Hand gegen meinen Herrn, den König, erhoben haben!" (18,28). Keine andere Reaktion erfahren wir von David als die Rückfrage an den Boten: „Geht es Abschalom, dem jungen Mann, gut?" (V. 29). Ein zweiter Bote kommt. Auch er bringt froh die Siegesbotschaft. Und auch ihm antwortet David mit der Frage: „Geht es Abschalom, dem jungen Mann, gut?" (V. 32).

Was dann folgt, als der Bote den Tod Abschaloms bestätigt, sprengt alle Konvention. David bricht in grenzenlose Trauer um seinen Sohn Abschalom aus, der gerade dabei war, ihn vom Thron zu stürzen und umzubringen. Die Erzählung unterstreicht in ihrer Breite, in den wörtlichen Zitaten, aber auch in der Reaktion der Truppe, wie tief aufgewühlt David ist. Der Primat des Politischen, bei Abschalom vorherrschend, bei David immerhin auch ausgeprägt, tritt völlig zurück. Aus einer stark von der Politik dominierten wird eine emotionale Vater-Sohn-Beziehung.[10] Da die Beziehung hier ihre größte Tiefe erreicht, lohnt es sich, den Text zur Gänze zu zitieren (2 Sam 19,1–5):

> *1 Da erbebte der König. Er ging ins Obergeschoss des Tores hinauf und weinte. Und schon im Gehen sprach er: „Mein Sohn Abschalom! Mein Sohn! Mein Sohn Abschalom! Wäre doch ich selbst an deiner Stelle gestorben! Abschalom, mein Sohn, mein Sohn!" 2 Und Joab wurde gemeldet: „Schau, der König weint und trauert über Abschalom."*
> *3 So wandelte sich der Sieg an diesem Tag in Trauer für die gesamte Truppe. Denn die Truppe hatte an diesem Tag gehört: „Der König ist bekümmert über seinen Sohn." 4 Und die Truppe stahl sich an diesem Tag heimlich in die Stadt, wie sich eine Truppe beschämt davonstiehlt, die im Kampf fliehen musste. 5 Der König hatte sein Gesicht verhüllt, der König schrie mit lauter Stimme: „Mein Sohn Abschalom! Abschalom, mein Sohn, mein Sohn!"*

Bei diesem emotionalen Ausbruch des Vaters über den Tod des Sohnes kann es nicht bleiben. Denn der Vater ist nicht irgend jemand, sondern der König, gegen den der Sohn rebelliert hat und dem seine Truppen durch den Sieg über das Heer des Sohnes den Thron gerettet haben. Joab, der Abschalom gegen den ausdrücklichen Befehl Davids eigenhändig umgebracht hat, macht sich zum Sprecher. Er kritisiert den König scharf und wirft ihm vor, die zu hassen, die ihn lieben. Er behauptet, David hätte den Tod aller seiner Gefolgsleute und Getreuen klaglos hingenommen, wäre nur Abschalom am Leben geblieben.[11] Und dann droht er David mit dem Abfall der Truppe, wenn er sich nicht den Leuten zeige. David folgt und nimmt die Siegesparade ab (19,6–9).

Auch wenn der Aufstand Abschaloms niedergeschlagen ist, auch wenn David wieder in Jerusalem einziehen und einen nachfolgenden Aufstand des Benjaminiters Scheba, den David für gefährlicher als den Aufstand Abschaloms hält (20,6), unterdrücken kann, ist er kein starker König mehr. Er muss seine Trauer um den Sohn aus Staatsräson zurückstellen. Den Mörder des Sohnes, seinen Heerführer Joab, lässt er ungeschoren davonkommen, obwohl dieser gegen den ausdrücklichen Befehl des Königs gehandelt hatte. Dass David bei der endgültigen Regelung der Thronfolge zugunsten Salomos am Ende seines Lebens nur mehr ein Spielball höfischer Intrigen ist (1 Kön 1–2), hat sich längst angekündigt.

Abschalom spielt bei diesen Streitigkeiten nach seinem Tod naturgemäß keine Rolle mehr. Als Königssohn, auf den man sich beziehen kann, ist er aber noch präsent: Adonija, der als erster Ansprüche auf den Thron erhebt, wird als sein jüngerer Bruder gekennzeichnet, der wie Abschalom „von sehr schöner Gestalt" war (1 Kön 1,6). Salomo gegenüber spricht David von Abschalom ausdrücklich als von „deinem Bruder" (2,7). Und Joab, der Mörder Abschaloms, muss es mit dem Leben bezahlen, dass er anders als auf Abschalom auf dessen Halbbruder Adonija gesetzt hat und nicht auf Salomo (2,28). Salomo lässt ihn im Heiligtum ermorden.

5. Eine erzählte Vater-Sohn-Beziehung

Wie die Beziehung zwischen David und seinem Sohn Abschalom wirklich war, wissen wir nicht. Wir haben vor uns ein hohes Kunstwerk, das für sich spricht und nicht erfordert, dass man nach einer Realität fragt, die hinter dem Text liegt. In der alttestamentlichen Wissenschaft wird es oft als Thronfolgegeschichte Davids bezeichnet, obwohl das eine zu einseitige inhaltliche Festlegung darstellt.[12] Es ist, wie eingangs schon angedeutet, eine Erzählung, die Grundkonstellationen menschlicher Beziehungen schildert, darunter auch die zwischen Vater und Sohn. Sie tut dies aber im Kontext des Politischen, denn der Vater ist König, und der Sohn will sich an seine Stelle setzen und kommt dabei um. Man könnte geradezu zwei Geschichten erzählen. Die eine handelte von Davids Aufstieg, der Rebellion gegen ihn und der Klärung seiner Nachfolge. Das ist die politische Geschichte. In sie unlösbar hinein verwoben ist die Geschichte „von David, dem Mann, von David und seiner Familie, von Davids eigenem persönlichen oder privaten Leben".[13] Politisches und allgemein Menschliches durchdringen sich, wie es auch in vielen Dramen Shakespeares der Fall ist, die man immer wieder zum Vergleich mit der Thronfolgegeschichte herangezogen hat.

Es durchdringen sich Politisches und allgemein Menschliches, das liegt auf der Hand. Was aber ist mit dem Theologischen, was ist mit Gott? Man hat schon lange beobachtet, dass Gott in diesen Erzählungen nicht so präsent ist, wie wir das aus den Büchern des Pentateuchs kennen. Mit den Erzvätern spricht Gott in Erscheinungen und Träumen. Mit Mose steht er in ständigem Kontakt, „von Mund zu Mund" (Num 12,8), „von Angesicht zu Angesicht" (Dtn 34,10). Und immer wieder greift er direkt in das irdische Geschehen ein, von der Sintflut über den Auszug aus Ägypten bis zur Einnahme des Landes Kanaan. In der Geschichte von Davids Herrschaft ist das ganz anders. Kein Gespräch Gottes mit David wird mitgeteilt, keine Intervention in den Lauf der Ereignisse findet statt.

Trotzdem ist die Erzählung nicht gott-los. Der Erzähler stellt sich „das Handeln Gottes in der Geschichte … offenbar sehr verborgen" vor.[14] Entscheidend für die David-Abschalom-Geschichte sind zwei ganz knappe Notizen. Die erste wird wie ein Vorzeichen vor die Thronfolgeerzählung gesetzt, bevor Abschalom die Bühne betritt. Nach Davids Ehebruch mit Batseba und der Ermordung ihres Ehemannes Urija kündigt der Prophet Natan als Sprecher Gottes dem König an: „Das Schwert wird von deiner Familie und deinen Nachkommen nie mehr ablassen …" (2 Sam 12,10). Eben das illustriert die Erzählung ab Kap. 13, einsetzend mit der Vergewaltigung Tamars und der Ermordung Amnons durch Abschalom, auf dramatische Weise. Das heißt nun überhaupt nicht, dass Abschalom und seine Geschwister nur ausbaden müssten, was ihnen ihr Vater eingebrockt hat. Abschalom hat von der Ermordung Amnons über den Aufstand gegen seinen Vater und der Schändung von dessen Nebenfrauen genug auf dem Kerbholz, womit er nach damaligen Vorstellungen seinen Tod verdient hat.[15] Das ist wohl auch der Grund, warum nach der Erzählstimme einmal noch Gott zugunsten Davids und gegen Abschalom eingreift – es ist das einzige Eingreifen Gottes im gesamten Text. Als nämlich die beiden Ratgeber Ahitofel und Huschai Abschalom beraten, kommentiert der Erzähler: „Jhwh hatte nämlich bestimmt, den guten Rat Ahitofels zu durchkreuzen, damit Jhwh Abschalom Unglück bringen könnte" (2 Sam 17,14). Mehr erfahren wir von Gott nicht: Davids Niedergang ist nach dem Ehebruch mit Batseba und der Ermordung ihres Mannes bei Gott beschlossen, aber Abschalom ist es nicht, der dies ausführen soll. Alles andere folgt den Gesetzen menschlicher Logik.

Auch wenn Davids Weg seit der Sache mit Batseba und Urija nach unten führt, hütet sich der Erzähler, von David ein Schwarz-Weiß-Porträt zu zeichnen. David bleibt der berechnende Politiker, der er immer war. Aber anders als Abschalom verliert er darüber nicht den persönlichen Bezug zu seiner Familie, konkret zu seinen Kindern. Doch auch der ist mehrdeutig. Einerseits handelt er immer wieder naiv, wenn er deren Wünsche erfüllt, obwohl sie auf Unheil abzielen. Andrerseits reagiert er, als Abschalom zum Aufstand schreitet, höchst professionell und sichert sich so den Sieg. David hält an der Macht fest und besiegt den politischen Feind Abschalom. Zugleich aber trauert er um den Sohn Abschalom. Das wird in seiner Ambivalenz sichtbar und von der Erzählstimme nicht beurteilt, geschweige denn verurteilt. Es bleibt einfach stehen.[16]

Die Szene mit Davids Trauer um Abschalom zeigt den Vater, der von seinen persönlichen Emotionen beherrscht wird. Dass er sich schließlich der Räson des Politischen beugt, ist angesichts der Drohung Joabs eher als Ausdruck seiner Schwäche denn wieder gewonnener Stärke zu deuten.

Dieser David, der Mensch in allen Höhen und Tiefen der *conditio humana*, erscheint endlich außerhalb der Geschichtsbücher, die ausführlich von ihm erzählen, als der Beter zahlreicher Psalmen. Hier, außerhalb der Erzählung, wird uns nun ein David gezeigt, der im ständigen Gespräch mit Gott ist. Dazu werden die Psalmen in einigen Überschriften mit Situationen im Leben Davids verbunden. Im Verlauf dieses Prozesses wird Ps 3 in die Situation seiner Flucht vor Abschalom verlegt (in der griechischen Übersetzung geschieht dies zusätzlich bei Ψ 142,1, dem hebräischen Ps 143,1). Aus der Beziehung eines Vaters zu seinem Sohn, die überlagert und von Seiten des Sohnes beherrscht wird von der Politik, ist eine Beziehung des Beters zu seinen Feinden geworden, aus der allein Gott helfen kann. Die biografischen Psalmüberschriften zeichnen „*diesen* David als für die Nachbetenden exemplarischen Menschen, der zur Identifikation einlädt."[17]

Anmerkungen

1 Zur Metapher von Gott als Vater vgl. *Böckler*, Annette (2000), Gott als Vater im Alten Testament. Traditionsgeschichtliche Untersuchungen zu Entstehung und Entwicklung eines Gottesbildes, Gütersloh, zu Israel als Sohn Gottes und Gott als Vater Israels bes. 252–345.

2 *Brocke*, Michael (1987), Art. Isaak III: Judentum, in: TRE XVI, 298–301, Belege 298 f.

3 Zur Lage und Geschichte von Geschur vgl. *Mazar*, Benjamin (1961), Geshur and Maacah, in: JBL 80 (1961) 16–28.

4 In seiner ausführlichen narratologischen Analyse der Abschalom-Erzählung arbeitet Charles *Conroy*, M. S. C. (1978), Absalom Absalom! Narrative and Language in 2 Sam 13–20 (AnBib 81), Rom, nachdrücklich heraus, dass es in 2 Sam 13 von Anfang an immer auch um Abschalom geht, weshalb er im ersten Vers an erster Stelle genannt wird (vgl. 26.36.92).

5 In der Übersetzung halte ich mich weitestgehend an die Bibel in gerechter Sprache. Der Gottesname wird mit Jhwh wiedergegeben.

6 Vgl. *Conroy*, Absalom, 90.

7 Zu den in 2 Sam 15,1–6 vorausgesetzten rechtlichen Verhältnissen gibt es eine umfangreiche Diskussion; vgl. zuletzt *Wagner*, Volker (2013), Plante Absalom eine Reform der Gerichtsordnung in Israel? (2 Sam 15:2–4), in: VT 63 (2013) 159–165. Soweit ich sehe, kranken alle Beiträge daran, dass sie nicht von dem erzählerisch direkt davor stehenden Fallbeispiel der Frau von Tekoa ausgehen, das als Paradigma für die von Abschalom abgefangenen Bittsteller steht.

8 *Dietrich*, Walter (2012), David, Amnon und Abschalom (2Sam 13). Literarische, textliche und historische Erwägungen zu den ambivalenten Beziehungen eines Vaters zu seinen Söhnen, in: ders., Die Samuelbücher im deuteronomistischen Geschichtswerk. Studien zu den Geschichtsüberlieferungen des Alten Testaments II (BWANT 201), Stuttgart u. a., 207–226, 207 verweist angesichts der Vater-Sohn-Beziehungen in den Erzählungen der Samuelbücher auf Sigmund Freud und fährt dann fort: „Der ‚Vatermord', psychoanalytisch ein Ausdruck für das Erwachsenwerden des Jungen und sein Aufbegehren gegen den Alten, erscheint hier nicht als bloße Metapher oder als geheimer Wunschtraum, sondern als erklärte Absicht, reale Möglichkeit und konkretes Geschehen."

9 Zu den Perspektivwechseln in 2 Sam 13–20 vgl. *Conroy*, Absalom, 96.

10 *Müllner*, Ilse (2013), Dargestellte Gewalt und die Gewalt der Darstellung. Narrative Figurationen in den Davidserzählungen, in: *Fischer*, Irmtraud (Hg.), Macht – Gewalt – Krieg im Alten Testament. Gesellschaftliche Problematik und das Problem ihrer Repräsentation (QD 254), Freiburg, 286–317, 313 kommentiert das mit den Worten, dass es „hier eine Rollenkonfusion zwischen dem Vater und dem König" gebe und dass Davids „Konzentration und Handlungsfähigkeit ganz auf die Vaterrolle" verengt werde.

11 In Aufnahme der von Judith Butler gebrauchten Kategorie der „Betrauerbarkeit" (*griefability*) formuliert *Müllner*, Gewalt, 294, dass Joab „David daran erinnern muss, dass er als König den Feind nicht als Betrauerbaren vorführen kann, auch wenn es sich um seinen eigenen Sohn handelt".

12 Zur Diskussion vgl. *Dietrich*, Walter (1997), Die frühe Königszeit in Israel. 10. Jahrhundert v. Chr. (BE 3), Stuttgart u. a., 203–212.

13 Zitat aus *Gunn*, David M. (1978), The Story of King David. Genre and Interpretation (JSOT.S 6), Sheffield, 89 („The story of David then, is also a story about David the man, about David and his family, about David's own personal or private life"). Gunn stellt seine Interpretation der Thronfolgegeschichte unter die Überschrift: „David and the Kingdom: the Private and the Political" (88).

14 So schon *Rad*, Gerhard von (1971), Der Anfang der Geschichtsschreibung im alten Israel [1944], in: *ders.*, Gesammelte Studien zum Alten Testament (ThB 8), München, 148–188, 185.

15 Das unterstreicht zu Recht *Avioz*, Michael (2013), Divine Intervention and Human Error in the Absalom Narrative, in: JSOT 37 (2013), 339–347.

16 *Perdue*, Leo G. (1984), „Is There Anyone Left of the House of Saul …?" Ambiguity and the Characterization of David in the Succession Narrative, in: JSOT 30 (1984) 67–84, 70f, beschreibt die Technik des Erzählers so, dass er mehr „zeigt" als „ausspricht" (*showing* statt *telling*). Perdue macht die Ambiguität zur zentralen Kategorie seiner Interpretation und hält sie für eine absichtliche Strategie des Erzählers („… we propose that the narrator's characterization of David is intentionally ambiguous").

17 So *Weber*, Beat (2014), „An dem Tag, als JHWH ihn rettete aus der Hand aller seiner Feinde und aus der Hand Sauls" (Ps 18,1). Erwägungen zur Anordnung der biographischen Angaben zu David im Psalter, in: VT 64 (2014) 284–304, 291 (Hervorhebung i.O.). Weber versteht Ps 3–7 insgesamt als „David-Absalom-Midrasch".

Männlichkeitskonstruktionen in Prolog und Epilog des Hiobbuches

Anja C. Bartels

1. Die Perspektive kritischer Männlichkeitsforschung

Die kritische Männlichkeitsforschung als Teil der Geschlechterforschung geht davon aus, dass es nicht nur mehr als zwei Geschlechter gibt, sondern auch verschiedene Männlichkeiten nebeneinander existieren. Ist Geschlecht nach Judith Butler immer sozial konstruiert, so hebt Raewyn Connell in Bezug auf Männlichkeit hervor, dass sie ein Produkt geschlechtsbezogener Praxis ist.[1] „Hegemoniale Männlichkeit" – ein Schlüsselbegriff der kritischen Männlichkeitsforschung – ist nach Connell ein Handlungsmuster, welches patriarchale Macht und Herrschaft aufrechterhält. Aus Dominanzverhältnissen unter Männern und gegenüber Frauen, die eine Gesellschaft strukturieren, erwächst der hegemonialen Männlichkeit Profit, die sogenannte „patriarchale Dividende"[2].

Die Analyse geschlechtlich konnotierter Macht- und Herrschaftsstrukturen ist auch für die Exegese biblischer Texte bedeutsam. Das Geschlecht der Protagonisten wird in vielen Texten überhaupt nicht thematisiert, hat aber entscheidenden Einfluss auf die erzählte Handlung und ihre Darstellung. Dabei gibt es nicht nur ein einziges Männlichkeitskonzept, das sich gleichermaßen in allen biblischen Texten findet, sondern verschiedene Männlichkeiten. So ist aus dem jeweiligen Erzählkontext heraus zu entwickeln, wie genau Männlichkeit konstruiert und möglicherweise auch wieder in Frage gestellt wird.

Im Folgenden sollen Prolog und Epilog des Hiobbuches aus der Perspektive der kritischen Männlichkeitsforschung analysiert werden. Im Zentrum steht dabei die Hiobfigur. Indem die

Darstellung der Hiobfigur hinsichtlich ihrer Männlichkeit in Prolog und Epilog befragt und verglichen wird, soll die Konstruktion, Dekonstruktion und Neukonstruktion von männlicher Identität in den narrativen Teilen des Hiobbuches thematisiert werden.

Dass die Männlichkeit des menschlichen Protagonisten eine besondere Bedeutung für das Hiobbuch hat, wird schon darin erkennbar, dass das erste Wort des ganzen Buches das hebräische Wort für „Mann" (אִישׁ ʾîš) ist. Die invertierte Wortstellung unterstreicht die Relevanz dieses Wortes zusätzlich, d.h. hier wird die übliche hebräische Syntax erst Prädikat dann Subjekt – also genau andersherum wie im Deutschen – verkehrt, indem das Subjekt „Mann" (אִישׁ ʾîš) zuerst genannt und dadurch besonders betont wird. Zudem taucht das Wort im selben Vers im Zusammenhang der Charakterisierung dieses „Mannes" ein zweites Mal auf. Insgesamt wird das Wort אִישׁ ʾîš neun Mal im Prolog genannt, mehrfach an prononcierter Stelle, worauf jeweils einzugehen ist. Das Wort besitzt somit Leitwortcharakter und mithin ist die Bedeutung der Männlichkeit Hiobs für das Hiobbuch offensichtlich. Das spricht unmissverständlich gegen Lesarten, die die Männlichkeit Hiobs bei ihrer Interpretation nicht berücksichtigen und ihn unkritisch als Stellvertreter für einen exemplarischen Menschen verstehen sowie sein Leid und Geschick als ein allgemeines Menschheitsproblem darstellen. Damit geschieht eine unkritische Gleichsetzung von Mann und Mensch und die Perspektive, aus der die Hiobserzählung inszeniert wird, bleibt unterbelichtet. Der menschliche Protagonist des Hiobbuches ist männlich und dazu ein reicher Oberschichtsangehöriger[3]. Aus dieser Perspektive ist die Erzählung von Leid und Umgang mit schweren Schicksalsschlägen wahrzunehmen.

2. Charakterisierung Hiobs im Prolog

2.1. Hiob, der Patriarch, als vollkommener Mensch

Mit dem ersten Satz des Hiobbuches wird der menschliche Protagonist eingeführt, um den es im Hiobbuch geht: Ein Mann aus Uz mit Namen Hiob. Damit wird den Leser_innen mitgeteilt, dass Hiob kein Israelit ist. Aber trotz seiner nicht-israelitischen Herkunft ist er gottesfürchtig und bekennt sich zu JHWH, dem Gott Israels (Hi 1,21). Außerdem wird Hiob als „integer", gerecht und das Böse meidend charakterisiert. Die weit verbreitete These, Hiob verkörpere das Ideal eines vollkommenen Menschen, basiert auf einer unkritischen Gleichsetzung von Mannsein und Menschsein. Ein zentrales Anliegen kritischer Männlichkeitsforschung ist das Sichtbarmachen und Hinterfragen dieser Gleichsetzung.[4]

Hiob hat zehn Kinder, sieben Söhne und drei Töchter (Hi 1,2). Dieser Satz informiert auf den ersten Blick schlicht über Hiobs Kinderreichtum. Doch in der passiven Formulierung des Satzes „ihm wurden geboren" klingt noch mehr an: die Perspektive ist androzentrisch und auf die Hiobfigur fokussiert, die Mutter und Frau Hiobs ist überhaupt nicht im Blick und wird nicht genannt. Der Akzent liegt darauf, dass es Hiobs Kinder sind. Sie werden also zu seinem Besitz gerechnet, unterstehen damit seiner Verfügungsgewalt und scheinen einen wichtigen Teil seines äußeren Status zu repräsentieren. Wie er zu seinen Kindern steht und seine Vaterrolle lebt, bleibt jedoch vorerst offen.

Zu Hiobs Reichtum gehört auf materieller Ebene ein riesiger Besitz an Vieh, der ihn zum wohlhabendsten „Mann" des Ostens macht. An dieser Stelle erscheint zum dritten Mal das Wort אִישׁ ʾîš für Mann und zwar dort, wo er mit „allen anderen Söhnen des Ostens" verglichen wird. Konkurrenzsituationen unter Männern sind die entscheidenden Orte, an denen hegemoniale Macht ausgehandelt wird. Im Vergleich mit allen anderen Männern ist Hiob „größer", der Reichste von allen. Hiobs hegemoniale Männlichkeit gründet sich somit auf seine Autorität als Nomadenscheich.[5]

Sowohl die Charakterisierung als reichster Mann des Ostens als auch die Darstellung Hiobs als tadellos in V. 1 haben etwas Märchenhaftes. Der außerordentliche Reichtum und dazu die Vollkommenheit seines Charakters sind für Normalsterbliche unerreichbar, so dass dieses Männerideal für sie in weite Ferne rückt.

Durch diese Vorstellung des menschlichen Protagonisten wird Hiob auf verschiedenen Ebenen verortet, die im wissenschaftlichen Diskurs über Intersektionalität klassisch mit den drei Kategorien „race/ethnicity“, „class“ und „gender“ ausgedrückt werden. Eine intersektionale Analyse zielt darauf, die Verwobenheit der verschiedenen Differenzkategorien bei der Konstruktion von Macht, Herrschaft und Ungleichheit erfassen zu können.[6] Hiob ist männlich (gender), ein reicher Nomadenscheich (class) und nicht-israelitischer Herkunft (race, ethnicity). Diese konkrete Verortung unterstreicht, dass es im Hiobbuch nicht abstrakt allgemein um den Menschen schlechthin geht, sondern um das Menschsein aus einer ganz bestimmten Perspektive.[7] Es geht nicht um das Leid schlechthin, sondern um das Leid eines reichen männlichen Oberschichtsangehörigen der Gesellschaft des antiken Israel.

2.2. Hiob als „pater familias“ und sein Gottesverhältnis

In Vers 5 erscheint eine bizarre Entfaltung des Frömmigkeitsverständnisses Hiobs, die zudem verrät, wie Hiob seine „Vaterrolle“ versteht. Weil Hiob fürchtet, seine Kinder könnten in irgendeiner Weise gesündigt haben, opfert er. Interessanterweise wird hier nicht gesagt, für wen er opfert, warum genau oder zugunsten von was er opfert. Seine überzogene Angst persifliert die Charakterisierung Hiobs als untadelig fromm (Hi 1,1). Hiob vertritt hier eine Assekuranzfrömmigkeit, die entsprechend der Logik des Tun-Ergehen-Zusammenhangs anstrebt, sich durch „gutes“ Handeln eines entsprechend „guten“ Ergehens zu versichern.[8] So fühlt er sich als pater familias dafür verantwortlich, das vermeintliche Fehlgehen seiner Kinder be- bzw. ausgleichen zu müssen. Über sein Verhältnis zu seinen Kindern besagt dies, dass er sie nicht als (für ihr Ergehen) eigenverantwortliche und von ihm unabhängige Subjekte anerkennt, sondern meint, sie vertreten bzw. für sie eintreten zu müssen. Denn ihr Handeln fällt auf ihn zurück und hat somit auch für sein eigenes Ergehen Konsequenzen. Die Relation zwischen Hiob und seinen Kindern ist also über Funktionalität definiert. Er intendiert mit diesem Handeln, seinen Status quo in jeder Hinsicht zu erhalten und jeglichen Verlust zu vermeiden. Intersektional interpretiert bedeutet das, dass die Hiobfigur hier über die Differenzkategorien (race/ethnicity), sex und vor allem class inszeniert wird: Hiob wird über seinen Status als reicher Nomadenscheich und über seine Funktion als pater familias in der Verantwortung für seine 10 Kinder definiert. Modern gesagt: Die Hiobfigur bezieht ihre Identität aus diesem äußerlichen, unpersönlichen „Tauschsystem".

Bemerkenswert ist zudem, dass die Erzählstimme einzig an dieser Stelle Einsicht in Hiobs internes Denken gewährt. Mit dieser Einsicht veranschaulicht die Erzählstimme paradigmatisch ein funktional orientiertes Denken in Bezug auf Kinder und ein Glaubensverständnis als Assekuranzfrömmigkeit. Hiobs Verhalten Gott gegenüber ist primär aus Angst motiviert. Er vollzieht rituelle Brandopfer, um damit Sühne für potentielle Sünden und potentielle Blasphemie seiner Kinder zu erwirken. Ob seine Kinder tatsächlich gesündigt haben oder nicht, lässt der Text offen. Für Hiob ist das belanglos. Er sichert sich ab. Dass in diesem Zusammenhang der Name JHWHs als Adressat seines Opfers nicht genannt wird, ist besonders auffällig, da Hiob sich andernorts z. B. in Hi 1,21 und auch im ganzen Dialogteil sehr wohl immer wieder ganz konkret an JHWH wendet und ihn anzusprechen weiß. So wirkt ein derartiges Glaubensverständnis v. a. aus heutiger Perspektive eher unpersönlich und um sich selbst kreisend, da beziehungslos und nicht unmittelbar mit Gott in Kontakt stehend.

2.3. Die Infragestellung von Hiobs vermeintlicher Frömmigkeit in der göttlichen Sphäre

Ist die Infragestellung von Hiobs Frömmigkeit somit implizit bereits mit V. 5 vorweg genommen, so geschieht sie nun explizit in der göttlichen Sphäre (V. 6–12), in der JHWH im Zentrum steht. Analog zu altorientalischen Thronratsversammlungen erscheint JHWH wie ein mächtiger König umgeben von seinem Hofstaat,[9] den Göttersöhnen.[10] JHWH bestimmt nun das Verhältnis zwischen Hiob und sich, indem er Hiob als seinen Knecht bezeichnet, sich also damit implizit selbst als dessen Herr versteht. Die Relation zu dem Mann Hiob wird somit von der Gottesstimme selbst als Herr-Knecht-Verhältnis definiert. Allerdings bleibt diese Relation insofern unbestimmt, als nicht explizit erläutert wird, wie die Bezeichnung Hiobs als Knecht hier zu interpretieren ist. Einerseits kann der Knechtstitel gerade aus dem Munde Gottes als Ehrentitel verstanden werden, mit dem Hiob in eine Reihe mit anderen Namensträgern dieses Titels gestellt wird, wie z. B. Abraham (Gen 26,24), Mose (Jos 1,2), David (2 Sam 3,18) oder dem Gottesknecht Deuterojesajas (Jes 42,1).[11] Andererseits könnte Hiobs ängstliches Verhalten in V. 5 so gedeutet werden, dass er selbst diese Relation eher als sklavische und hierarchische Abhängigkeit (miss-)versteht.

Interessanterweise taucht in eben diesem Vers das Wort אִישׁ ʾîš Mann erneut auf. Die Gottesstimme wiederholt die Charakterisierung dieses „Mannes" von V. 1. Hiob wird somit ebenfalls von der Gottesstimme als Mann wahrgenommen und als untadelig bewertet. Eine Lobeshymne in den höchsten Tönen, wie sie hier Hiob zuteilwird, gebührt sonst eigentlich nur Gott – und hier wird sie aus dem Munde Gottes einem Mann zugesprochen. Das kann auf zweifache Weise gedeutet werden. Zum einen mag man in der übermenschlichen Charakterisierung aus dem Munde Gottes einen ironischen Zug vernehmen. Zum anderen enthält sie aber auch die Anerkennung Gottes von Hiobs unbedingter Treue.

Die Satansfigur stellt nun Hiobs Frömmigkeit aufs schärfste in Frage, in dem er mutmaßt, sie sei nicht „umsonst", sondern Hiob verspreche sich etwas von seiner Frömmigkeit und seinem untadeligen Lebenswandel (Hi 1,9–10) – nämlich das Aufrechterhalten seines Status quo, der seine hegemoniale Männlichkeit einschließt. So wie die Hiobsfigur in V. 5 alles dafür tut, untadelig zu bleiben, sei andererseits JHWH derjenige, der seinerseits Hiob für seine Frömmigkeit quasi belohnend „segnen" und schützen würde.[12] Damit werden gleichzeitig die Redlichkeit Hiobs und JHWHs angezweifelt oder anders gesagt: hier wird eine Haltung, die sich über äußerlichen Status quo und hegemoniale Männlichkeit definiert und alles für deren Erhaltung (Hiob) und Gewährung (Gott) tut, aufs äußerste in Frage gestellt.

2.4. Die Katastrophe – Vernichtung von Reichtum und Kindern

Mit dem Szenenwechsel zurück auf die Erde (V. 13–19) werden die Leser_innen Zeugen der Katastrophe, von der Hiob förmlich überrollt wird. Denn er selbst kommt in den Versen überhaupt nicht zu Wort und Schlag auf Schlag werden ihm Unheilsbotschaften mitgeteilt. Vier namenlose Boten treten nacheinander auf, um Hiob über das zu informieren, was sich ereignet hat und sein Geschick betrifft. Die Schreckensmeldungen haben ihn als Adressaten. Er kann nichts mehr tun, das Unglück widerfährt ihm und wird ihm (einfach nur) mitgeteilt. Mit diesen Schicksalsschlägen wird all das vernichtet, wodurch Hiob anfangs charakterisiert wurde (V. 1–4) und worüber er sich selbst definiert hat: sein Reichtum und seine Funktion als pater familias (V. 5). Ohne Kinder ist Hiobs Funktion als pater familias obsolet. Vielleicht stehen überdies mit dem Verlust der Vaterfunktion auch seine Potenz und damit gar seine Männlichkeit in Frage.

Die „Kinder" werden in V. 19 sprachlich mit den Knechten aus den VV. 15 ff. gleichgesetzt, indem sie mit demselben Lexem נַעַר náʿar bezeichnet werden. Den Kindern und Knechten Hiobs widerfährt nicht nur dasselbe Geschick – sie fallen dem Unglück zum Opfer –, durch die sprachliche Parallelisierung werden sie von der Erzählstimme zudem in ihrem Status identifiziert. Die Kinder zählen wie die Knechte zum Besitz Hiobs, der verloren geht bzw. zerstört wird. Das unterstützt die Deutung von Hiobs funktionalem Verständnis seiner Kinder.

2.5. Hiobs Reaktion auf die Katastrophe

Hiobs Reaktion auf die Schicksalsschläge ist für die Satansfigur überraschend. Anders als erwartet „segnet“[13] er Gott nicht ins Angesicht, sondern erscheint zutiefst demütig, indem er seine Position als Mensch vor Gott anerkennt und annimmt, was immer ihm widerfährt (Hi 1,20 f.). Hier erscheint Hiob tatsächlich als idealer Mensch.

2.6. Die Reaktion der Satansfigur auf Hiobs Reaktion

Damit gibt sich die Satansfigur jedoch nicht zufrieden und so wird Hiob erneut herausgefordert. Nun wird er mit schwerer Krankheit geschlagen. Seine Haut wird von bösen Geschwüren befallen. Hier ist erstmals Hiobs Körper im Blick. Nun ist Hiob nicht mehr ganz, integer, wie er in Hi 1,1 vorgestellt wurde. Jetzt ist sein Körper entstellt mit der Konsequenz, dass er nicht nur seine körperliche Integrität verliert, sondern auch seine soziale Integration. Hiob sitzt isoliert im Staub bzw. in der Asche auf dem Abfallhaufen außerhalb des bewohnten Ortes (Hi 2,8).

Dieser erneute Hieb trifft Hiob unmittelbarer als die ersten Schicksalsschläge. Er geht ihm unter die Haut, so dass hier keine Boten notwendig sind. Damit wird angedeutet, dass sowohl der Reichtum als auch die Kinder ihn nur als etwas Äußerliches angehen, sein eigener Körper ihn dagegen aber unmittelbar tangiert. Aber letztlich kann auch der Körper wie Reichtum und Kinder instrumentalisiert werden und als Mittel im Tauschgeschäft eingesetzt werden, über den die Balance des Tun-Ergehen-Zusammenhangs hergestellt werden soll. (vgl. Hiob 2,4).

Unvermittelt taucht nun Hiobs Frau auf. Sie bleibt namenlos.[14] Ebenso wenig wie Hiob klagt die Frau ausdrücklich über den schmerzenden Verlust all ihrer Kinder und ihrer Existenzgrundlage. Ihre Verzweiflung ist jedoch in ihren Worten erkennbar und Verzweiflung ist es, die sie veranlasst, Hiob dazu zu raten, Gott zu „segnen" und dann zu sterben.[15] Hiob dagegen ist eine solche Verzweiflung an dieser Stelle nicht anzumerken. Überhaupt beklagt er an keiner Stelle im Hiobbuch explizit den Verlust seiner Kinder. Es stellt sich die Frage, ob ein solches Verhalten als typisch männlich zu verstehen ist. Zumindest verstärkt dieses nach außen gefestigte Auftreten Hiobs den Eindruck seiner hegemonialen Männlichkeit insofern, als „wer nicht fähig ist zu weinen, (…) auf seinem Machtanspruch"[16] beharrt.

2.7. Männerfreundschaft

Die Begegnung mit den drei Freunden schließt den Prolog ab und leitet zum Dialogteil über. Von weither kommen die drei Freunde Elifas, der Temaniter, Bildad, der Schuchiter und Zofar, der Naamaniter, um Hiob zu trösten (Hi 2,11–12). Die drei Männer werden sowohl namentlich genannt als auch verortet. Sie erweisen ihre freundschaftliche Verbundenheit mit Hiob darin, dass sie seinen Schmerz auf Augenhöhe mit ihm teilen. Nicht von oben herab begegnen sie ihm, sondern sich zu ihm auf den Boden setzend weinen und schweigen sie mit ihm (Hi 2,13). Eine solch tiefe und enge Verbundenheit zwischen Männern ist für David Clines ein wichtiges Charakteristikum für Männlichkeit, die er in Bezug auf die biblische Davidsfigur entwickelt.[17]

2.8. Zusammenfassung des Erscheinungsbildes von Hiob im Prolog

Hiob erscheint im Prolog als untadelig, pflichtbewusst und hegemonial männlich. Sein Selbstverständnis, die Beziehung zu seinen Kindern und sein Gottesverständnis sind primär funktional orientiert. Sein Handeln und Verhalten sind daran ausgerichtet, seinen Status quo in jeder Hinsicht und unter allen Umständen aufrechtzuhalten.

3. Ein veränderter Hiob im Epilog

3.1. Die Veränderung Hiobs infolge einer Gottesbegegnung

Noch bevor JHWH Hiobs Geschick wendet, wird eine Veränderung Hiobs spürbar (Hi 42,1–6). Die Hiobfigur ist nach dem Abbruch des Dialogs mit den Freunden und nach den Gottesreden zwar immer noch die gleiche, aber nicht mehr dieselbe. Hiob hat einen Prozess durchlebt infolge dessen sich seine Haltung zu seiner Situation verändert hat. Noch immer in Staub und Asche sitzend (Hi 42,6) spricht er selbst von dieser Veränderung, die auf eine Gottesbegegnung bzw. ein verändertes Gottesverständnis zurückzuführen ist – vorher hatte er nur von JHWH gehört, jetzt ist Gott ihm begegnet (Hi 42,5). Er verwirft sein früheres Denken (Hi 42,6).[18] Das aber heißt, dass er Abstand nimmt von einer funktional orientierten Lebenshaltung, die sich auf äußeren Status und hegemoniale Männlichkeit gründet. Hiob begegnet in den Gottesreden einem Gott, der sich als der vorstellt, der alles wohlgeordnet und eingerichtet hat, obwohl diese Ordnung für den Menschen unergründlich bleibt. JHWH als der Herr der Tiere sorgt für jedes Tier (z. B. 39,6). JHWH missversteht seine Macht nicht als Mittel, seine absolut hegemoniale Position auszubauen oder zu festigen, sondern hat seine Geschöpfe im Blick. Er nutzt seine Macht zu ihren Gunsten, hat alles für sie geordnet und nimmt sich ihrer in Fürsorge an. Das (an-)erkennt Hiob und weiß sich in diese Fürsorge miteinbezogen. Genauso wie Gott den Tieren zur Verfügung stellt, was sie zum Leben brauchen, sind auch Hiobs einstiger materieller Reichtum und sein Kinderreichtum aus derselben Gunst erwachsen.

3.2. Veränderung der Beziehung zwischen Hiob und seinen drei Freunden

Die Freundschaft zwischen Hiob und den drei Freunden Elifas, Bildad und Zofar, die im Prolog so vollkommen präsentiert wird, wird im Dialogteil des Hiobbuches vor eine harte Zerreißprobe gestellt. Die Kommunikation zwischen ihnen bricht nach drei Redegängen aufgrund gegenseitigen Nichtverstehens ob der Verschiedenheit der Lage ab (Hi 27). Das Scheitern des Dialogs bedeutet jedoch nicht den Abbruch der Freundschaft, wie der Epilog zeigt.

Nachdem die Gottesstimme die Worte der Freunde als nicht wahr und unzutreffend entlarvt hat und erklärt, sie hätten damit Schuld auf sich geladen, ist es an Hiob, für sie einzutreten (Hi 42,7 f.). Auch wenn die Freunde aufgefordert werden, ihre Schuld durch Opfer zu begleichen, ist ihre Bewahrung ausschließlich von Hiob abhängig. Er soll für sie Fürbitte halten. Fehlte es ihm selbst an einem Schiedsrichter bzw. Mittler (Hi 9,33), den er sich so sehr gewünscht hatte, so soll er nun selbst zu einem werden. Obwohl er von seinen Freunden so enttäuscht und im Stich gelassen worden ist, soll sich Hiob für sie einsetzen. Sein Handeln soll zwar der Wiederherstellung des gestörten Verhältnisses zwischen den Freunden und JHWH dienen. Doch im Grunde geht es dabei um die zwischenmenschliche Beziehungsebene zwischen Hiob und seinen Freunden. Es geht darum, die Freundschaft ob der gescheiterten Kommunikation nicht abbrechen zu lassen, sondern zu bewahren. Von der Überwindung, die Hiob ein solches Verhalten möglicherweise gekostet hat, weiß die Erzählung nichts. Auch von dem Vollzug der Fürbitte erfahren wir nichts. Aber dass sie geschehen ist, wissen wir, weil Hiob von Gott angenommen wird (Hi 42,9). Die zwischenmenschliche Beziehungsebene wird in die Gottesbeziehung mithineingenommen oder anders gesagt, das veränderte Gottesverhältnis Hiobs konkretisiert sich im Umgang mit seinen Mitmenschen, also darin, wie er Freundschaft lebt. Erwiesen die drei Freunde durch ihr Mitgefühl in Hi 1,12 f. wahre Freundschaft, so zeigt Hiob freundschaftliche Größe, indem er trotz aller gegenseitigen Verletzungen zu ihnen steht, ihnen also „umsonst" verzeiht, sich „umsonst" für sie einsetzt. So wird durch die Fürbitte die Krise der Freundschaft überwunden. Die Fürbitte (Hi 42,8 f.) steht anstelle des Opfers im Prolog (Hi 1,5). Sie drückt somit zum einen die freundschaftliche Verbundenheit Hiobs mit seinen Freunden und zum anderen Hiobs verändertes Gottesverständnis aus, welches die Basis für die zwischenmenschliche Reziprozität darstellt.

3.3. Hiobs soziale Reintegration

Die Fürbitte leitet nun die große Wendung von Hiobs äußerlichem Geschick ein (Hi 42,10). Diese beginnt mit der sozialen Wiederherstellung Hiobs. Zwar wird nicht erwähnt, wann und wie Hiob sich aus dem Staub von dem Müllberg außerhalb des Ortes erhebt und sich in sein Haus begibt. Aber er empfängt seine Brüder und Schwestern und seine früheren Bekannten in seinem Haus und isst mit ihnen. Hiob ist wieder integriert und hat Anteil an sozialem Leben.

Dass bei Wiederherstellung und der Verdoppelung von Hiobs früherem Reichtum eine Angabe über eine Dienerschaft, wie er sie einst besaß (Hi 1,3), fehlt, ist bezeichnend. Sie könnten unter die früheren Bekannten, von denen Hiob aufgesucht wird (Hi 42,11) subsumiert sein. Das würde bedeuten, dass Hiob sich nicht mehr als Herr über seine Knechte versteht, sondern seinen Mitmenschen auf Augenhöhe begegnet. Dadurch wird eine Reziprozität der Beziehung möglich. Die Brüder, Schwestern und

Bekannten kommen, um Hiob zu trösten und es gelingt ihnen tatsächlich (Hi 42,11). Was die Intention der drei Freunde in Hi 1,11 war, wird nun von der Erzählstimme explizit als wirklich geschehend bestätigt. Bedingung dafür, dass Hiob über seinen Schmerz und alles Unglück getröstet werden kann, ist nicht die materielle Wiederherstellung oder ein erneuter Kinderreichtum – denn beides widerfährt ihm erst danach – sondern dass Hiob ob eines veränderten Gottesverhältnisses selbst sich verändert und einen anderen Umgang mit seiner Situation gefunden hat.

Trost gelingt auch ob der Reziprozität der Beziehung. Auch die Freunde sind durch die Gottesbegegnung, durch die ihr früheres Reden als nicht zutreffend entlarvt wurde, und ihre Wiederherstellung durch die Fürbitte Hiobs verändert. Das Trostspenden der Brüder, Schwestern und Bekannten wird begleitet von materiellem Teilen – jeder gibt Hiob eine „Kesita“[19] und einen goldenen Ring und bekundet damit symbolisch seinen materiellen Beistand.

3.4. Hiobs verändertes Vatersein und sein veränderter Umgang mit Reichtum

Die Erkenntnis der Gnade und Fürsorge Gottes bewirkt, dass Hiob selbst beginnt, diese Gnade und Fürsorge seinen Mitmenschen gegenüber zu leben. Das zeigt sich eindrücklich im veränderten Verständnis seiner gelebten Vaterrolle. Sah er sich in Hiob 1,5 wie ein pater familias in der Verantwortung für seine Kinder, so anerkennt er die Kinder im Epilog als eigenverantwortliche und von ihm unabhängige Subjekte. Das ist auch darin erkennbar, dass er seinen Töchtern Namen gibt. Damit sind sie gegenüber ihren Brüdern besonders hervorgehoben. Das ist zudem auffällig, da Hiobs Frau ebenso wie seine Kinder im Prolog namenlos bleiben. Auch die Namen selbst spiegeln Hiobs veränderte Haltung. Die Namen „Täubchen“, „Zimtblüte“ und „Schminkhörnchen“ sollen die einzigartige Schönheit der Töchter zum Ausdruck bringen. Hiobs Vatersein ist nun nicht mehr durch Funktionalität, sondern durch Ästhetik als Ausdruck der Gnade und Fürsorge geprägt.[20]

So kann er seinen Töchtern auch genauso wie seinen Söhnen Anteil am Erbbesitz geben. Diese Gleichberechtigung und Beteiligung der Töchter am Erbe ist nach Jürgen Ebach ohnegleichen in der Bibel.[21] Im Umgang mit seinen Töchtern wird damit exemplarisch veranschaulicht, dass Hiob seine Kinder nicht mehr als Mittel zur Absicherung seines Status quo und seiner hegemonialen Männlichkeit missversteht. Aus Gnade und Fürsorge, d.h. aus Liebe kann er ihnen als Vater begegnen. Dementsprechend kann Hiob an dieser Stelle auch erstmals und nur an dieser Stelle explizit als „Vater" seiner Kinder und vor allem seiner Töchter bezeichnet werden (Hi 42,15). Das Lexem אָב ʾāb Vater kommt zwar mehrfach im Hiobbuch vor, doch nur hier ist es explizit auf Hiob bezogen und charakterisiert ihn als Vater. Hiob wird für seine Kinder zum Vater, weil er sie nicht mehr funktional und pflichtbewusst seiner Verantwortung unterstellt, sondern weil er ihnen aus Liebe begegnet und dadurch eine Vater-Kind-Beziehung möglich und eröffnet wird.

Dass Hiob auch materiell wiederhergestellt wird, geschieht nicht als Belohnung für irgendetwas, sondern umsonst. Reichtum und Kinder sind als „Segen" zu verstehen, als umsonst geschenkt (Hi 42,12f.). Nochmals ist zu betonen ist, dass die Wiederherstellung geschieht, nachdem Hiob bereits selbst ein Anderer geworden ist. Hier wird deutlich zwischen dem Prozess der inneren Veränderung und der äußerlichen Wende unterschieden. Sie geschehen unabhängig voneinander. Hiob ist bereits getröstet, als er zusätzlich den Segen erneuten Reichtums und Kindersegen empfängt. Hiobs Umgang mit diesem doppelten Reichtum ist jedoch verändert. Weiß er sich selbst aus der Gnade und Fürsorge Gottes lebend, so kann auch er frei und großzügig mit diesem neu geschenkten Reichtum umgehen und dabei seine Töchter gleichermaßen mit in das Erbe einbeziehen. Dabei achtet er wie die Gnade Gottes nicht auf irgendwelche bedingenden Kategorien, wie z.B. sex oder gender, um seinen Reichtum zu verteilen, sondern „schenkt“ bedingungslos. Er macht keinen Unterschied zwischen seinen Söhnen und Töchtern, sondern versteht sie gleichermaßen als seine Kinder und sich selbst als ihr Vater. Waren die Kinder einst die Mittel, mit denen er sich, seinen Reichtum und seinen Status erhalten wollte, so ist nun umgekehrt der Reichtum vielmehr Mittel, um seine Kinder zu beschenken. Hiobs Denken ist nicht mehr darin verhaftet, sich seinen Status quo um jeden Preis und unbedingt erhalten zu müssen, sondern er lebt befreit davon in einer Großzügigkeit gegenüber seinen Kindern und sich selbst.

3.5. Fazit: Hiobs verändertes Mannsein – Hiob wird Mensch

Dieser verwandelte Hiob ist nun kein übermenschliches, unerreichbares Ideal mehr wie im Prolog, sondern wird zu einem wirklichen Beispiel hinsichtlich seines Selbst- und Gottesverständnisses, das sich in göttlicher Gnade und Fürsorge gründet, und seinem Umgang mit Besitz und Mitmenschen. Am Ende erreicht Hiob wie die biblischen Patriarchen ein wahrhaft gesegnetes Alter und stirbt „lebenssatt“, d.h. Hiob stirbt nach einem langen, glücklichen und erfüllten Leben. Eine solche Haltung, zu der Hiob findet, schenkt ihm eine Zufriedenheit, die ein Leben erfüllt und es gleichermaßen gut abschließen lässt.

Hiobs verändertes Verhalten signalisiert den Bruch mit einem hegemonialen Männlichkeitsverständnis (gender).[22] Er definiert sich nicht mehr über äußere Dominanz- und Herrschaftsverhältnisse, sondern als Vater gegenüber seinen Kindern und als Freund gegenüber seinen Mitmenschen. Die Grundlage für alle Veränderung bildet die Gottesbegegnung, durch die er sich selbst als Gegenüber Gottes erfährt. Als Nicht-Israelit (race/ethnicity) findet er zu einem personalen Gottesverhältnis. Als reicher Nomadenscheich gelangt er zu einem befreiten, großzügigem und zwanglosen Umgang mit Besitz und Reichtum (class). Auch das Männlichkeitsverständnis Hiobs wird verwandelt: Sein im Prolog konstruiertes, hegemonial männliches Selbstverständnis wird durch die Schicksalsschläge dekonstruiert und schließlich über die Gottesreden und im Epilog neu konstruiert. Oder anders gesagt: Hiob der Mann wird Mensch.

Anmerkungen

1 Vgl. *Connell*, Raewyn ([3]2006), Der gemachte Mann. Konstruktion und Krise von Männlichkeiten, Wiesbaden, 98.

2 Vgl. ebd., 100.

3 Vgl. *Crüsemann*, Frank (1980), Hiob und Kohelet. Ein Beitrag zum Verständnis des Hiobbuches, in: *Albertz*, Rainer u. a. (Hg.), Werden und Wirken des Alten Testaments. FS für Claus Westermann zum 70. Geburtstag, Göttingen, 373–393, hier bes. ab 386 ff.

4 Vgl. *Guest*, Deryn (2012), Beyond Feminist Biblical Studies, The Bible in the Modern World 47, Sheffield, 127.

5 Vgl. *Connell*, Raewyn ([3]2006), Der gemachte Mann. Konstruktion und Krise von Männlichkeiten, Wiesbaden, 98.

6 Vgl. *Knapp*, Gudrun-Axeli (2013), Zur Bestimmung und Abgrenzung von „Intersektionalität". Überlegungen zu Interferenzen von „Geschlecht", „Klasse" und anderen Kategorien sozialer Teilung, in: EWE 24 (2013) 2, 341–354. Vgl. dazu auch den theologischen Sammelband *Eisen*, Ute E./*Gerber*, Christine/*Standhartinger*, Angela (Hg. 2013), Doing Gender – Doing Religion. Fallstudien zur Intersektionalität im frühen Judentum, Christentum und Islam, WUNT 302, Tübingen.

7 Gegen *Ebach*, Jürgen (1986), Art. Hiob/Hiobbuch, in: TRE 15, Berlin/ New York, 360–380.

8 Vgl. *Ebach*, Jürgen, „Ist es ‚umsonst', daß Hiob gottesfürchtig ist?" Lexikographische und methodologische Marginalien zu חִנָּם in Hi 1,9, in: Erhard Blum, Christian Macholz, Ekkehard W. Stegemann (Hg.), Die Hebräische Bibel und ihre zweifache Nachgeschichte. FS für Rolf Rendtorff zum 65. Geburtstag, Neukirchen-Vluyn 1990, S. 319–335, hier S. 321 f.

9 Vgl. *Albertz*, Rainer ([2]1996), Religionsgeschichte Israels in alttestamentlicher Zeit 1, Von den Anfängen bis zum Ende der Königszeit, Göttingen, 202; *Neef*, Heinz-Dieter, Art. Götterrat, wibilex, erstellt Jan. 2007.

10 Sowohl die Darstellung der Gottesfigur als auch die göttliche Versammlung könnten Gegenstand kritischer Männlichkeitsforschung sein. Im Rahmen dieses Aufsatzes ist es jedoch nicht möglich, dies näher zu fokussieren.

11 Vgl. *Kessler*, Rainer, Art. Knechtschaft (AT), wibilex, erstellt: Feb. 2006.

12 Die Logik, die sich hier hinter verbirgt, ist der Tun-Ergehen-Zusammenhang, ein Konzept alttestamentlicher Weisheitstheologie, mit dem in Folge

von gutem Handeln auch entsprechend gutes Ergehen erhofft wird, vgl. *Freuling*, Georg (2004), „Wer eine Grube gräbt …“. Der Tun-Ergehen-Zusammenhang und sein Wandel in der alttestamentlichen Weisheitsliteratur, WMANT 102, Neukirchen-Vluyn.

13 Leitwort im Prolog, hier euphemistisch für „fluchen“ zu verstehen.

14 Dazu passt die Beobachtung von Martin Leutzsch, dass Frauen in antiken Texten wie auch im Neuen Testament wesentlich seltener namentlich genannt werden als Männer, vgl. *Leutzsch*, Martin (2012), Männlichkeiten im Neuen Testament wahrnehmen. Beobachtungen, Problemstellungen, Hypothesen, in: *Knieling*, Reiner/*Ruffing*, Andreas (Hg.), Männerspezifische Bibelauslegung. Impulse für Forschung und Praxis, Göttingen, 126.

15 Blasphemie zieht nach Lev 24,16 den Tod auf sich.

16 *Kessler*, Rainer (1994), Männertränen, in: *Sölle*, Dorothee (Hg.), Für Gerechtigkeit streiten. Theologie im Alltag einer bedrohten Welt, FS für Luise Schottroff zum 60. Geb., Gütersloh, 203–208, hier 207.

17 Vgl. *Clines*, David (1995), David the Man: The Construction of Masculinity in the Hebrew Bible, in: ders., Interested Parties: The Ideology of Writers and Readers of the Hebrew Bible, ISOTSup 205, Gender, Culture, Theory 1, Sheffield, 223 ff.

18 Vgl. *Ebach*, Jürgen ([3]2009), Streiten mit Gott. Hiob, Teil 2, Kleine Biblische Bibliothek, Neukirchen-Vluyn, 157–159.

19 Eine Kesita ist nach Ebach als Geldstück zu verstehen, vgl. *Ebach*, Jürgen, Streiten mit Gott, 167.

20 Vgl. *Ebach*, Jürgen (1994), Hiobs Töchter. Zur Lektüre von Hiob 42,13–15 (auch eine Art Brief an Luise Schottroff), in: Sölle, Dorothee (Hg.), Für Gerechtigkeit streiten. Theologie im Alltag einer bedrohten Welt. Gütersloh, 35–40, hier v. a. 40.

21 Vgl. *Ebach*, Jürgen ([3]2009), Streiten mit Gott. Hiob, Bd. 2. (Hiob 21–42), Neukirchen-Vluyn, 168.

22 Vgl. das Konzept „hegemonialer Männlichkeit“ von Raewyn *Connell*, in dies. ([3]2006), Der gemachte Mann. Konstruktion und Krise von Männlichkeiten, Wiesbaden, 97 f.

Abgeschnittene Beziehungen – ein Männerthema im Alten Testament

Andreas Ruffing

Im siebten Kapitel des Josuabuches wird erzählt, dass eine militärische Aktion im Rahmen der Landnahme Israels zu scheitern droht. Beim ersten Versuch misslingt die Eroberung der Stadt Ai, denn einer der beteiligten Männer, ein Judäer namens Achan, hat heimlich wertvollen Schmuck aus der Kriegsbeute der zuvor eroberten Stadt Jericho in seinen Besitz gebracht. Weil es sich bei der Eroberung Jerichos um einen „Jahwekrieg"[1] handelte, gehört die Beute Gott. Der Diebstahl des Beutegutes, so stellt die Erzählung in einem Gotteswort (Jos 7,10–15) unmissverständlich klar, gefährdet vor diesem Hintergrund weitere militärische Erfolge und letztlich die Existenz der gesamten Gemeinschaft. Aufklärung und Auffindung des Schuldigen sind daher unbedingt notwendig. Dies geschieht durch ein „Gottesurteil". Unter der Regie Josuas tritt „ganz Israel" zusammen, gegliedert nach seinen Stämmen. Ein Losverfahren als Medium des Gottesurteils beginnt. Getroffen vom Los wird zunächst der Stamm Juda. Darauf treten die Sippen Judas an, und das Los fällt auf die Sippe der Serachiter. Nun stellt sich die Sippe nach ihren „Häusern" (die Einheitsübersetzung paraphrasiert sachlich zutreffend „Großfamilie") auf, und das Los fällt auf das Haus des Sabdi, das „Mann für Mann" hervortritt. Das letzte Los trifft Achan, den Enkel Sabdis, der ein Geständnis ablegt (Jos 7,20 f) und anschließend zu Tode gesteinigt wird.[2]

1. Das Vaterhaus als Ort gelebter Männerbeziehungen

Interessant an der wohl in der frühen Exilszeit entstandenen Geschichte[3] ist die Tatsache, dass in ihr ein idealtypisches Schema vom Aufbau Israels[4] wiedergegeben ist. Israel wird hier erkennbar als eine durch und durch „verwandschaftsbasierte" Gesellschaft gezeichnet[5]. In einer solchen Gesellschaft ist der einzelne freie Mann – und allein um diesen geht es in unserer Geschichte – eingebunden in einen wohlgeordneten Organismus (Volk, Stamm, Sippe, Haus/Großfamilie). Achan, der am Schluss des Diebstahls überführte Judäer, lebt so in einem System abgestufter Beziehungen. Die Grundeinheit stellt dabei das „Haus" dar, an dessen Spitze der Hausvater steht. Wer alles einer solchen Großfamilie (hebr. *bēt ʾāb* „Vaterhaus") angehört, lässt sich einer Reihe verschiedener Texte entnehmen: neben dem Hausvater sind dies seine Ehefrau(en), Kinder, Enkel, Blutsverwandte und Dienstpersonal. Nicht immer klar erkennbar ist der Unterschied zwischen „Haus" und Sippe; nicht selten erscheint auch „Haus" als Bezeichnung für den Stamm („Haus Israel"). Auch wenn sich Ideal und Wirklichkeit im Laufe der Jahrhunderte aufgrund der sozialen, religiösen und politischen Entwicklungen mehr oder weniger deutlich unterschieden haben werden, ist es erstaunlich zu beobachten, wie sehr die Großfamilie, das Vaterhaus, quer durch das Alte Testament als Grundordnung und Konstituente der Gesellschaft herausgestellt wird.[6]

Das Vaterhaus ist damit aber auch der originäre Ort, an dem Beziehungen gelebt werden, an dem diese Beziehungen gelingen, aber auch scheitern können. Dies gilt gerade auch mit Blick auf Männer. Unter Bezug auf eben diese Geschichte aus dem Josuabuch hat Lothar Perlitt in einem fast schon dreißig Jahre alten Aufsatz die sich daraus ergebende Konsequenz für das alttestamentliche Männerbild zugespitzt in folgender Weise auf den Punkt gebracht: „Ein Mann lebt in einem Vaterhaus und mit Verwandtschaft – oder gar nicht."[7] Anders ausgedrückt: Wer als

Mann von den verwandtschaftlichen Bezügen des „Vaterhauses“ abgeschnitten ist, lebt nach diesem Verständnis in völliger Beziehungslosigkeit. Ihm sind zugleich fundamentale Lebensgrundlagen entzogen.

An Achan, dem Dieb des Beutegutes aus Josua 7, wird beispielhaft sichtbar, was dies in letzter Konsequenz bedeutet. Nachdem er durch das Gottesurteil als Dieb entlarvt worden ist, erfahren wir, dass Josua ihm zunächst den gestohlenen Schmuck abnimmt. Im Anschluss daran aber wird erzählt, dass Josua ihm ebenfalls noch seine Söhne und Töchter wegnimmt und sein gesamtes Hab und Gut konfisziert (Jos 7,34). Was hier in dürren Worten berichtet wird, bedeutet für den Dieb nichts anderes als das radikale Abschneiden all seiner bisherigen Lebensbezüge. Am Schluss der Geschichte steht Achan so als ein Mann ohne Beziehungen da. Herausgerissen aus der schützenden Solidarität und den beziehungsstiftenden verwandtschaftlichen Bezügen des „Vaterhauses“ ist Achan völlig isoliert. Danach erst wird von der Steinigung des Diebes berichtet.

Dass Männer von tragenden Beziehungen des „Vaterhauses“ abgeschnitten sind, wird im Alten Testament an verschiedenen Stellen thematisiert. Von Abraham, Jakob oder Mose hören wir, dass sie zumindest partiell in ihrem Leben mit der Erfahrung „abgeschnittener Beziehungen“ konfrontiert sind. Im Falle des Propheten Jeremia prägt diese Erfahrung sogar seine gesamte Existenz.

Ich beginne mit einem eher kursorischen Überblick, in welcher Weise das Thema in der Erzählliteratur aufgegriffen wird, um dann etwas genauer hinzuschauen, wie die Erfahrung „abgeschnittener Beziehungen“ die Darstellung des Propheten im Jeremiabuch prägt. Zum Schluss ziehe ich noch einige Linien von den besprochenen Texten zu heutigen Männererfahrungen, die sich um den Verlust oder den Abbruch von Beziehungen drehen.

2. Abraham, Mose und Co.: Verlust und Neugewinn von Beziehungen

Beginnen wir den kursorischen Überblick mit der Gestalt Abrahams. In der berühmten Auftaktszene Gen 12,1–4a erhält dieser von Gott den Auftrag, seine bisherige Heimat Haran zu verlassen und sich auf den Weg in ein neues Land zu machen:

> *Gen 12,1 Der Herr sprach zu Abram: Zieh weg aus deinem* ***Land****, von deiner* ***Verwandtschaft*** *und aus deinem* ***Vaterhaus*** *in das Land, das ich dir zeigen werde. 2 Ich werde dich zu einem großen Volk machen, dich segnen und deinen Namen groß machen. Ein Segen sollst du sein. 3 Ich will segnen, die dich segnen; wer dich verwünscht, den will ich verfluchen. Durch dich sollen alle Geschlechter der Erde Segen erlangen.*[8]

Die Berufung des Abraham in Gen 12,1–3 ist in ihrem Kern eine Verheißungsgeschichte. Gott schickt Abraham nicht aus seiner bisherigen Heimat hinaus auf einen Weg ins Ungewisse. Am Ende des Weges steht ein klares Ziel: Abraham wird – so die Verheißung Gottes – Entsprechendes, ja noch Größeres finden als das, was er in Haran zurücklassen wird. Er findet nicht nur ein neues Land, sondern wird Begründer eines großen Volkes werden und berühmt geworden sein („großer Name“).

Allerdings: Bis dieses Ziel erreicht ist, wird Abraham seine bisherigen Lebensbezüge komplett aufgeben müssen. „Land“, „Verwandtschaft“, „Vaterhaus“ sind die drei Begriffe, mit denen in V.1 die gewaltige Zumutung beschrieben wird, der Abraham durch den Befehl Gottes ausgesetzt ist. „Land“, „Verwandtschaft“ und „Vaterhaus“ markieren in dieser Abfolge auch eine Steigerung: Das Abschneiden des durch das Vaterhaus garantierten familiären und sozialen Beziehungsgefüges erscheint hier als die gravierendste und radikalste Verlusterfahrung, der Abraham ausgesetzt sein wird.

Genau an diesem Punkt wirkt aber die Geschichte im weiteren Verlauf seltsam inkonsequent. Von einer solch einschneidenden Verlusterfahrung kann im Folgenden gar nicht die Rede sein, zumindest nicht in dem Ausmaße, wie es nach V.1 zu erwarten gewesen wäre. Abraham verlässt zwar wie befohlen sein Land und die Stadt, in der er lebt. Allerdings nimmt er seine Frau, seinen Neffen Lot, sein Dienstpersonal sowie sein Hab und Gut mit (V.4b.5). Es ist also nicht so, wie oft in Kommentaren zur Stelle zu lesen ist[9], dass Abraham seine bisherigen Bindungen komplett aufgeben würde. Vielmehr nimmt er sein bisheriges Vaterhaus, dem er als Oberhaupt vorgestanden hat, in Teilen mit auf den Weg in das neue Land. Fast gewinnt man den Eindruck, der Erzähler sei im Falle Abrahams gerade darum bemüht, die Folgen des Verlustes der bisherigen Heimat, die sich aus dem Befehl Gottes ergeben, für den Betroffenen abzumildern.

Auch in den Jakobsgeschichten spielt das Thema des Verlustes von Beziehungen im Kontext des Vaterhauses eine bedeutsame Rolle. Anders als in Gen 12 ist es hier aber Jakob selber, der durch sein Handeln das familiäre und soziale Beziehungsgefüge, in das er bislang eingebunden war, aufs Spiel setzt bzw. zu verlieren droht.

Der erste Teil des Jakobszyklus (Gen 25–27) ist bekanntlich erzählerisch und thematisch durch die Rivalität der Zwillingsbrüder Jakob und Esau geprägt.[10] Seinen Höhepunkt findet dieser Konflikt in der berühmten Geschichte, in der Jakob sich mit Hilfe seiner Mutter den Erstgeburtssegen seines Vaters Isaak erschleicht und damit seine Position als zukünftiges Oberhaupt der Familie festigen will (Gen 27,1–40). Doch bis dahin ist es noch ein langer Weg. Denn zunächst muss Jakob vor seinem Bruder fliehen. Dessen Enttäuschung über den entgangenen Erstgeburtssegen ist in Zorn und Hass umgeschlagen. Esau droht seinen Bruder zu töten. Rebekka, die Mutter der Zwillinge, findet in dieser Situation einen Ausweg:

> *Nun aber, mein Sohn, hört auf mich! Mach dich auf und flieh zu meinem Bruder Laban nach Haran! Bleib einige Zeit bei ihm, bis sich der Groll deines Bruders gelegt hat. Wenn der Zorn deines Bruders von dir abgelassen und er vergessen hat, was du ihm angetan hast, werde ich dich von dort holen lassen. Warum soll ich euch beide an einem Tag verlieren?* (Gen 27,43–45)

Bemerkenswert an den Worten Rebekkas sind zwei Dinge: Jakob soll zwar notgedrungen sein bisheriges Vaterhaus verlassen und wird so von seinen bisherigen Lebensbezügen abgeschnitten sein. Aber dies wird kein dauernder Zustand sein. Es gibt für Jakob eine klare Rückkehroption. Wenn sich der Rauch gelegt und Esau sich beruhigt hat, kann er wiederkommen, so zumindest sieht der Plan aus, den Rebekka gefasst hat. Doch die Mutter macht noch ein Zweites: Sie sorgt dafür, dass Jakob zwischenzeitlich in einem anderen Vaterhaus leben kann, nämlich dem seines Onkels Laban. Weil Jakob sich dort in Rahel, die jüngste Tochter seines Onkels verliebt, wird er zwar prompt in neue familiäre Konflikte verwickelt und muss schließlich auch von dort weggehen (Gen 29–31). Dennoch ist seine Flucht aus seinem ursprünglichen Vaterhaus nicht gleichbedeutend mit dem kompletten Verlust all seiner bisherigen Beziehungen.

Auch für Mose und David gilt, dass sie nach den Darstellungen im Buch Exodus und im 1. Buch Samuel Phasen in ihrem Leben durchmachen müssen, in denen sie aus ihren bisherigen sozialen und familiären Bezügen herausgefallen sind. Bei Mose ist dabei zunächst in Erinnerung zu rufen, dass er in Ägypten mit einem doppelten kulturellen Hintergrund aufwächst und sowohl eine israelitische wie ein ägyptische Prägung erhält. Als erwachsener Mann allerdings schlägt er sich endgültig auf die Seite „seiner Brüder“ (vgl. Ex 2,11) und trifft damit eine klare Entscheidung für sein israelitisches Vaterhaus. Der Mord an dem ägyptischen Aufseher zwingt Mose genau in diesem Moment, in dem ihm klar wird, zu wem er eigentlich gehört, zur Flucht aus Ägypten. Er flieht nach Midian und kommt in Kontakt mit einem dortigen Priester. Dann ist in Ex 2,21 f zu lesen:

> *Mose entschloss sich, bei dem Mann zu bleiben, und dieser gab seine Tochter Zippora Mose zur Frau. Als sie einen Sohn gebar, nannte er ihn Gerschom (Ödgast) und sagte: Gast bin ich in fremdem Land.*

Nach dieser Darstellung ist also für Mose klar, dass sein Aufenthalt in Midian nicht von Dauer sein wird. Und dennoch hat er zuvor die Tochter des Priesters von Midian geheiratet und mit ihr ein Kind gezeugt. Mose „gewinnt" also auf diesem Wege in der Fremde für eine gewisse Zeit ein neues Vaterhaus. Man kann auch an dieser Stelle durchaus die Frage stellen: Ist es für den Erzähler ein nur schwer erträglicher Gedanke, Mose habe in der Fremde ohne jegliche Einbindung in familiäre Strukturen und ihre Beziehungs- und Kommunikationsnetze gelebt, nach dem ihm gerade erst klar geworden war, zu wem er eigentlich gehört?

Werfen wir noch kurz einen Blick auf die Aufstiegsgeschichte Davids: Als junger Mann verlässt er sein Vaterhaus, um Dienst am Hof König Sauls zu tun (1 Sam 16,14–23). Dort macht er eine beispiellose Karriere und heiratet schließlich in die Familie des Königs ein (1 Sam 18,27). Die Heirat mit Sauls Tochter Michal markiert einen vorläufigen Höhepunkt in der Entfremdung Sauls von David. Saul fürchtete sich nun noch mehr vor David, vermerkt 1 Sam 18,29. So muss David vor dem König fliehen und bringt sich in einer Höhle in Sicherheit. In 1 Sam 22,1–4 wird berichtet, was dann geschieht:

> *Darum ging David von dort weg und brachte sich in der Höhle von Adullam in Sicherheit. Als seine Brüder und seine Familie davon hörten, kamen sie zu ihm hinab. Auch schlossen sich ihm viele Männer an, die unter Druck standen, sowie alle möglichen Leute, die Schulden hatten oder verbittert waren, und er wurde ihr Anführer. So waren etwa vierhundert Mann um ihn. Von dort zog David nach Mizpe-Moab und sagte zum König von Moab: Mein Vater und meine Mutter möchten (von zu Hause) wegziehen und bei euch bleiben, bis ich weiß, was Gott mit mir vorhat. So brachte er seine Eltern zum König von Moab und sie blieben bei ihm, solange David sich in den unzugänglichen Bergen aufhielt.*

In einer für ihn dramatischen und lebensgefährlichen Situation, in der die Brücken zu seinem Schwiegervater Saul abgebrochen sind, erfährt David die Solidarität und die Unterstützung seiner Herkunftsfamilie. Diese geht so weit, dass er sich offensichtlich um die Sicherheit seiner Eltern Sorgen machen muss und diese zum König von Moab in Sicherheit bringt. Wie immer diese kleine Notiz historisch auch zu bewerten ist, deutet sie zumindest an, dass die Beziehungen Davids zu dem Vaterhaus, in dem er aufgewachsen ist, auch in der Zeit seines Aufenthalts am Hofe Sauls nicht vollständig abgebrochen sind. Es gab[11] und es gibt noch Kontakte zur Herkunftsfamilie. In dem Moment, in dem die Beziehung zu seinem Schwiegervater Saul auf den Nullpunkt gesunken ist, wird diese Verbindung für David umso wichtiger.

Fassen wir einige wichtige Erkenntnisse aus diesem kursorischen Überblick zusammen:

1. Die besprochenen Texte bestätigen die Bedeutung des „Vaterhauses" als dem primären Ort, an dem Männer Beziehungen leben und gestalten. Die eingangs zitierte These von Lothar Perlitt lässt sich von daher bestätigen.
2. Den Texten ist auch gemeinsam, dass sie für Männer ein Leben ohne Einbindung in die familiären Netze des Vaterhauses mit ihren Beziehungs- und Kommunikationsstrukturen nicht als eine alternative Option in Betracht ziehen.
3. Daher enthalten die Texte Tendenzen, die Folgen für die Betroffenen erzählerisch abzumildern, wenn der Kontakt in diese Netze unterbrochen ist. Abraham nimmt auf seinem Weg Familienmitglieder aus seinem Vaterhaus sowie seine Besitztümer mit. Jakob findet im Vaterhaus seines Onkels zeitweise Aufenthalt und erhält von seiner Mutter eine „Rückkehroption". Mose gewinnt in Midian für eine gewisse Zeit ein „neues" Vaterhaus. David schließlich erfährt in einer schwierigen Lebenslage, als die Beziehung zu Saul, seinem Schwiegervater, zerbricht, die Solidarität seiner Herkunftsfamilie, zu der er nie vollständig den Kontakt abgebrochen hat.

3. Jeremia: Leben in „abgeschnittenen Beziehungen"

Für die bislang besprochenen Texte ist also ein Männerleben, das komplett von den familiären Bezügen abgetrennt ist, wie es strukturell im Alten Testament in der Institution des „Vaterhauses" verkörpert ist, eine im Grunde noch undenkbare Vorstellung.

Ein Mann lebt in einem Vaterhaus – oder gar nicht. Dieses Diktum bleibt – so haben wir gesehen – in seinem Kern unangetastet.

Lässt sich dies auch in den prophetischen Schriften beobachten? In der prophetischen Gerichtsbotschaft eines Jesaja oder Micha zum Beispiel sind die Vaterhäuser ein wichtiges Thema. Beide Propheten sprechen von ihrer baldigen Destabilisierung und Zerstörung als Zeichen und Mittel des Gerichtes, das Jahwe über Israel verhängen wird. Ausgestaltet wird dies mit dem Motiv des „Aufstandes der Söhne gegen die Väter". So kündigt etwa der Prophet Jesaja in Jes 3,4 f. Jerusalem und Juda mit folgenden Worten das Gericht an:

> *Ich mache junge Burschen zu ihren Fürsten, Willkür soll über sie herrschen. Dann bedrängt im Volk einer den anderen, und jeder bedrängt seinen Nächsten.*

An die Stelle der jetzigen Führungsschicht tritt für Jesaja noch etwas weitaus Schlimmeres: das Chaos und die Tyrannei junger Männer. Und ähnlich beschreibt der Prophet Micha in Mi 7,6, wodurch das Volk in Chaos und Anarchie fällt:

> *Denn der Sohn verachtet den Vater, die Tochter stellt sich gegen die Mutter, die Schwiegertochter gegen die Schwiegermutter; jeder hat die eigenen Hausgenossen zum Feind.*

Das Vaterhaus mit seinen tragenden Beziehungs- und Kommunikationsstrukturen steht an diesen Stellen erkennbar vor seiner Auflösung. Ja, für Männer gibt es nun ein Leben außerhalb des Vaterhauses, aber nicht als eine wirklich lebenswerte Alternative, sondern als bittere Konsequenz aus der Zerstörung der Institution. Ohne das Vaterhaus als stützende Größe verfällt die Gesellschaft in Anarchie und taumelt dem Untergang entgegen. Es ist ein extrem düsteres und perspektivloses Bild eines Männerlebens außerhalb des Vaterhauses, das die vorexilischen Gerichtspropheten hier zeichnen. [12]

Im Buch Jeremia findet eine weitere Zuspitzung statt. Mit der neueren Forschung[13] gehe ich davon aus, dass wir aus den Texten des Jeremiabuches keinen „historischen Jeremia" rekonstruieren können, sondern mit einer „erzählte(n) Gestalt“[14] konfrontiert sind, die uns in einem Porträt aus späterer Zeit vorgestellt wird.

Kennzeichnend für das Auftreten Jeremias sind nach diesem Porträt unter anderem bestimmte Zeichenhandlungen, mit denen der Prophet seine Botschaft in Szene setzt und illustriert. Kapitel 16 enthält in den Versen 1–9 gleich drei dieser Handlungen:

1 Das Wort des Herrn erging an mich:

2 Du sollst dir keine Frau nehmen und weder Söhne noch Töchter haben an diesem Ort.

3 Denn so spricht der Herr über die Söhne und Töchter, die an diesem Ort geboren werden, über ihre Mütter, die sie gebären, und über ihre Väter, die sie zeugen in diesem Land:

4 Eines qualvollen Todes müssen sie sterben; man wird sie nicht beklagen und nicht begraben; sie werden zum Dünger auf dem Acker. Durch Schwert und Hunger kommen sie um; ihre Leichen werden zum Fraß für die Vögel des Himmels und die Tiere des Feldes.

5 Ja, so hat der Herr gesprochen: Betritt kein Trauerhaus, geh nicht zur Totenklage und bezeig niemandem Beileid! Denn ich habe diesem Volk mein Heil entzogen – Spruch des Herrn –, die Güte und das Erbarmen.

6 Groß und Klein muss sterben in diesem Land; man wird sie nicht begraben und nicht beklagen. Niemand ritzt sich ihretwegen wund oder schert sich kahl.

7 Keinem wird man das Trauerbrot brechen, um ihn wegen eines Verstorbenen zu trösten; man wird ihm nicht den Trostbecher reichen wegen seines Vaters oder seiner Mutter.

8 Auch ein Haus, in dem ein Gastmahl stattfindet, sollst du nicht betreten, um mit den Leuten bei Speise und Trank zu sitzen.

9 Denn so spricht der Herr der Heere, der Gott Israels: Seht, verstummen lasse ich an diesem Ort, vor euren Augen und in euren Tagen, Jubelruf und Freudenruf, den Ruf des Bräutigams und den Ruf der Braut.

Mit der auch sonst in prophetischen Texten üblichen Einleitungsformel V.1 ergehen an Jeremia drei Anweisungen Gottes: Er soll keine Familie gründen (V.2), kein Trauerhaus betreten (V.5) und auch an keinem Gastmahl (V.8) teilnehmen. Nach V.9 liegt die Vermutung nahe, dass hierbei in erster Linie an ein Hochzeitsmahl zu denken ist. Auf jede der Anweisungen folgt jeweils eine ausführliche Begründung, die die Zeichenhandlung in Beziehung setzt zur Gerichtsbotschaft, die der Prophet im Auftrag Gottes dem Volk zu verkünden hat.

Natürlich ist immer schon aufgefallen, dass die drei Zeichenhandlungen von ihrer Gewichtigkeit und Brisanz auf einer unterschiedlichen Ebene liegen. Denn die erste Anweisung greift in viel grundlegenderer und existentiellerer Weise in das Leben Jeremias ein als die beiden folgenden[15]. Was Gott ihm hier untersagt, ist ja nichts anderes als das Verbot, ein eigenes Vaterhaus zu gründen. Mit dem Verzicht auf Ehe und Kinder verstößt Jeremia gegen alle gesellschaftlichen Konventionen seiner Zeit, die von einem Mann wie selbstverständlich Heirat und die Zeugung von Kindern erwarten. Zugleich stellt er seine eigene Zukunft in Frage, weil die soziale Absicherung, die Kinder damals ihren Eltern im Alter boten, wegfällt. Überdies beraubt er sich aller sozialen Kontakte, die das Vaterhaus Männern als selbstverständlicher Kommunikations- und Beziehungsraum in der Familie und über sie hinaus bietet.

Mit dem Verzicht auf Ehe und Kinder ist Jeremia gesellschaftlich ausgegrenzt, weil sein Tun vehement allen gängigen Männlichkeitsbildern und -erwartungen seiner Zeit widerspricht. So ist er zum gesellschaftlichen Außenseiter gestempelt, was ihn auch persönlich in die Isolation treibt. Denn ohne das Fundament des Vaterhauses wird es ihm nicht mehr möglich sein, Beziehungen zu leben bzw. zu gestalten. Es ist der eigene soziale Tod, der hier von Jeremia verlangt wird, als grausames und eindrückliches Zeichen für die Todesbotschaft (vgl. V.4!), die er zu verkünden hat.

Die beiden folgenden Anweisungen fügen dem nichts Neues hinzu. Sie veranschaulichen allerdings schlaglichtartig an zwei Beispielen die Auswirkungen eines solchen sozialen Todes. Hochzeit und Begräbnis sind damals wie heute zwei herausragende Anlässe, in denen Menschen wichtige soziale Kontakte pflegen können. Dass Jeremia an solchen Ereignissen nicht mehr teilnehmen soll, verstärkt die Isolation, in die der Prophet gerät.

Ziehen wir ein erstes Fazit: Jer 16 beschreibt in aller Schärfe und Radikalität die Konsequenzen eines Männerlebens außerhalb der Strukturen des Vaterhauses, Dabei fällt auf: Nirgendwo in diesem Kapitel ist auch nur so etwas wie Sympathie für eine solche Lebensweise zu entdecken. Es gibt nichts Erstrebenswertes und Schönes, was auf Jeremia zukommt. Deshalb wird in diesen Versen auch nichts schön geredet, nichts verharmlost und nichts überspielt. Wichtig ist daran zu erinnern: Der Prophet sucht sich dieses Leben außerhalb jeder Beziehung nicht freiwillig aus. Es ist Gott, der ihn auffordert, radikal anders zu leben und in seiner Person zu einem lebendigen Zeichen des drohenden Gerichtes zu werden.

Hat der Prophet nach der Darstellung im Jeremiabuch wirklich das umgesetzt, was ihm Gott hier befiehlt? Es gibt keinen Grund daran zu zweifeln, auch wenn an keiner Stelle im Buch ausdrücklich davon die Rede ist, dass Jeremia sein Leben lang ehe- und kinderlos gelebt hat. Die Ehe- und Kinderlosigkeit passen aber sehr gut in das Bild eines vollkommen isolierten Mannes, wie es auch sonst im Jeremiabuch gezeichnet wird. Ausgrenzung, Spott, Missachtung, Verfolgung und Gewalt prägen das Leben des Propheten, der schließlich nach Ägypten verschleppt wird, wo sich seine Spur verliert. (Jer 43,6). Von keiner anderen Gestalt des Alten Testaments wird uns in vergleichbarer Intensität ein solcher Lebensweg gezeichnet. Und nirgendwo geben uns Texte des Alten Testaments in dieser Dichte und Ausführlichkeit einen Einblick, was eigentlich in einem Menschen vorgeht, der in solch einschneidender Weise über lange Perioden seines Lebens sozial isoliert, von allen Seiten angefeindet und mit Gewalt bedroht ist. Ihren Höhepunkt finden diese Reflexionen in den sogenannten Konfessionen des Jeremia in den Kapiteln 11–20.[16] Bei diesen Texten handelt es sich jedoch weniger um Bekenntnisse als vielmehr um Klagen, die literarisch und thematisch Verbindungen und Verwandtschaft zu den Klagepsalmen aufweisen.

Die erste dieser Konfessionen steht Jer 11,18–23. Sie beginnt mit einer Klage Jeremias über die Mordabsichten, die seine politischen Gegner gegen ihn hegen (11,18–20). Dann nimmt er in einem Gerichtswort die Bewohner von Anatot in den Blick (11,21):

> *Darum – so spricht der Herr gegen die Leute von Anatot, die mir nach dem Leben trachten und sagen: Du darfst nicht als Prophet im Namen des Herrn auftreten, wenn du nicht durch unsere Hand sterben willst.*

Anatot ist nach Jer 1,1 die Heimatstadt des Propheten. In seiner Heimat erfährt der Prophet also nicht nur den Spott seiner Landsleute im Sinne des „Der Prophet gilt nichts eigenen Lande", sondern er wird noch viel massiver mit einer unmissverständlichen Todesdrohung konfrontiert.

Es kommt noch schlimmer: Nach einer weiteren Klage in den Kapiteln 12,1–4 endet die erste „Konfession" mit folgendem Jahwewort in V.6:

> *Selbst deine Brüder und das Haus deines Vaters handeln treulos an dir; auch sie schreien laut hinter dir her. Trau ihnen nicht, selbst wenn sie freundlich mit dir reden.*

Jeremia, der überall und selbst in seiner Heimatstadt auf Ablehnung und Feindschaft stößt, findet selbst in seiner eigenen Familie keine Unterstützung mehr. Im Gegenteil: Auch sie verraten den Propheten und verschleiern dies hinter freundlichen Worten. Der Kontrast zu dem, was im 1 Samuelbuch von David erzählt wurde, ist eklatant: David konnte sich in schwieriger Situation noch auf die Solidarität seiner Herkunftsfamilie verlassen. Dies kann Jeremia längst nicht mehr, ja er muss sich sogar vor seinen Brüdern und seinem Vaterhaus insgesamt in Acht nehmen.

Halten wir also fest, was das Jeremiabuch in seinem Porträt des Propheten als prägend für seine Lebenssituation kennzeichnet: Jeremia stößt überall im Land und selbst in seiner Heimat auf Ablehnung und Feindschaft wegen seiner Botschaft. Auf die Solidarität seiner Familie kann er nicht setzen. Vielmehr muss er zu seinen Brüdern und seinem gesamten Vaterhaus auf Distanz gehen. Die Nähe und Solidarität eines Vaterhauses bleibt ihm auch deshalb verwehrt, weil ihm von Gott Ehelosigkeit und der Verzicht auf Kinder zugemutet wird. Damit macht er sich zudem zu einem gesellschaftlichen Außenseiter.

Jeremia fällt damit aus allen sozialen Bezügen heraus. Er ist in der Tat ein Mann, der von lebenswichtigen Beziehungen abgeschnitten ist. So ist es kein Wunder, dass er in 15,1 in einer weiteren „Konfession" den Tag seiner Geburt verflucht:

Weh mir, Mutter, dass du mich geboren hast, einen Mann, der mit aller Welt in Zank und Streit liegt. Ich bin niemands Gläubiger und niemands Schuldner und doch fluchen mir alle.

In dieser Situation eines Lebens in „abgeschnittenen Beziehungen" gibt es für Jeremia noch einen Ansprechpartner, an den er sich wenden kann und zu dem er eine Beziehung unterhält: Gott. Doch diese Beziehung ist höchst ambivalent. Denn es ist ja Gott, der mit seiner Beauftragung zum Propheten Jeremia erst in diese ausweglose Situation bringt. Aber Gott ist auch der der einzige, an den er sich wenden kann, weil alle menschlichen Beziehungsnetzwerke für Jeremia zerstört oder unerreichbar sind. Der Text, der diese Ambivalenz am eindringlichsten und ergreifendsten zum Klingen bringt, ist die letzte der „Konfessionen" in 20,7–18:

1 Du hast mich betört, o Herr, und ich ließ mich betören; du hast mich gepackt und überwältigt. Zum Gespött bin ich geworden den ganzen Tag, ein jeder verhöhnt mich.

8 Ja, sooft ich rede, muss ich schreien, „Gewalt und Unterdrückung!", muss ich rufen. Denn das Wort des Herrn bringt mir den ganzen Tag nur Spott und Hohn.

9 Sagte ich aber: Ich will nicht mehr an ihn denken und nicht mehr in seinem Namen sprechen!, so war es mir, als brenne in meinem Herzen ein Feuer, eingeschlossen in meinem Innern. Ich quälte mich es auszuhalten und konnte nicht;

10 hörte ich doch das Flüstern der Vielen: Grauen ringsum! Zeigt ihn an! Wir wollen ihn anzeigen. Meine nächsten Bekannten warten alle darauf, dass ich stürze: Vielleicht lässt er sich betören, dass wir ihm beikommen können und uns an ihm rächen.

11 Doch der Herr steht mir bei wie ein gewaltiger Held. Darum straucheln meine Verfolger und kommen nicht auf. Sie werden schmählich zuschanden, da sie nichts erreichen, in ewiger, unvergesslicher Schmach.

12 Aber der Herr der Heere prüft den Gerechten, er sieht Herz und Nieren. Ich werde deine Rache an ihnen erleben; denn dir habe ich meine Sache anvertraut.

13 Singt dem Herrn, rühmt den Herrn; denn er rettet das Leben des Armen aus der Hand der Übeltäter. –

14 Verflucht der Tag, an dem ich geboren wurde; der Tag, an dem meine Mutter mich gebar, sei nicht gesegnet.

15 Verflucht der Mann, der meinem Vater die frohe Kunde brachte: Ein Kind, ein Knabe ist dir geboren!, und ihn damit hoch erfreute.

16 Jener Tag gleiche den Städten, die der Herr ohne Erbarmen zerstört hat. Er höre Wehgeschrei am Morgen und Kriegslärm um die Mittagszeit,

17 weil er mich nicht sterben ließ im Mutterleib. So wäre meine Mutter mir zum Grab geworden, ihr Schoß auf ewig schwanger geblieben.

18 Warum denn kam ich hervor aus dem Mutterschoß, um nur Mühsal und Kummer zu erleben und meine Tage in Schande zu beenden?

Formal enthält diese fünfte und letzte Konfession in den V.7–13 alle Elemente eines Klageliedes des Einzelnen: Anruf Gottes, Klage gegenüber Gott, mit Blick auf die eigene Situation und Feinde, Vertrauensbekenntnis. Etwas ungewöhnlich ist lediglich der Hymnus in V.13. Die Selbstverfluchung V.14–18 ist nicht gattungsgemäß und wurde wohl nachträglich angefügt.[17]

Vermutlich lagen der Psalm bzw. Teile von ihm den Verfassern resp. Redaktoren des Jeremiabuches bereits vor. Durch die Einfügung nach der Episode, in der der Priester Paschhur Jeremia in den Block spannen lässt (20,1–6), wurde der Psalm damit nachträglich für das Porträt des Propheten „biografisiert". Durchaus denkbar ist, dass etwa V.10b ein bewusst gestalteter biografisierender Zusatz ist. Denn die Klage darüber, dass die Feinde sogar aus dem engsten sozialen Umfeld des Propheten stammen, passen in das Bild hinein, das auch sonst im Jeremiabuch gezeichnet wird: All die sozialen Netze, die gerade in Krisenzeiten dem Betroffenen Solidarität und Unterstützung geben sollen, sind im Falle Jeremias komplett zusammengebrochen, ja sie werden selber zum Ort unmittelbarer Gefährdung des Propheten. Das Klagelied verschärft so das Porträt eines Mannes, der völlig allein und isoliert dasteht, der niemand mehr trauen kann und der von allen angefeindet wird. Die angefügte Selbstverfluchung in den V.14–18 lotet die existentielle Dimension seiner Verzweiflung aus. So wendet sich der Prophet an Gott: klagend, anklagend und in aller Hoffnungslosigkeit doch immer noch hoffend.

4. Abgeschnittene Beziehungen – ein Männerthema heute

Leben in abgeschnittenen Beziehungen stellt auch für Männer heute eine Realität dar. Ich denke an Männer, die infolge von Trennung und Scheidung den Kontakt zu ihren Kindern verlieren oder denen der Zugang zu ihnen verwehrt wird. Mir kommen die oft aus Osteuropa stammenden Arbeiter auf unseren öffentlichen und privaten Baustellen in den Sinn, die über lange Zeit von ihren Familien in der Heimat getrennt sind und hierzulande allzu oft unter prekären und unzumutbaren Arbeitsbedingungen leiden. Ich erinnere an Soldaten der Bundeswehr, die nach Auslandseinsätzen wie in Afghanistan mit massiven posttraumatischen Störungen nach Deutschland zurückkehren und große Schwierigkeiten haben, sich in der Heimat wieder zurecht zu finden und Beziehungen zur Partnerinnen, Kindern, Familie und Freundeskreis aufzunehmen. Ich denke auch die Männer, die durch den Verlust ihres Arbeitsplatzes in eine soziale Isolation geraten, oder gerade an die, die auf der Straße leben und aus welchen Gründen auch immer die Brücken zu ihrem früheren Leben radikal abgebrochen haben oder abbrechen mussten.

Diese Liste lässt sich gewiss noch erweitern. Dahinter stehen jeweils ganz persönliche Schicksale und höchst individuelle Erfahrungen. Manchen dieser Männer begegne ich in der Männerarbeit. Ich stelle mir als Männerarbeiter dabei die Frage, ob die gerade besprochenen alttestamentlichen Texte mir dabei helfen können, dass der Kontakt und die Gespräche mit diesen Männern gelingen und in diesem Fall eben nicht abbrechen. Mit anderen Worten: Inwieweit helfen mir die Texte meinen Blick zu schärfen und mich zu sensibilisieren, wenn ich als kirchlicher Männerarbeiter diesen Männern begegne – auch mit eigenen Erfahrungen, was abgetrennte Beziehungen betrifft.

Mir schärfen die „Abtrennungsgeschichten“ um Abraham, Jakob, Mose, David und schließlich Jeremia in dreifacher Weise den Blick:

Die Texte gehen *erstens* von einem Ideal gelungener Beziehungen aus. Dieses Ideal materialisiert sich z. B. im Alten Testament für Männer an einem konkreten Ort: nämlich der Großfamilie, dem „Vaterhaus“. Unsere Geschichten erzählen jedoch zugleich, wie brüchig dieses Ideal sich angesichts der Realität erweist. Geschichten der Abtrennung aus bisherigen Lebensbezügen sind damit immer auch Abschiedsgeschichten von Idealen. Doch ihre Kraft behalten die Ideale weiter. In den oben besprochenen Texten wird dies z. B. sichtbar, wenn Abraham einen Teil seines alten Vaterhauses mitzunehmen sucht oder Mose sich für eine gewisse Zeit ein neues Vaterhaus schafft. Für das Gespräch mit den Männern lerne ich daraus darauf zu achten, welche „Beziehungsideale“ sie in ihren Trennungsgeschichten und in ihrem Trennungsschmerz mit sich tragen.

In den Texten entdecke ich *zweitens* nirgendwo auch nur in Ansätzen so etwas wie eine Heroisierung eines Lebens, in dem Beziehungen keine Rolle (mehr) spielen. Hat die moderne Medien- und Popkultur ja durchaus Männer als „einsame Wölfe“ oder „lonesome cowboys“ inszeniert und idealisiert, so ist dieses Bild dem Alten Testament völlig fremd. Weder Abraham noch Jakob, Mose oder David werden als Männer gezeichnet, die es „alleine packen“. Und gerade das Porträt des Propheten im Jeremiabuch ist nicht das eines einsamen Helden, der souverän und unbeeindruckt von allen Anfeindungen seinen Weg geht, sondern das eines gequälten Mannes, der durch Ausgrenzungs- und Isolationserfahrungen in eine tiefe Existenz- und Gotteskrise gerät. Für das Gespräch mit Männern hilft mir besonders das Porträt des Propheten, kritisch mit Strategien umzugehen, die mit Verweis auf vermeintliche Männlichkeitsideale („Da beißt du dich durch!") den Schmerz und die Trauer, die für Männer nicht weniger als für Frauen hinter Trennungserfahrungen stehen, zu verharmlosen.

Schließlich wird *drittens* in den untersuchten Texten auch nicht vorschnell die „Gotteskarte" gezogen, um die durch die Trennungserfahrungen ausgelösten Folgen zu mildern oder zu bereinigen. Wiederum ist besonders auf das Jeremiabuch zu verweisen: Jeremia erlebt seinen Gott höchst ambivalent. Und dieser Gott wird im Buch eben nicht als der ins Spiel gebracht, der es für den Propheten zum Schluss schon richten und alles zum Guten wenden wird. Denn auch das intensive Gespräch, das Jeremia in der fünften Konfession mit Gott führt und die Hoffnung auf seine Rettung, die allen bisherigen Erfahrungen zum Trotz darin zum Ausdruck kommt, ändert nichts an seiner Vereinsamung und Ausgrenzung, in die ihn sein prophetischer Auftrag geführt hat. Beides bleibt auch so nach Kapitel 20. Und so endet das Buch, was die Hauptperson und deren Gottesbeziehung betrifft, mit einem großen Fragezeichen. Denn was mit Jeremia nach seiner Verschleppung in Ägypten passiert und welche Rolle Gott in seinem Leben weiter spielt, bleibt völlig ungeklärt. Für das Gespräch mit den Männern sagt mir dies, die im Jeremiabuch gespiegelte biblische Erfahrung eines als höchst ambivalent und auch als untätig und fern erlebten Gottes ernst zu nehmen.

Anmerkungen

1 Zur Vorstellung des von Jahwe geführten und siegreich beendeten Krieges gegen die Feinde Israels vgl. *Ruffing*, Andreas (1995), Art. Krieg, in: Neues Bibel-Lexikon Bd. II, Zürich/Düsseldorf, 553–555; *Obermayer*, Bernd (2011), Art. Krieg, in: https://www.bibelwissenschaft.de/stichwort/24120/

2 Die Steinigung Achans wird knapp und ohne Ausschmückungen erzählt. Der Tod des Diebes erscheint als selbstverständliche Konsequenz aus dem Ergebnis des Gottesurteils, das Verfahren als solches wie auch die Berechtigung der Todesstrafe werden – wie in der Bibel sonst auch – nicht in Zweifel gezogen. Die brutale Art der Vollstreckung wirkt sicherlich auf heutige Leserinnen und Leser besonders anstößig.

3 Zur zeitlichen Einordnung des Textes vgl. etwa *Fritz,* Volkmar (1993), Das Buch Josua (Handbuch zum Alten Testament I/7), Tübingen, 8 f.79.

4 Möglicherweise ist die Geschichte bewusst der Darstellung der Wahl Sauls zum König in 1 Sam 10,17–27 nachgebildet. Auch dort wird durch ein Losverfahren der zukünftige König ermittelt und stellt sich Israel zuvor gegliedert auf. In 1 Sam 10 fehlt allerdings interessanterweise die Nennung des Vaterhauses.

5 Vgl. dazu etwa *Biberger,* Bernd (2010), Art. Verwandtschaft (AT), in: https://www.bibelwissenschaft.de/de/stichwort/34203.

6 So werden die Destabilisierung und Zerstörung der Vaterhäuser in prophetischen Texten zu Zeichen und Mittel göttlichen Gerichtes, s. u. S. 112.

7 *Perlitt,* Lothar (1976), Der Vater im Alten Testament, in *Tellenbach,* Hubertus (Hg.), Das Vaterbild in Mythos und Geschichte. Ägypten, Griechenland, Altes Testament, Neues Testament, Stuttgart, 50–101.56.

8 Die Bibeltexte sind im Folgenden der Einheitsübersetzung entnommen.

9 Vgl. z. B. *Willi-Pein,* Ina (2011), Das Buch Genesis. Kapitel 12–50 (Neuer Stuttgarter Kommentar Altes Testament 1/2), Stuttgart, 30.

10 Zu den Bruderkonflikten in der Genesis vgl. auch den Beitrag von Matthias *Millard* in diesem Band. Er vertritt dort ja die These, dass die Trennung zwischen den Konfliktpartnern und damit zumindest zeitweilige Beendigung von negativ belasteten Beziehungen ein Teil der Konfliktlösung ist.

11 1 Sam 17,15 spricht ja ausdrücklich davon, dass David zeitweise vom Hofe Sauls nach Betlehem zurückkehrt, um die Schafe seines Vaters zu hüten.

12 Vgl. auch dazu meine Hinweise in *Ruffing,* Andreas (2008), Väter und Söhne im Alten Testament, in: Bibel und Kirche 3 (2008), 144–148.147 f.

13 Vgl. die Diskussion bei *Fischer,* Georg (2007), Jeremia. Der Stand der theologischen Diskussion, Darmstadt, 118–120.

14 Ebd.,118.

15 Vergleichbar sind allenfalls die Zeichenhandlungen, die der Prophet Hosea vornimmt, der eine Dirne heiratet (Hos 1,2–8), oder Jesaja, der nach Jes 8,1–4 einen Sohn zeugt. Doch der dauernde Verzicht auf Ehe und Kinder hat doch nochmals eine eine andere Qualität.

16 Zum aktuellen Diskussionsstand vgl, *Fischer,* Georg (s. o. Anm. 9), 128–130.

17 Vgl. etwa *Werner,* Wolfgang (1999), Das Buch Jeremia. Kapitel 1–25 (Neuer Stuttgarter Kommentar Altes Testament 19/1), Stuttgart.

Neues Testament

Petrus und Paulus: Zwei ziehen am selben Strang, bisweilen an beiden Enden gleichzeitig

Peter Lampe

Können zwei Einflussreiche sich vertragen? Der eine brachte die nachösterliche Jesusbewegung nach der Katastrophe von Golgotha ins Rollen, indem er als Erster die Vision eines lebenden Jesus empfing. Danach sollte sich diese Vision fünfmal bei anderen wiederholen, wobei der Erstvisionär an zwei oder drei dieser Folgevisionen beteiligt war (1 Kor 15,3–7). Der andere erfand zwar nicht die Heidenmission ohne Toraanforderungen, dachte sie aber theologisch durch und erhob sie zum Lebensprogramm (Gal 1,16), so dass das Christentum rasch Menschen unterschiedlichster Herkunft in verschiedenen Teilen des Reiches ergriff und die ersten Schritte zur Weltreligion unter die Füße nahm.

Ans Wandern waren beide gewöhnt. Hunderte, tausende Kilometer legten die beiden Missionare auf dem Straßennetz des Kaiserreichs zurück. Aber nicht gemeinsam. Der Erstvisionär zog mit seiner Frau durch die Lande und ließ sich von den Gemeinden, in denen sie wirkten, aushalten (1 Kor 9,3–6). Er hatte auch nichts dagegen gehabt, mit seiner Schwiegermutter unter demselben Dach zu wohnen, als er noch im See Genezareth fischte (Markus 1,29–31). Der andere lebte als Asket. Gemeinden, in denen er arbeitete, versagte er das Recht der Gastgeber, sich um seinen Lebensunterhalt zu kümmern. Lieber nähte er mit seiner Handwerkerhand Leinenbahnen zu Zelten zusammen, als sich abhängig von Menschen zu machen, denen er verkündigte. Gratis sollte sein Evangelium sein – nicht erwerbbar. Gottesgeschenk. An diesem Punkt kannte er keine Kompromisse. Zum anderen Geschlecht zog es ihn nicht (1 Kor 7,7). Gleichwohl schätzte er Frauen hoch, als keusche Ehelose oder als Ehefrauen anderer, denen er dieselben Rechte wie den Ehemännern und letzteren dieselben Pflichten wie den Frauen ins Stammbuch schrieb (1 Kor 7,2–4). Zudem schätzte er Frauen als Missionarinnen, deren Einsatz er nicht müde wurde zu loben (z. B. Röm 16,6 f.12). Er sah als selbstverständlich an, dass auch Frauen in den gottesdienstlichen Versammlungen aufstanden und prophetisch redeten (1 Kor 11,5). Erst Epigonen nach seinem Tod nahmen am gemeindeöffentlichen Verkündigen von Frauen Anstoß und legten dem Apostel Worte in den Mund, die er nicht gesprochen hätte (1 Kor 14,34–35; 1 Tim 2,12). Nur einmal glitt er in patriarchale Denkmuster zurück, als er – von seinem östlichen Zuhause her an burkaähnlich verhüllte Frauen in Tarsus gewöhnt (Dio Chrysostomus, Oratio 33,48) – in Korinth einen Kulturschock erlitt. Dort saßen die Frauen ohne Kopfbedeckung im Gottesdienst! Er konnte nicht anders, als mithilfe traditioneller Unterordnungsmuster Einspruch zu erheben (1 Kor 11,2–16).

Es dauerte lange, bis sich beide apostolischen Größen das erste Mal begegneten. Auch später blieben solche Treffen selten. Belegt sind drei – als intensive und folgenreiche.

Erst zwei, drei Jahre nach seinem Damaskuserleben, etwa 34/35 n. Chr., als er im Umkreis seiner Heimatstadt Tarsus evangelisierte – in Kilikien und im nördlichen Syrien (Gal 1,21; vgl. Apg 9,30; 11,25–26) –, weilte Paulus zum ersten Mal als Christ in Jerusalem, zwei Wochen lang, um mit der dortigen Christengemeinde Fühlung aufzunehmen und mit zweien ihrer Leiter zu sprechen: mit Petrus und dem Herrenbruder Jakobus, die beide den Meister in seinem galiläischen Wirken aus nächster Nähe erlebt und ihn als auferstandenen Herrn gesehen hatten – noch vor Paulus Damaskusvision (Gal 1,18–20). Andere Apostel traf er bei diesem Jerusalembesuch nicht (1,19).

Petrus beherbergte während der fünfzehn Tage den kilikischen Gast aus der Diaspora (Gal 1,18b). Über was sich die beiden unterhielten, ist nur zu erahnen. Paulus wird im Einzelnen erzählt haben, wie aus dem pharisäischen, toraeifernden Christenverfolger (um Damaskus herum), dessen schlechter Ruf bis Judäa gedrungen war (1,23), ein glühender Bekenner des Christenglaubens geworden war; auch die Kunde von dieser Kehrtwendung hatte sich bis Judäa herumgesprochen (1,23). Petrus und die judäischen Christen priesen Gott für diesen Wandel, so behauptet Paulus später (1,24). Aber sie dürften sich auch ein wenig das Kinn gerieben haben: Jemand, der nie den irdischen Jesus kennengelernt hatte und aus der Diaspora kam, behauptete, wie die palästinischen Apostel den Auferstandenen gesehen zu haben und von diesem selbst zum Apostolat beauftragt zu sein. Was wollte dieser Seiteneinsteiger aus Kleinasien, dieser womöglich selbsternannte Prediger? Gleichwohl, sie empfingen den Bruder gastfreundlich, obwohl sie ihn vorher nie zu Gesicht bekommen hatten (1,22). Überregionaler Zusammenhalt unterer Schichten, der sich in Gastfreundschaft gegenüber unbekannten Gleichgesinnten zeigte, kennzeichnete die Christen von Anbeginn und hob sie vom Rest der kaiserzeitlichen Gesellschaft ab, in der in der Regel nur Mitglieder der Adels, allen voran senatorische Familien, sich reichsweit zusammengehörig fühlten.

Bildungsmäßig überragte Paulus den Fischer vom Galäischen Meer. In den hellenistischen Synagogen seiner Heimatstadt Tarsus aufgewachsen, zeigte Paulus sich nicht unbeleckt von rhetorischer Bildung in seinen Korrespondenzen. Zudem bekam ein Einwohner von Tarsus – trotz der Burkafrauen – wenigstens einen Hauch hellenistischer Bildung zu spüren. Paulus älterer Zeitgenosse Strabo (14.5.13–15), selbst Kleinasiat und weit gereist, bewunderte blühende Schulen von Philosophielehrern und Grammatikern in Tarsus. Zahlreiche Tarsier, so schrieb er, widmeten sich dem gesamten Bildungsspektrum, auch der Poesie und der Eloquenz, mit der viele aus dem Stegreif ausgiebig über beliebige Sujets zu sprechen vermochten. Der junge Paulus wird auf dem Forum die Beredsamkeit der Anwälte bewundert haben, wenn sie gegeneinander prozessierten und dabei das umstehende Volk unterhielten.

Mit Zugang zum Mittelmeer und am Knotenpunkt zweier Handelsstrassen – eine führte von Tarsus zum Schwarzen Meer, die andere von der ägäischen Küste bis zum syrischen Antiochien – blühte Tarsus auch wirtschaftlich. Der Zeltmacher Paulus arbeitete in der für die Stadt charakteristischen Textilindustrie. Viele Juden besaßen das Stadtbürgerrecht (vgl. Apg 21,39). Ob Paulus auch das römische besaß (Apg 22,25.29; 23,27; 16,37), bleibt umstritten.

Anders der Fischer aus Bethsaida am Nordostufer des Sees Genezareth im Hinterland Israels, weitab der Metropolen. Aramäisch sprechend, wird er das Griechische kaum fließend beherrscht haben. Schriften oder Briefe hinterließ er nicht. Aber Jesus aus Nazareth hatte an ihm und seinem Bruder Andreas Gefallen gefunden und sie als erste dafür begeistern können, Frau, Haus, Schwiegermutter und Fischernetze zeitweilig zu verlassen, um mit ihm zusammen durch Galiläa ziehend das Volk auf das Nahen des Gottesreiches vorzubereiten. Wanderradikal, begeisterungsfähig, visionär. In diesen Eigenschaften kamen sich Petrus und Paulus nahe – trotz aller Unterschiede.

So wird ungeachtet größerer Bildung und Eloquenz beim Schreiben der hellenistische Judenchrist Paulus sich vor Petrus in Jerusalem nicht geplustert haben. Denn auch an einem anderen Punkt kamen beide sich nahe. Sie trugen jeder an einer Hypothek aus jüngster Vergangenheit. Petrus hatte seinen Meister in dessen letzten Stunden im Stich gelassen, jegliches Zugehören zu ihm geleugnet und das Weite gesucht. Auf Paulus Gewissen lastete sein Christenverfolgen (Phil 3,5–6), so dass er es in Galater 1 gleich zweimal erwähnen muss (Gal 1,13.23). Im Ersten Korintherbrief (15,9) nennt er sich aufgrund dieser Hypothek den Geringsten unter den Aposteln (1 Kor 15,5–8).

Was immer die beiden in Jerusalem besprachen, Paulus betont zwei Jahrzehnte später im Streit mit den Galatern, dass niemand ihn während seines damaligen Jerusalembesuches für seine Evangeliumsverkündigung belehrt, vielmehr einzig und allein der Auferstandene ihn instruiert und gesandt habe (Gal 1,11–12.16–19). Sein Apostolat sei von Anfang an unabhängig von Jerusalem gewesen, niemandem dort untergeordnet, weshalb er auch nicht im Namen irgendwelcher Jerusalemer Größen des Irrtums geziehen oder korrigiert werden könne. Auch wenn Petrus beim ersten Besuch in Jerusalem dem Bruder aus Kleinasien vieles über den irdischen Jesus erzählt haben wird, verstand Paulus dies im Rückblick nicht als Lehrer-Schüler-Verhältnis, sondern als Austausch auf Augenhöhe. Der auferstandene Herr selbst hatte ihn ebenso berufen wie den Petrus. So verstand er sich. Und Petrus, ein auf Ausgleich bedachter Mann, wie die späteren Ereignisse zeigen werden, ließ sich auf dieses Selbstverstehen des Paulus ein; spätestens beim nächsten Zusammentreffen sollte sich dies erweisen. Beide respektierten sich, ohne auf den anderen herabzuschauen.

Freilich, erst über ein Dutzend Jahre später trafen beide wieder aufeinander, um das Jahr 48 herum und wiederum in Jerusalem (Gal 2,1–10). Petrus hatte mittlerweile in Jerusalem, Judäa und Samaria Juden missioniert (Apg 5; 8–11;[1] Gal 2,8), Paulus seinerseits seine Heimatbasis ins syrische Antiochien verlegt. Die dortige Christengemeinde, im Ursprung auf den Jerusalemer hellenistisch-judenchristlichen Stephanuskreis zurückgehend, hatte sich seit ihren Anfängen offen für die Aufnahme von Nichtjuden in die eigenen Reihen gezeigt (Apg 11,19–26), so dass Paulus hier offene Ohren und helfende Hände für das Programm der Heidenmission gefunden hatte. Von dieser Basis aus hatte er auf Zypern, am gegenüberliegenden kleinasiatischen Küstenstrich Pamphylien und in den nördlich daran angrenzenden Landschaften Pisidien und Lykaonien Nichtjuden gepredigt, im Doppelgespann mit Barnabas (Apg 13–14; Gal 2,8b).

Diese Mission unter Heiden (Gal 2,8b) warf die Frage auf, wieweit die Tora für die dazugewonnenen Nichtjuden zu gelten habe. Sollten sie sich beschneiden lassen, dem Volk Israel beitreten und die Tora auf sich nehmen, bevor sie – innerhalb Israels als dessen geretteter Kern – Christen zu werden vermochten? Um die Frage mit den Jerusalemern abzustimmen, insbesondere mit den dort wirkenden Gemeinde-„Säulen“ Petrus, Jakobus und Johannes, die Jesus nahe gestanden hatten (Gal 2,6.9), reisten Paulus und Barnabas von Antiochien ins judäische Gebirge nach Jerusalem hinauf. Mit sich nahmen sie Titus, einen unbeschnittenen Neubekehrten, in der Hoffnung, die Jerusalemer, vor allem die drei „Säulen“, würden das torafreie Verkündigen für hellenistische Nichtjuden billigen.

Die Nachwelt redet von diesem Jerusalemer Treffen als dem „Apostelkonzil“. In der Tat, dem Treffen kam Bedeutung zu, insofern es die junge christliche Bewegung wenigstens ein Stückweit davor bewahrte, in Gruppierungen zu zerfallen, die nichts mehr miteinander zu tun haben wollten: in eine toratreue Christenfraktion innerhalb des Judentums und eine torafreie Heidenkirche.

Wie bei jedem „Konzil“ wurde laut gestritten. Die Torafreiheit der von Paulus und Barnabas gewonnenen Heidenchristen wurde beileibe nicht von allen Jerusalemern begrüßt. Eine Fraktion innerhalb der Gesamtgemeinde – Paulus beschimpft sie Gal 2,4 als Falschbrüder, die durch Gewährsleute die Torafreiheit der paulinischen Mission ausspioniert hätten – forderte, dass Paulus und die von ihm Neubekehrten sich den Toravorschriften zu unterwerfen hätten (Gal 2,4c). Paulus hielt kompromisslos dagegen (2,5). Eine Einigung war im Plenum der Gemeinde nicht zu erzielen. So trafen die antiochenischen Abgesandten die „Säulen“ nochmals „gesondert“ (*kat'idian*) in kleiner Runde. Die „Säulen“ gaben den Heidenmissionaren Recht, „da sie die Gnade erkannten, die mir (von Gott) geschenkt worden war“ (2,9). Sie reichten Paulus und Barnabas die Hand und kamen überein, die bisherige Praxis beizubehalten: Petrus sollte weiterhin unter Juden toratreu und Paulus und Barnabas, wie gehabt, unter Nichtjuden torafrei evangelisieren (2,9), so dass Titus unbeschnitten wieder nach Hause reisen durfte (2,3.6). Galt der Handschlag als Zeichen kirchlicher Gemeinschaft mit den Jerusalemer „Säulen“ und ihrem moderaten Anhang in der Gemeinde (2,9), so konnte auch die am Schluss mit ihnen vereinbarte Geldsammlung als Zeichen kirchlicher Gemeinschaft verstanden werden: Die neu hinzugewonnenen heidenchristlichen Gemeinden sollten für die Bedürftigen in der Jerusalemer Gemeinde Geld sammeln (2,10), um vermutlich auch auf diese Weise christliche Gemeinschaft über ethnische Grenzen hinweg zu dokumentieren.[2]

Petrus zeigte sich auf dem denkwürdigen Jerusalemer Treffen konziliant und integrativ, auf kirchliche Einheit bedacht, was auch beim dritten Zusammensein der beiden Apostelfürsten zutage treten sollte. Schmerzlich blieb, dass die Fraktion der christlichen Toraeiferer, die das Christentum als erwählten Kern Israels verstanden und deshalb die Tora auch Heidenchristen aufzuerlegen suchten, den Konsens mit den „Säulen" und anderen Moderaten nicht mittrugen. Zeitlebens sollten diese Hardliner Paulus von Jerusalem aus das Leben schwer machen, in seinen Gemeinden Unruhe schüren, vor allem in Galatien, was dem Galaterbrief seinen Anlass gab. Misslich war auch, dass ein Problem in Jerusalem nicht gelöst wurde: die Frage, wie denn Gemeinden verfahren sollten, die sowohl toratreue als auch torafreie Mitglieder zählten und diese an einem eucharistischen Tisch versammeln wollten, an dem in der Frühzeit des Christentums Sättigungsmahlzeiten stattfanden. Wer toratreu lebte, vermochte nicht ohne weiteres mit Leuten zu Tische zu liegen, die jegliche Speisevorschriften der Tora ignorierten. Hier lag Zündstoff für künftigen Streit.

Schon bald sollte Konflikt aufflammen (Gal 2,11–21), wahrscheinlich bereits ein paar Monate später im Jahre 49 (spätestens im Jahr 52). Petrus war mittlerweile nach Antiochien gereist und hatte dort, wiewohl Judenchrist, frei von jüdischen Speisevorschriften mit den dortigen Heidenchristen Tischgemeinschaft gepflegt. Auch wenn, wie es im Jerusalemer Konsens festgehalten war, in der Judenmission die Tora nicht angetastet werden sollte, waren christliche Juden wie Paulus, Barnabas und Petrus frei, sich nicht an die Toraregeln zu halten. Doch dann trafen Anhänger des Jakobus aus Jerusalem als Gäste in Antiochien ein, die sich nicht darauf verstanden, ihre toramotivierten diätischen Regeln aufzugeben. Sie konnten nicht mit gesetzesfreien Heidenchristen zu Tische liegen, ohne sich dabei zu verunreinigen und so, wie sie es verstanden, Gott ungehorsam zu werden. Petrus versuchte zu vermitteln, die Einheit zu bewahren: Er legte sich mit an den Tisch der Jakobusleute und observierte dabei wieder die jüdischen Speisegesetze. Auch ermutigte er die übrigen antiochenischen Christen, auch die aus dem Heidentum, es ihm gleich zu tun – mit Erfolg, denn viele, einschließlich Barnabas, folgten ihm.

Damit wäre das Problem friedlich gelöst gewesen. Doch Paulus forderte Petrus gemeindeöffentlich heraus, warf ihm Heuchelei vor und Verrat am Evangelium. Wer die Tora wieder für sich aufrichte, obwohl er sie vorher für sich „abgebrochen" hatte (2,18), und Heidenchristen zu Toragehorsam anstifte (2,14), „erkläre die Gnade Gottes" in Christus „für ungültig" (2,21), die sich abseits aller Symbole jüdischer Partikularität bedingungslos *allen* Menschen zuwenden möchte. Nicht die jüdische Tora bringe Gott näher, allein das Vertrauen (*pistis*) auf Jesus Christus zähle (z. B. 2,16).

Wir wissen nicht genau, mit welchen Worten Paulus Petrus in Antiochien anklagte. Paulus Erinnerung an die Scheltrede circa sieben Jahre später im Galaterbrief wird durch die galatische Situation gefärbt sein, in der toraeifrige Judenchristen die heidenchristlichen Galater bedrängen, sich auf die Tora einzulassen, da nur innerhalb Israels das Heil in Christus zu erlangen sei. Etwas unfair rückt Gal 2,11–21 den Kollegen Petrus in die Nähe der galatischen Gegner. Aber Petrus wird mit seiner damaligen versöhnlichen Geste, sich der Tischrunde der Jakobusleute zuzugesellen, koscher zu essen und so sicherzustellen, dass die anderen am Tisch sich nicht verunreinigt fühlten und ihr Gewissen belasteten, kaum ein soteriologisches Statement im Sinn gehabt haben. Vielmehr war dem Menschenfischer die Gemeinschaft innerhalb der Gemeinde wichtig.

Petrus hätte in Antiochien eine Argumentation vortragen können, die Paulus im ausgewogeneren Römerbrief nicht allzu lang nach dem Galaterbrief selbst vortragen sollte. In Römer 14 f versucht Paulus zwei verfehdete römische Fraktionen zu versöhnen, die keine Gemeinschaft mehr miteinander pflegten, vielmehr sich gegenseitig „verachteten" und „richteten" (Röm 14,3 f.10.13). Die eine war judenchristlicher Provenienz und observierte Regeln, die am besten von Voraussetzungen jüdischer Gesetzespraxis her zu verstehen sind (14,2.5.21).

Sie verzichteten auf Fleisch- und Weingenuss und hielten bestimmte Tage ein, wahrscheinlich Sabbat und sonstige jüdische Fasten- und Feiertage. Gänzlicher Fleischverzicht (vgl. auch Josephus, Vita 13–14; Dan 1,5.8.10.12.16) war angezeigt, wenn kein jüdischer Fleischer in der Nähe wohnte, der toratreu die Schlachttiere schächtete. Wer auf dem Macellum um die Ecke einkaufte, bekam dort nicht geschächtetes Fleisch, sondern in der Regel an den heidnischen Tempeln Geschlachtetes, „Götzenopferfleisch", wie es Juden nannten. Auch Wein aus heidnischer Produktion konnte als bedenklich eingestuft werden; da verzichtete man lieber (vgl. Dan 1,5.8.10.12.16; Josephus, Vita 74: selbst von Griechen verkauftes Öl konnte von Torafrommen verschmäht werden).

Die andere, „stark" im Glauben, argumentierte, dass sie alles essen könne (Röm 14,2), keine Speise verunreinigend von Gott entferne, vielmehr allein das Sich-Verlassen auf Christus zähle. Obwohl Paulus mit den „Starken" sympathisierte (14,3c–4.14), ermahnt er sie, Rücksicht auf die „Schwachen" zu nehmen, um diese nicht in Gewissenskonflikte zu stürzen. Die „Starken" sollen darauf achten, den anderen keinen Anstoß mit ihrer freiheitlichen Praxis zu geben (14,13c.15). Da Speisen ein Adiaphoron sind, theologisch neutral (14,17: „Das Reich Gottes ist nicht Essen und Trinken"), sollen die „Starken" um der Liebe willen auf ihre an sich legitimen Freiheiten auch einmal verzichten und sich ebenfalls von Fleisch und Wein enthalten (14,21), wenn so friedliche (14,19) Tischgemeinschaft mit den „Schwachen" gepflegt werden kann, die „auferbaut" (14,19). Hier setzt Paulus dieselben Prioritäten, wie sie Petrus bereits in Antiochien sah. Er kommt in Röm 14–15 nicht wie in Antiochien auf die Idee, dass ein aus rücksichtvoller Liebe zu Schwächeren geborenes Beachten toramotivierter Speiseregeln ein soteriologisches Statement abgebe. Hat er im Römerbrief dazugelernt, nachdem er in 1 Kor 8–10 bereits einen ähnlichen Fall zu regeln hatte, in dem freilich keine toramotivierten Speiseverhalten zur Debatte standen?

Petrus hätte in Antiochien mit der paulinischen Rücksicht auf „Schwache" argumentieren können. Tat er es? Warum tat Paulus es nicht? Vermochte er in den Jakobusleuten keine „Schwachen" zu sehen, deren Christusglauben noch nicht gefestigt genug war, die Tora loszulassen? Nahm er die Jakobusleute vielmehr als aggressive Hardliner wahr, wie er sie auf dem „Apostelkonzil" erlebt hatte? In Gal 2,12 behauptet er, die Jakobusleute hätten Petrus „Furcht" eingeflößt. Wir wissen zu wenig, um zu entscheiden, ob Paulus in Antiochien die Rollen von „stark" und „schwach" anders verteilt sah als Petrus oder ob der Heidenmissionar zwischen der Abfassung von Gal 2 und Röm 14–15 dazulernte. Wir ahnen nur soviel, dass Paulus mit seiner antiochenischen Scheltrede nur begrenzt Anklang fand, jedenfalls nicht bei den antiochenischen Judenchristen und nicht einmal bei Barnabas (Gal 2,13), seinem Partner in der Heidenmission. Bald nach dem Konflikt verließ Paulus Antiochia und kehrte möglicherweise nie dorthin zurück (vgl. Apg. 15,35 ff). Gaben sich Paulus und Petrus beim Abschied wieder die Hand? Wir wissen es nicht. Vermutlich sind beide sich nie wieder begegnet.

Paulus hatte sich im 1 Korintherbrief (1–4) jedoch noch einmal mit Spuren petrinischen Wirkens auseinanderzusetzen. In Korinth hatten sich nach den Aposteln Paulus, Apollos und Petrus benannte Gruppen herausgebildet, die sich gegeneinander aufblähten, indem sie die Vorzüge je „ihres" Apostelhelden priesen. Diese Leute fühlten sich je „ihrem" Apostel verbunden, weil sie, wie es scheint, von ihm in den Christenglauben eingeführt oder von ihm besonders unterwiesen worden waren. Unter den Argumenten, die Paulus gegen solchen Parteienunsinn aufführt, taucht in Kap. 3 auch auf, dass selbst verehrte Apostel sich vor Gottes Gericht noch zu verantworten hätten und deshalb nicht verabsolutiert werden dürften. Er führt diesen Gedanken an den Beispielen des Apollos und seiner selbst aus. Nur stillschweigend zwischen den Zeilen schwingt mit, dass dasselbe auch für Petrus gilt, also auch der berühmte Erstvisionär von Gott noch gerichtet werden wird und deshalb nicht von Epigonen in den Himmel gehoben werden kann, ebensowenig wie Apollos und Paulus selbst. Nach dem antiochenischen Konflikt behandelt

Paulus Petrus mit rhetorischem Samthandschuh. Er kennzeichnet die Methode, eine Aussage stillschweigend zwischen den Zeilen zu verbergen, in 4,6 korrekt als *schema,* als rhetorische Figur (*metaschematizein*). Soll der rhetorische Samthandschuh gutmachen, was mit der Schelte in Antiochien zerbrach? Auch hier vermögen wir nicht, in das Herz der Protagonisten zu schauen. Zeitlich nicht zu weit vom 1 Korintherbrief entfernt scheut Paulus sich nicht, die mündliche Schelte von Antiochien im Galaterbrief zu protokollieren (Gal 2). Wenn er den Eindruck gewann, dass der Kern seines Evangeliums zu verteidigen war, kannte er keine persönliche Rücksicht. Dann schaltete er auf Kampf, streifte Samthandschuhe ab und schnitt mit der Feder scharfe, abgrenzende Konturen.

Das Quellenmaterial, insbesondere der Eindruck einer Spannung zwischen Gal 2 und Röm 14–15, aber auch zwischen Gal 2 und dem *schema* von 1 Kor 1–4, deutet das Bild eines spannungsgeladenen, von Brüchen gezeichneten Paulus an. Es passt zum kreuzestheologischen Selbstverständnis des Paulus, mit Christus mitgekreuzigt zu sein – was auch bedeuten konnte, Fragmentarisches in der eigenen Identität zuzulassen. Für Paulus stellte sich radikale Selbsthingabe an Gott als Zum-Abbild-Werden eines Gekreuzigten, eines Gebrochenen dar (z.B. 2 Kor 4,10–12).

Sahen die beiden Apostelfürsten sich in ihrem Leben nie wieder, so wurden sie in der Selbsthingabe des Todes wieder vereint: als römische Märtyrer.[3] Paulus erreichte im Zuge seines Prozesses Rom (Apg 28) und erlitt wohl bereits zu Beginn der 60er Jahre den dortigen Märtyrertod, vermutlich noch bevor Petrus dort eintraf. Trotz einer lebhaft geführten Historikerdebatte[4] fand auch Petrus mit aller Wahrscheinlichkeit in Rom den Tod, gekreuzigt in den Vatikanischen Gärten im Zuge der Neronischen Verfolgung des Jahres 64. Spätestens um 200 zeigten römische Christen wie der Antimontanist Gaius (in Eusebius, Hist. Eccl. 2,25,7) Gästen in Rom ein Paulusgrab an der Strasse nach Ostia und ein Petrusgrab auf dem Vatikan, die heute von Basiliken überwölbt werden. Beiden Aposteln gemeinsam wurde zudem in der Mitte des 3. Jahrhunderts eine Erinnerungsstätte draußen an der Via Appia gewidmet, die sog. Apostelmemorie unter San Sebastiano, die Pilger 60–70 Jahre lang besuchten, um Gedächtnismahlzeiten für die beiden Apostel abzuhalten. Sie übersäten die Kultstätte mit Graffiti, in der sie die beiden Märtyrerapostel anriefen – um Fürsprache zum Beispiel bittend: „Petrus und Paulus, betet für N. N."[5] Katakombenfresken zeigen Paulus fast nur zusammen mit Petrus. Auch theriomorph wurde das Märtyrerpaar dargestellt, vor allem als das Opferlamm Christus flankierende Schafe. Nicht nur in der Literatur (z. B. 1 Clem 5,4; 6,1–2; Gaius in Eusebius, Hist. Eccl. 2,25,7), auch in der Kunst wurde so das Märtyrerpaar zu einem Standardmotiv, das selbst auf Glasobjekten und Medaillons prangte, beide friedlich vereint. Einen vorläufigen Höhepunkt erreichte die gemeinsame Verehrung der beiden in einer Inschrift des Papstes Damasus (366–384 n. Chr.),[6] der die alte Vorstellung, dass Petrus und Paulus nach ihrem Martyrium in den Himmel aufgenommen wurden, politisch retouchierte, indem er auf die Kaiserapotheosen anspielte („*per astra secuti*"). Der lokale Kult für die Apostelfürsten war Damasus wichtig, vermochte er doch das Primatsbestreben des römischen Bischofs zu stützen. Im Handumdrehen naturalisierte Damasus die beiden Apostel, indem er sie angesichts ihres Blutopfers zu wahren römische Bürgern („*cives*") adelte. Vom orientalischen Fischer und Zeltmacher zu kaisergleichen Römern. Beide historischen Figuren wären wahrscheinlich peinlich berührt gewesen, hätten sie ihre kultische Verehrung vorausgesehen – und darin wären sie sich wieder einig gewesen.

Im Rückblick lässt sich fragen, ob die Interaktion zwischen den beiden Aposteln „männerspezifisch" war. Viele Männer kennen dergleichen. Aber „spezifisch" wird die Interaktion kaum zu nennen sein. Auch Frauen können radikal in der Hingabe an eine Sache sein. Wie Paulus scheuen auch Frauen Konflikte nicht oder nehmen ähnlich Rücksicht. Wie Petrus sind auch Frauen auf Ausgleich und Integration bedacht. Mag es geschlechterspezifische Nuancen beim je konkreten Wie geben, das ausgebreitete Material zeigt, dass grobkörnige Geschlechterklischees wie „Frauen sind integrativ, Männer konfliktbereit" schnell zu einem Ende kommen.[7]

Anmerkungen

1 Dass er selbst die Wende zur gesetzesfreien Heidenmission einleitete, wie Lukas in diesen Apg-Kapiteln behauptet, ist historisch wenig wahrscheinlich. Zu Lukas' Agende gehört, in seiner eigenen kirchenpolitischen Situation der 80er/90er Jahre das in Verruf geratene paulinische Erbe zu verteidigen. Er tut dies u. a. damit, dass er den Ursprung der paulinischen Heidenmission mit der unumstrittenen Autorität des Petrus verbindet.

2 Schwang auch die Hoffnung mit, eine großzügige Geldspende seitens der torafreien Heidenchristengemeinden werde die radikal toratreue Fraktion in Jerusalem auf Dauer von der paulinischen Heidenmission überzeugen?

3 Vgl. u. a. 1Clem 5,1–4; 6,1 f; 1 Petrus 5,1.13; 2 Petrus 1,14; Joh 21,18–19; 3,36; Tacitus, Annales 15,38–44; Ignatius, Rom 4,3; Gaius in Eusebius, Hist. Eccl. 2,25,7; Dionysius of Corinth, in Eusebius, Hist. Eccl. 2,25,8; Irenaeus, Haer. 3,1,1; Tertullian, Praescr. 36; Origen, in Eusebius, Hist. Eccl. 3,1,2–3; Martyrium Ascensio Isaiae 4,2 f.

4 Siehe z. B. S. Heid et al. (eds.), *Petrus und Paulus in Rom: Eine interdisziplinäre Debatte* (Freiburg: Herder, 2011); O. Zwierlein, *Petrus in Rom: Die literarischen Zeugnisse, mit einer kritischen Edition der Martyrien des Petrus und Paulus auf neuer handschriftlicher Grundlage* (Berlin: de Gruyter, 2009).

5 Zu dieser Kultstätte und zu den folgenden kunstgeschichtlich-archäologischen und epigraphischen Befunden P. Lampe, *Archaeological and Iconographic Vestiges of Peter Veneration in Late Antiquity at Rome*, in Helen K. Bond and Larry W. Hurtado (eds.), *Peter in Early Christianity.* Grand Rapids: Eerdmans, 2015 (im Druck).

6 Ed. A. *Ferrua*, Antonio (1942), Epigrammata Damasiana: Recensuit et Adnotauit (SSAC 2) Rome: Pontificio Istitutio di Archeologia Cristiana, 1942), Nr. 20.

7 Paulus' verbale Konfliktbereitschaft konturiert sich besonders scharf in den Schlusskapiteln des 2. Korintherbriefes. Ich habe Paulus' dortige Rhetorik mit zeitgenössischer (männlicher) Streitkultur verglichen: *Lampe*, Peter (2010), Can Words be Violent or Do They Only Sound That Way? Second Corinthians: Verbal Warfare From Afar as a Complement to a Placid Personal Presence, in: *Sampley*, J. Paul/*Lampe*, Peter eds., Paul and Rhetoric, New York/London, 223–239. Gerne wüssten wir mehr über antike spezifisch weibliche Streitkultur. Zeugnisse wie die Xenophons (Symp. 2.10) über Sokrates Frau befördern eher von Männern gepflegte Klischees, als

dass sie informieren. Als Gegenwartsstudien zu geschlechterspezifischem Konfliktgebaren vgl. z.B. *Heavey*, Christopher L./*Layne*, Christopher/*Christensen*, Andrew (1993), Gender and conflict structure in marital interaction: A replication and extension, *Journal of Consulting and Clinical Psychology* 61/1 (1993) 16–27. Zur besseren Konfliktlösungsfähigkeit von Frauen (vermehrt kollaborative Konfliktlösungsstrategien bei Frauen, während Männer eher existierenden Konflikten aus dem Weg gehen und damit disruptiv im Lösungsprozess wirken) siehe *Brahnam*, Sheryl D./*Margavio*, Thomas M./*Hignite*, Michael A./*Barrier*, Tonya B./*Chin*, Jerry M. (2005), A gender-based categorization for conflict resolution, Journal of Management Development 24/3 (2005) 197–208.

„Denn auch wir sind schwach in ihm“ (2Kor 13,4) – Paulus und sein Leib im Medium seiner Briefe

Hans-Ulrich Weidemann

Auf den ersten Blick ist es überraschend, in einem Band über Männerbeziehungen einen Aufsatz zu finden, in dem es nicht um die Beziehungen einer biblisch bezeugten Person zu konkreten Mitmenschen geht. Im Falle des Paulus würde es sich ja anbieten, seine Beziehungen zu Mitarbeitern, Gegnern oder zu seinen Gemeinden zu thematisieren.[1] Stattdessen geht es hier zunächst um das Verhältnis des Apostels zu sich selbst, konkret darum, wie er sich selbst und seinen Körper in seinen Briefen zum Thema macht, zur Sprache bringt. Es geht also um sein Selbst-Verhältnis, sein Verhältnis zu sich selbst als Mann, als Apostel, als Eigentum Jesu Christi, aber dies natürlich insofern als er es in Briefen an seine Gemeinden – und also eben nicht „persönlich“ oder „privat“ – zur Sprache bringt. Wenn Paulus über sich selbst an andere schreibt, dann fließen Selbst-Reflexion und Selbst-Präsentation auf charakteristische Weise zusammen.

1. Der Leib des Paulus

1.1 „Leib“ (soma) als Beziehungsbegriff

Charakteristisch ist dabei bereits die Tatsache, dass Paulus sich selbst thematisiert, indem er über seinen „Leib“ bzw. „Körper“ schreibt, griechisch: sein *soma*. Wenn er dieses Stichwort, immerhin „ein Angelpunkt in der Theologie des Paulus“,[2] zur Selbstbeschreibung verwendet, spricht er jene Dimension an, die den einzelnen „Beziehungsgeschichten“ zugrunde- oder auch vorausliegt. Denn obwohl Paulus z.B. in 1 Thess 5,23 in fast klassisch „griechischer“ Manier „Seele, Geist und Körper“ aufzählt, so belegen doch viele andere Stellen das berühmte Diktum Rudolf Bultmanns, wonach der Mensch im Sinne des Apostels keinen Leib *hat*, sondern Leib *ist*.[3] In seiner klassischen Darstellung der paulinischen Anthropologie hatte Bultmann herausgearbeitet, dass für Paulus das *soma* nicht etwas dem eigentlichen Ich des Menschen äußerlich Anhaftendes ist, sondern die Person als Ganze bezeichnet. Der Mensch könne *soma* genannt werden sofern er ein Verhältnis zu sich selbst hat.[4] Paulus schreibt demnach über sich als *soma*.

In der von Bultmanns Entwurf ausgelösten Debatte hatte insbesondere Ernst Käsemann herausgestellt,[5] dass Paulus den Menschen – und ebenso sich selbst – mit dem Stichwort „Leib“ als *Beziehungswesen* kennzeichnet, als Wesen also, das durch Weltbezogenheit, d.h. Zugehörigkeit und Teilhabe,[6] Herrschen und Beherrschtwerden, modern ausgedrückt: durch Kommunikation im weitesten Sinne, konstituiert wird. *soma* liegt als entscheidendes Medium von Kommunikation und Herrschaft allen anderen sozialen Beziehungen voraus und zugrunde. Erhardt Güttgemanns formuliert das so: Das *soma* „bezeichnet den ganzen Menschen in seiner Relation zu einem Gegenüber bzw. als den ‚Ort‘, an dem die mit Jesu Kreuz und Auferweckung vollzogene Wende von der Vergangenheit zur Zukunft konkret auf dem Spiele steht“.[7] Laut Klaus Berger ist „Leib“ bei Paulus „ein Wort für den ganzen Menschen, jedoch nicht in der Abgeschlossenheit unseres Personenbegriffs, sondern als Kontaktwesen in Beziehung zu Mitmenschen, Gott und Sünde.[8] „Leiblichkeit“ des Menschen bedeutet also, dass er nicht für sich ist,[9] dies schließt aber zugleich die Erfahrung von Abhängigkeit mit ein, denn als *soma* ist der Mensch Herrschaftsbereich, ist er immer Eigentum anderer Mächte und Gewalten. Das können menschliche Herrschaftsstrukturen sozialer, politischer und ökonomischer Art sein, aber auch überweltliche „Mächte und Gewalten“ (vgl. Röm 8,38f.), darunter auch „das Gesetz“ sowie „Sünde und Tod“ (1 Kor 15,56f.).

Demgegenüber wird in der neueren Debatte aber auch in Erinnerung gerufen, dass zu *soma* immer auch Materialität, Sichtbarkeit, Masse und Begrenztheit, also „Körperlichkeit" im engeren Sinne, hinzugehören.[10] Treffend spricht die englische Literatur daher von *soma* als verkörpertem Dasein (*embodied existence*), als „Verkörperung" (*embodiement*).[11] Vor allem aber fungiert der Körper eines Mannes in vielen Kontexten des antiken Mittelmeerraumes als symbolisches Medium, um Ehre und Schande zu visualisieren, als durch körperliches und geistiges Training (*askesis*) zu formendes Instrument der öffentlichen Performanz von Maskulinität.[12]

Wenn dem so ist, dann steht zu erwarten, dass in den paulinischen Gebrauch des Wortes „Leib" die Erfahrungen des Apostels mit seinen Mitarbeitern und Gemeinden, aber auch mit seinen körperlichen Stärken und Schwächen, mit seiner Männlichkeit und mit seiner Sexualität eingeflossen sind, außerdem die bedrängende Erfahrung seiner Hinfälligkeit und Sterblichkeit und die Auseinandersetzung mit gesellschaftlichen Diskursen über Maskulinität, Ehre und Selbstbeherrschung.

1.2 Der Leib des Paulus

Der Apostel kommt auf seinen eigenen Körper im Kontext zweier Konflikte in Gemeinden zu sprechen, die er selbst gegründet hat. In beiden Fällen „verkörpert" er etwas, das im Zentrum des jeweiligen Konfliktes steht, aber seinen eigentlichen Intentionen zuwiderläuft: Einmal als beschnittener Mann im Kontext des Kampfes gegen die Beschneidung von Nichtjuden in Galatien und Philippi, sodann sein von Krankheit und Misshandlungen gezeichneter Körper im Kontext der Auseinandersetzung um sein Apostelamt in Korinth. Dass es um einen Männerkörper geht, ist dabei in beiden Fällen von grundlegender Bedeutung.

1.2.1 Der beschnittene Israelit

In Phil 3,5–6 entfaltet Paulus seine Erwählung durch Gott: Er stammt aus dem Volk Israel und dem Stamm Benjamin, außerdem ist er „Hebräer von Hebräern“. Paulus ist kein Proselyt, und seine Familie hat auch in der Diaspora hebräische Tradition und Sprache bewahrt. Paulus ergänzt dies durch die Aufzählung seiner innerjüdischen Parteinahme: Er war Pharisäer im Hinblick auf die Tora-Observanz, eifernder Verfolger der Ekklesia und tadellos in der Tora-Gerechtigkeit.

Dieser in zwei Dreiergruppen organisierten Aufzählung stellt er den stolzen Verweis auf die an ihm „am achten Tag“ – streng gemäß Gen 17,12 und Lev 12,3 – vorgenommene *Beschneidung* pointiert voran. Die Formulierung zeigt, dass Paulus um die Attraktivität der Beschneidung für seine heidenchristlichen Adressaten weiß. Er selbst trägt an seinem männlichen Glied das Zeichen des Bundes Gottes mit Abraham (Gen 17,9–14). Auch Jesus ist ja, wie Paulus selbst formuliert, ein „Diener der Bescheidung geworden“ (Röm 15,8), d.h. er war selbstverständlich beschnitten (vgl. Lk. 2,21). Seinen durch das Bundeszeichen sichtbar markierten Körper thematisiert Paulus jedoch ganz offensiv in einem hochpolemischen Kontext, denn in Phil 3 warnt er seine heidenchristlichen Adressaten in Philippi vor Gegenmissionaren, die sie durch Beschneidung in das Volk Israel integrieren wollen (vgl. Phil 3,2). Gerade der rhetorische Verweis auf den eigenen Körper, der auf den ersten Blick dieser Absicht zu widersprechen scheint, macht die damit eingeleitete soteriologische Entleerung der Beschneidung glaubwürdig.

1.2.2 Der „schwache“ Körper des Apostels

Aber auch in der längeren Konfliktgeschichte mit der Ekklesia in Korinth kam dem Apostel sein eigener Körper in die Quere, widersprach seine „Körpersprache“ seinem eigentlichen Anliegen. Denn der von Krankheit und Misshandlungen gezeichnete

Körper des Apostels kommunizierte eine Botschaft von Unehre und Schwäche - und damit von Unmännlichkeit.[13] So erfahren wir aus dem zweiten Korintherbrief von dem Vorwurf, dass der Apostel *nur* als Abwesender Autorität reklamieren kann, nicht jedoch als „leiblich" Anwesender. Paulus selbst zitiert in 2Kor 10,10 seine Kritiker: „Seine Briefe", so sage man, „sind gewichtig und stark, die leibliche Anwesenheit dagegen schwach und die Rede zu verachten." Hier werden nicht nur die schriftlichen Fähigkeiten des Apostels seiner mangelhaften Redekunst gegenübergestellt – einer Redekunst, die er selbst skeptisch beurteilt, sagt er doch in 2Kor 11,6 von sich selbst, er sei ein in der Rede Ungeübter. Vor allem aber wird die „Anwesenheit bzw. Ankunft des Leibes" als „schwach" disqualifiziert. „Schwach" sei seine leibliche Anwesenheit, so heißt es in Korinth – und Paulus selbst bestätigt dies, wenn er die Galater an „die Schwäche meines Fleisches" beim ersten Aufenthalt erinnert – und an die Prüfung, die dies für die Galater bedeutete (Gal 4,13 f.).

Wir denken bei solchen Formulierungen zunächst an Krankheiten und körperliche Beeinträchtigungen, und tatsächlich erfahren wir aus 2Kor 12,5–10, dass der Apostel offenbar an einer chronischen und schmerzhaften Krankheit gelitten hat. Er selbst spricht vom Engel Satans, der ihn mit Fäusten schlägt, und von einem Pfahl in seinem Fleisch, und erwähnt in diesem Zusammenhang eben auch seine Schwäche (12,5.9.10). Kritisieren die Korinther also einen *kranken*, hinfälligen Apostel?

1.2.3 Eine Frage der Ehre

Doch verbirgt sich hinter dem Stichwort der „Schwäche" mehr als „nur" eine Anspielung auf eine – sicherlich schwere und wohl chronische – Krankheit, zumal man die körperliche „Schwäche" des Apostels angesichts seiner immensen Lebensleistung – man denke an die Reisen! – auch nicht überbewerten darf. Denn der Körper des Apostels ist nicht nur von Krankheit gezeichnet: So erwähnt er in 2Kor 6,5, dass er mehrfach „Schläge (!), Gefangenschaft, Flucht" erdulden musste. Ausführlicher wird er dann in 2Kor 11,23 f. Auch hier zählt er zunächst allgemein vier sog. Peristasen („Widrigkeiten") auf: Mühsale, Gefangenschaften, Schläge und Todesgefahren, bevor er konkret wird: Fünfmal habe er die jüdische Synagogenstrafe der „Vierzig weniger einen" Peitschenhiebe erdulden müssen, dreimal die (römische) Geißelung und einmal eine Steinigung. Nun geht die Liste ja noch weiter: Schiffbruch, Fußmärsche, Bedrohung durch Räuber, vielerlei Gefahren bis hin zur Flucht aus Damaskus, doch stehen die „Schläge" klar am Anfang. Sie fungieren also eine Art *Leseanweisung* der ganzen Leidensliste in 2Kor 11,23 ff. Und diese Liste wiederum soll belegen, dass der Apostel „schwach" ist, das Stichwort rahmt den ganzen Katalog (11,21+29 f.). Dieser sog. Peristasenkatalog tritt damit der Schilderung der Krankheit in 12,5–10 an die Seite: „Schwach" ist der Apostel nicht nur als Kranker, sondern insbesondere als Geschlagener!

Damit ist deutlich, dass „Schwäche" nicht allein ein physisches Phänomen beschreibt, sondern auch und sogar in erster Linie ein *soziales* bzw. *politisches* Phänomen: „Schwach" ist der Apostel, weil er entehrt ist.

Das zeigt bereits 1 Kor 4,10, wo der Apostel ironisch seine „Schwäche" der „Stärke" der Korinther entgegenstellt. Auffälligerweise – und darin scheint mir der Schlüssel zum richtigen Verständnis zu liegen – steht „schwach" hier in einer Linie mit „töricht" und „ehrlos", „stark" dagegen mit „klug" und „geehrt". Auch in 1 Kor 1,27 f. und 15,43 steht „Schwäche" neben „Ehrlosigkeit" und „Verachtetsein". Körperliche „Schwäche" ist daher nicht zu trennen von der sozialen und politischen „Schwäche", der Ehrlosigkeit! Deswegen erwähnt Paulus auch in 4,11 Schläge und betont abschließend, dass die Apostel „wie Unrat der Welt geworden sind, ein Abschaum aller bis jetzt" (4,13).

1.2.4 Ehrlose Narben – „schwacher" Körper

Warum also nennt der Apostel zur Dokumentation seiner „Schwachheit" in 2Kor 11 zuerst die öffentlichen Züchtigungen? Offenbar deswegen, weil sie „Spuren" hinterlassen, sichtbare Narben, die zugleich das hervorstechendste Merkmal des Körpers des Apostels gewesen sein dürften. Es sind aber insbesondere Spuren von Züchtigungen, sogar von ganz offiziellen Bestrafungen, die in der Antike eine klare „politische" Botschaft tragen und deren Narben sich vor allem (wenn auch nicht ausschließlich) auf dem Rücken und den Schultern des Apostels befunden haben dürften. Deswegen redet der Apostel nie „direkt" von seinen Narben,[14] sondern spricht von den *Schlägen*, die die Narben verursachten.

Wir können uns den Hintergrund anhand einer eindrücklichen Szene klarmachen, die der römische Historiker *Livius* erzählt:[15] Ein alter, abgerissen und krank aussehender Mann stürzt auf das Forum, also in den Raum der Öffentlichkeit. Doch ist er mitnichten, was er scheint: Dass er einst Centurio war und eine Reihe von ehrenvollen (!) Kämpfen bestritten hat, belegt er eindrücklich mit den dort erhaltenen Narben: „Er selbst zeigte zum Beweis dafür, dass er an einer Reihe von Orten ehrenvoll gekämpft hatte, seine Narben vorne auf der Brust (*ipse teste honestarum aliquot locis pugnarum cicatrices adverso pectore ostendebat*)." Der Mann kann also seinen Anspruch, ein ehrbarer, freier Kämpfer gewesen zu sein, durch seine „Körpersprache", die in Rom jeder versteht, belegen: Narben vorne auf der Brust dokumentieren, dass der Centurio seinen Feinden immer die Vorderseite (incl. das Gesicht) zugewandt hat und nicht vor ihnen davonlief.

Doch die Szene geht noch weiter: Auch bei der folgenden Schilderung seines Abstiegs in die Schuldhaft lässt der ehemalige Centurio seinen Körper sprechen: „Dann zeigte er seinen Rücken, der schrecklich anzusehen war wegen der frischen Striemen von Peitschenhieben (*Inde ostentare tergum foedum recentibus vestigiis verberum*)." Im Unterschied zu den Narben auf seiner Brust sind die Narben auf seinem *Rücken* keineswegs ehrbar, im Gegenteil, sie sprechen die Sprache von Demütigung, Unfreiheit, Versklavung, kurz: von Entehrung und Schande. *Dieser* Anblick (*haec visa*) eines Kriegshelden, der auf dem Schlachtfeld Ehre erworben hat und dann in diese Situation der Schande geraten konnte, führt laut Livius endgültig zum *Aufruhr*, nämlich gegen soziale Umstände, in denen dies möglich ist.

Zurück zu Paulus: Es ist deutlich geworden, dass der Körper des Apostels deswegen „schwach" ist, weil er entehrende Spuren von öffentlicher Züchtigung trägt – in 1 Kor 4,11 erwähnt er z. B., nackt geschlagen worden zu sein und spricht im selben Kontext davon, für die Welt ein „Schauspiel" (*theatron*) geworden zu sein. Vor diesem Hintergrund wird nun auch das „korinthische Problem" des Paulus deutlich. Als Träger von entehrenden Narben ist seine „Körpersprache" die eines Sklaven oder eines Verbrechers, in jedem Falle eines Ehrlosen und Un-Männlichen. Kann ein Mann mit einem solchen *soma* Autorität und Legitimation beanspruchen in einer Ekklesia, in der der in Macht auferstandene Kyrios Christus angebetet und als gegenwärtig erfahren wird? Wird nicht durch den schwachen Leib des Paulus das Evangelium von der Herrlichkeit Christi verdeckt (so wohl der Vorwurf gegen Paulus laut 2Kor 4,3 f.), und verhindert nicht sein Körper, dass die Kraft Gottes (2Kor 4,7) zum Zug kommt?

Diese Fragen haben sich in Korinth offenbar durch das Eintreffen von Fremdmissionaren zugespitzt. Da im 1 Kor davon noch nicht die Rede ist, muss sich dies nach der Abfassung und Versendung dieses Briefes abgespielt haben. Personen und Programm dieser Fremdmissionare sind für uns nur indirekt aus dem 2Kor zu erschließen. Sie sind jüdischer Abstammung (11,22), kommen von außerhalb in die Gemeinde (11,4; 10,15 f.), sie nennen sich Apostel (11,5.13; 12,11), können Empfehlungsbriefe vorweisen (3,1), machen erfolgreich (!) Unterhaltsansprüche geltend (11,7 ff.20; 12,13; 2,17), sind wohl im Unterschied zu Paulus rhetorisch versiert, vor allem aber vollbringen sie Wunder und Krafttaten (12,12) und schildern visionäre Offenbarungen (12,1 ff.). An ihnen wurde der in Macht erhöhte Kyrios erfahrbar, so dass sich für die Korinther nun die Frage stellte, ob der auferstandene Christus auch aus Paulus redet (vgl. 2Kor 13,3f.) oder ob der Apostel nur „nach dem Fleisch wandelt" (10,2). Dies war die Herausforderung, vor die er sich gestellt sah.

2. Beziehung mit einem abwesenden Apostel durch den Brief

Paulus thematisiert seinen Körper im Medium von *Briefen* an seine Gemeinden. Um die briefliche Inszenierung seines Körpers verstehen zu können, ist es nötig, einen Blick auf die antike Briefhermeneutik (man spricht auch von Briefideologie) zu werfen. Zu Beginn des Hellenismus sind uns die ersten Belege für ein „theoretisches Interesse" am Brief überliefert.[16] Die „älteste diesbezügliche Reflexion in der antiken Literatur"[17] findet sich als Exkurs über den „briefgemäßen Stil" innerhalb der Schrift *peri hermeneias* (*de elocutione*), diese wiederum ist überliefert unter den Werken des Demetrios von Phaleron (360–280 v.Chr.), stammt aber wohl aus dem 1. Jh. v.Chr. oder dem 1. Jh. n.Chr. In dieser Schrift werden vier Stilarten besprochen, der genannte Exkurs über das Briefeschreiben erfolgt im Zuge der Besprechung des schlichten Stils.

Laut dieser, vermutlich in peripatetischer Tradition stehenden Brieftheorie[18] ist die *parousia* eine der Hauptaufgaben des Briefes, d.h. der Brief dient dazu, eine Form der Beziehung während der Zeit räumlicher Trennung zu ermöglichen, indem der abwesende Absender auf eine bestimmte Art und Weise beim Adressaten „anwesend" wird.[19] Der Brief zielt also „auf die Vergegenwärtigung des Briefpartners".[20] Briefe ermöglichen daher den Austausch zwischen Freunden auch in Zeiten räumlicher Trennung, denn im Brief verwandelt sich die körperliche Abwesenheit in geistige Gegenwart.[21] Dies ist auch nach anderen antiken Autoren grundlegend für die Briefsituation, daher imitiert der Brief die persönliche Gesprächsbegegnung: So entspricht z.B. das Präskript der persönlichen Begrüßung und der gegenseitigen Vorstellung, das Postskript der Verabschiedung mit entsprechenden Segenswünschen usw.[22]

Paulus nutzt das Medium in diesem Sinne, wenn er z. B. in 1 Kor 5,3–5 über einen Blutschänder in Korinth *brieflich* sein Urteil spricht: „Zwar dem Leibe nach abwesend, im Geist aber anwesend, habe ich als Anwesender das Urteil gefällt". Durch das Vorlesen des Briefes ereignet sich die *parousia* des urteilenden Apostels in der Gemeindeversammlung (5,4), hier zeigt sich, dass sich die Aufmerksamkeit anstatt auf den Zeitpunkt des Schreibens „auf den Augenblick des Briefempfangs konzentriert, wo sich der Brief gewissermaßen erst verwirklicht."[23]

Im Unterschied zum antiken Freundschaftsbrief, der von vielen Autoren nur als Ersatz für das leibhaftige Zusammensein gewertet wurde,[24] wächst den Paulusbriefen gegenüber den persönlichen Besuchen des Apostels nochmals eine eigene Funktion zu. Keineswegs dienen seine Briefe nur der Überbrückung von Zeiten, in denen der Apostel abwesend ist. Es gibt sogar Situationen, in denen Paulus offenbar bewusst die briefliche Kommunikation bevorzugte.[25] Damit steht er aber nicht alleine. So konnte Bärbel Bosenius bereits an Beispielen aus Cicero und Seneca zeigen, dass die Briefsituation keineswegs immer als Nachteil empfunden wurde. So ist z. B. laut Seneca bei seinen Lehrbriefen die Briefsituation von Vorteil, da das didaktisch-psychagogische Ziel der Lehrepistel von keiner leibhaftigen *parousia* gestört wird.[26] Bosenius arbeitet heraus, dass bei der brieflichen Kommunikation – im Unterschied zur mündlichen zwischen körperlich anwesenden Gesprächspartnern – der verbalisierte Inhalt dominiert (sie nennt diese Kommunikation „digital", von englisch *digits*: Zeichen), und sie betont mit Recht, dass der Apostel in bestimmten Situationen bewusst die briefliche („digitale") Kommunikation vor dem leibhaftigen Auftreten bevorzugt habe.

Hieran ist im Hinblick auf die briefliche Inszenierung des Körpers des Apostels anzuknüpfen. Laut Bosenius bevorzugt Paulus in manchen Situationen den Brief gegenüber der persönlichen Anwesenheit, um „die sachgemäße Interpretation des Evangeliums auf der digitalen, d. h. der rein sachlichen Ebene dar[zu]stellen, ohne die Vermittlung des Evangeliums mit analogen Aspekten der Kommunikation belasten zu müssen."[27] Doch kann diese auf die „reine Lehre" fixierte Interpretation nicht erklären, warum der Apostel in den sogleich zu besprechenden gewichtigen Passagen seiner Briefe explizit seinen *Körper* brieflich inszeniert und damit die in der Briefsituation vorausgesetzte körperliche Trennung der Briefpartner also in gewisser Weise unterläuft, dies aber mit einer klar erkennbaren Intention. Bosenius berücksichtigt auch nicht, dass es gerade der *Körper* des Apostels war, der in den genannten Konflikten eine grundlegende Rolle spielte.

Laut Ps.-Demetrios schreibt man einen Brief gleichsam als Abbild der eigenen Seele,[28] deswegen solle im Brief auch ein persönlicher Ton herrschen. Der Brief soll die eigene Persönlichkeit, den eigenen Charakter (*to ethikon*) des Verfassers zum Ausdruck bringen (§ 227). Thomas Johann Bauer dazu: „Dabei geht Ps.-Demetrios davon aus, dass der Brief wie jedes andere Schriftstück auch ganz von selbst und unweigerlich Rückschlüsse auf die Persönlichkeit seines Verfassers erlaubt. Dieser zunächst ungewollte und ungeplante Ausdruck der eigenen Persönlichkeit lässt sich aber *durch geeignete stilistische und rhetorische Mittel bewusst gestalten*".[29]

Aber nicht nur das „Ich" des Briefes ist als ein bewusst gestalteter, nicht unmittelbar authentischer und ungekünstelter Ausdruck des „Selbst" des Verfassers anzusehen.[30] Uns interessiert an dieser Stelle die bewusste Gestaltung der Aussagen über den eigenen *Leib* durch Paulus. Dazu noch ein Zitat aus dem ältesten antiken Briefsteller, der ebenfalls dem Demetrios von Phaleron zugeschrieben wurde:[31] „Auch wenn ich von dir lange Zeit getrennt war, *so leide ich dies nur am Leib*", so der Beginn des Freundschaftsbriefs (*philikos*), des ersten der hier katalogartig aufgelisteten „Brieftypen".[32] Es ist gerade die Nicht-Anwesenheit des *soma*, die die Briefsituation charakterisiert (was wiederum eine Gefahr für die Freundschaft darstellt); der Brief wiederum überwindet die leibliche Trennung.

Paulus schreibt aber keine Freundschaftsbriefe an Einzelpersonen, sondern Briefe an Gruppen – in seiner Terminologie:

Briefe an eine *Ekklesia*, also an eine *zum Kult(mahl?) versammelte Gemeinde.* Dabei nutzt er das Medium des Briefes, um seine eigene Körperlichkeit in Zeiten seiner Abwesenheit brieflich zu thematisieren. Im Anschluss an Ps.-Demetrios kann man sagen, dass die Briefe des Paulus nicht nur „Abbilder seiner Seele“ sind, sondern *„Abbilder seines Körpers“*. Auch diese sind jedoch – im Anschluss an Th. J. Bauer formuliert – durch geeignete stilistische und rhetorische Mittel bewusst gestaltet. Paulus nutzt also die *Parousia*-Funktion des Briefes, um seinen Körper auf eine ganz bestimmte, *von ihm kontrollierte* und codierte Weise anwesend zu machen. Er selbst will mittels der Briefe die Deutungshoheit über seine Körpersprache zurückerlangen, die ihm im Verlauf der genannten Konflikte abhanden gekommen war.

3. Brief und Körper: Die Strategien des Apostels

Im Folgenden wenden wir uns exemplarisch jenen Passagen in der Korrespondenz des Apostels zu, mit denen er auf die oben unter 1.2 genannten Probleme und Angriffe reagiert.

3.1 Beschneidung am Fleisch (Phil 3)

Seine nicht wegzuleugnende Beschneidung stellt Paulus zusammen mit den weiteren genannten jüdischen Privilegien unter das Vorzeichen des „Fleisches“. Paulus unterstellt seinen Gegnern nämlich, „auf Fleisch Vertrauen zu setzen“, und weiter: „Obwohl auch ich Vertrauen auf Fleisch haben könnte. Wenn jemand meint, er könne sein Vertrauen auf Fleisch setzen – ich könnte das noch viel mehr“ (Phil 3,3–4).

Das Stichwort „Fleisch“ in Bezug auf die Beschneidung entnimmt der Apostel aus den entsprechenden Passagen der Heiligen Schrift. So heißt es in Gen 17,11: „Ihr sollt beschnitten werden am Fleisch eurer Vorhaut. Das wird das Zeichen des Bundes sein zwischen mir und euch". Die Wendung „Fleisch eurer Vorhaut" findet sich mehrfach in Gen 17,13–14 und 17,23–27, in Gen 34,24 LXX und außerdem in Lev 12,3: „Und am achten Tag soll das Fleisch seiner Vorhaut beschnitten werden". Paulus greift das auf, stellt dem Begriff „Fleisch" jedoch polemisch den des „Geistes" gegenüber: „*Wir* sind die Beschneidung!", nämlich: „*Wir*, die wir im Geist Gottes Kultdienst tun und uns in Christus Jesus rühmen und unser Vertrauen nicht auf das Fleisch setzen" (Phil 3,3). Der beschnittene Paulus schließt sich hier mit seinen unbeschnittenen Adressaten zusammen, denn auch Unbeschnittene gehören also zur „eigentlichen" Beschneidung. Dadurch wird die Beschneidung als körperliches Unterscheidungsmerkmal zwischen jüdischen und nichtjüdischen Männern für irrelevant erklärt.

Vor allem aber nimmt „Fleisch" durch die von Paulus etablierte Opposition mit „Geist" die (ebenfalls biblisch-jüdisch belegte) Bedeutung von *Vergänglichkeit* und Sterblichkeit an (vgl. Jes 40,6 u.ö.). Indem er die Beschneidung am Fleisch dem Gottesdienst im Geist gegenüberstellt, reduziert er Erstere auf den Bereich des Vergänglichen und löst die damit verbundenen Bundeszusagen und Verheißungen vom körperlichen Ritus ab. Vor allem aber qualifiziert er damit seinen eigenen Männerkörper als „Fleisch". Im Apostel tritt den unbeschnittenen Philippern also nicht ein exklusiver Träger des jüdischen Bundeszeichens gegenüber, der sich dadurch von ihnen unterscheidet und abhebt, sondern ein Mann, dessen sichtbarer Leib trotz Beschneidung eben „Fleisch" ist – mit den Vokabeln aus 1 Kor 15 gesprochen: „irdisch, natürlich, vergänglich, sterblich". Der Köper des Apostels wird durch diese Umcodierung zur Verkörperung der Botschaft, dass „Fleisch und Blut das Reich Gottes nicht erben" (1 Kor 15,50) – ob beschnitten oder nicht.

Die Kehrseite dieses Verfahrens besteht allerdings in der polemischen Abwertung der Beschneidung und aller weiteren jüdischen Identitätsmerkmale als „Verlust", ja als „Scheiße" (Phil 3,7 f.), also als etwas, das man hinter sich lässt.[33] Mit ökonomischer

Sprache bewertet Paulus all das, was er früher als „Gewinn" angesehen hatte, nun als „Verlust". Nur noch Jesus Christus ist sein „Guthaben".

Hinzu kommt, dass Paulus in Phil 3,2 ebenso wie in Gal 5,17 polemisch die Beschneidung mit Kastration in Verbindung bringt und damit an bestimmte kulturelle Vorurteile appelliert. Umgekehrt spricht er im Galaterbrief pointiert von dem ihm anvertrauten „Evangelium der Vorhaut" (Gal 2,7) und will damit bei seinen nichtjüdischen Adressaten offensichtlich positive Assoziationen auslösen. Damit korrespondiert die von Kenneth J. Dover anhand der antiken griechischen Vasenmalerei und Plastik nachgewiesene „artist's interest in the foreskin".[34] Die ausgeprägte Vorhaut gehörte laut Dover zum männlichen Schönheitsideal; beschnittene Männer (z. B. Ägypter oder auch Juden) galten im Kontext der griechisch-römischen Kultur als lächerlich oder peinlich.[35]

3.2 Kreuz statt Beschneidung

Doch ist das nur die halbe Antwort des Apostels im Philipperbrief. Denn einerseits wertet Paulus die Bedeutung der Beschneidung klar ab, das dadurch entstandene „körperliche Vakuum" füllt er aber. Denn laut Paulus besteht Nachfolge durchaus *in der körperlichen Angleichung an Jesus* – aber eben nicht an den Beschnittenen, sondern an den Gekreuzigten und Auferstandenen! Diese aber ist gnadenhaft geschenkt und in Glaube und Taufe grundgelegt, die beide passiv empfangen werden und beide mit Christus verbinden. Auch die „Erkenntnis Christi Jesu als meines Herrn" (Phil 3,8) hat also – in gewisser Analogie zur Herkunft aus dem Volk Israel – leibhaftige Konsequenzen, laut Phil 3,10 nämlich die „Teilhabe an seinem Leiden", die aus Paulus einen „mit seinem Tod Gleichgestalteten" macht.

Paulus inszeniert in Phil 3 seine von der Erkenntnis Jesu als seines Herrn geprägte Existenz im Medium des Briefes als sein vom gekreuzigten und auferstandenen Christus ergriffenes und geprägtes *soma*. Die ganze Passage zielt auf 3,20f. hin: Der vom Himmel her kommende Herr Jesus Christus wird „unser *soma* der Niedrigkeit“ verwandeln und seinem „*soma* der Herrlichkeit“ gleichgestalten. Damit vergeht auch eine „Beschneidung am Fleisch“, zumal Paulus den Auferstehungsleib offenbar nicht geschlechtlich differenziert denkt. Denn bei der Auferstehung wird leibliche Realität, was bei der Taufe bereits symbolisch grundgelegt wurde, wonach in Christus „weder Jude noch Grieche, weder Herr noch Sklave, weder männlich noch weiblich“ (Gal 3,28) ist.

Ähnlich wie Phil 3 steht der Galaterbrief ganz im Zeichen des Kampfes gegen die Beschneidung von zum Glauben an Christus kommenden Nichtjuden. Und auch hier, nämlich im eigenhändigen Nachtrag (Gal 6,11–18), kommt Paulus auf seinen Körper zu sprechen: „In Zukunft mache mir niemand mehr Mühe; ich nämlich trage die *stigmata* Jesu an meinem Leib“ (6,17). Paulus spielt hier offenbar auf die entehrenden Narben an, die er bei den Verfolgungen um Jesu willen erlitten hat (s. o.); seine „Schwachheit“ bei der Verkündigung des Evangeliums hatte er bereits erwähnt (4,13). Wenn der Apostel seine Narben hier als *stigmata* Jesu codiert, dann geht es nicht nur darum, die eigenen entehrenden Narben mit dem schandbaren Kreuzestod Jesu zu parallelisieren. Wenn die Galater der Vorgabe des Briefes folgen und am Leib des Apostels die um Jesu willen empfangenen Narben als *stigmata* Jesu identifizieren, dann wird der Leib des Apostels – wie Erhard Güttgemanns treffend formuliert hat (s. u.) – zur Epiphanie des Gekreuzigten. Im Apostel tritt den Galatern der Gekreuzigte (und nicht etwa der Beschnittene) gegenüber.

Im Schlussteil des Galaterbriefes macht Paulus also im Medium des Briefes sein *soma* präsent und zwar auf eine von ihm selbst kontrollierte Art: Er selbst trägt die Malzeichen Jesu sichtbar am Leib (Gal 6,17), er ist mit Christus gekreuzigt, so dass Christus in ihm lebt (2,19), er ist der Welt gekreuzigt und die Welt ihm (6,14) - zugleich ist er der Prototyp derer, die ihr Fleisch und seine Begierden gekreuzigt haben (5,24).

3.3 Die briefliche Epiphanie des Gekreuzigten am Apostel

Die im Galater- und im Philipperbrief im Zuge der Krise um die Beschneidung von christusgläubigen Nichtjuden formulierten Grundgedanken finden sich weiter ausgebaut auch in den Korintherbriefen. Hier jedoch muss der Apostel direkt auf die ihm zu Ohren gekommene Kritik an seiner körperlichen Erscheinung und an seinen rhetorischen Fähigkeiten reagieren (2Kor 10,9 f.). Er tut dies, indem er seinen Körper offensiv *thematisiert*! Durch das Medium des Briefes macht er sein „*schwaches soma*", genauer: sich selbst in seiner *schwachen* Leiblichkeit in Korinth anwesend.

3.3.1 Ein Brief zur Vorbereitung des dritten Besuchs

Dem zweiten Korintherbrief[36] lässt sich entnehmen, dass der Apostel nach Abfassung des ersten Korintherbriefes ein zweites Mal die Gemeinde besucht hatte, dieser Aufenthalt aber desaströs verlaufen war (2Kor 2,5–8). Paulus sieht sich deswegen genötigt, den anstehenden dritten Besuch entsprechend vorzubereiten – und zwar mittels eines weiteren Briefes. Mit diesem Brief kündigt Paulus also sein drittes Kommen in die korinthische Ekklesia an (12,14; 12,20 f. und 13,1 f.), doch erschöpft sich die Funktion dieses Schreibens keineswegs in dieser Ankündigung. Der Brief hat vielmehr eine Schlüsselfunktion für den bevorstehenden „Auftritt" des Apostels.

In 13,3[37] deutet Paulus das zentrale *Anliegen der Korinther* in dem Konflikt an: „Denn ihr fordert ja einen Beweis, dass Christus in mir redet (oder: einen Beweis des Christus, der in mir redet), der gegen euch nicht schwach ist, sondern mächtig unter euch." Bei diesem dritten Besuch soll der Apostel also den Nachweis erbringen, dass er im körperlichen wie rhetorischen Auftreten (10,10!) den auferstandenen Kyrios erfahrbar und erlebbar machen sollte – was seine Gegner wohl leisten konnten.

Wie aber kann Paulus den geforderten „Beweis“ erbringen? Noch einmal sei an das „Ausgangsproblem“ des Apostels erinnert: Die somatische Präsenz des Apostels ist „schwach“ (10,10). Wir wissen nun, dass dies insbesondere an den ehrlosen, weil geschlagenen und gezüchtigten Leib des Apostels anspielt, der im antiken Kontext eben der Sklavenkörper ist, mit dem die Macht des Evangeliums verdeckt wird. Seinen „Sklavenkörper“ kann der Apostel nicht wegdiskutieren, anders als der Centurio des Livius kann er auch nicht auf ehrenvolle Kriegsverletzungen auf der Brust verweisen. Beim bevorstehenden dritten Besuch werden die Korinther also wiederum mit diesem Anblick konfrontiert – im Gegenüber zum strahlend-maskulinen Auftreten der anderen. Der Apostel steht damit vor der Aufgabe, seine „body language“ neu zu codieren und damit die Kontrolle über seine Körpersprache zurückzuerlangen, die ihm von seinen Gegnern – in Einklang mit den kulturellen Deutungsmustern seiner Zeit – entwunden worden war. Man könnte sagen, dass der Apostel den *Signifikanten* seines Körpers (als des Signifikaten) neu definieren muss.

Er tut dies formal mittels des Briefes, der ihn vor seiner leiblichen Präsenz in Korinth zu einem „Anwesenden“ – aber nun in einem von ihm kontrollierten Sinne – macht. Damit soll der Brief den Korinthern sozusagen eine Brille aufsetzen, damit sie im „schwachen“ Paulus den redenden *Christus* erkennen können, wenn er erneut vor ihnen stehen wird.

3.3.2 Das Sterben Jesu am Leib des Apostels

Zum ersten Mal kommt der Apostel in 2Kor 4,7–15 auf seinen Körper zu sprechen. „Wir haben diesen Schatz in tönernen Gefäßen“, heißt es da zunächst. Der „Schatz“ ist die Erkenntnis der Herrlichkeit Gottes auf dem Angesicht Jesu Christi (4,6), die „tönernen Gefäße“ sind die sterblichen Körper der Apostel, die bedrängt werden, zweifeln und niedergeworfen werden (4,8 f.). Der Kultdienst des Neuen Bundes wird laut Paulus deswegen von schwachen, zerbrechlichen Menschen ausgeübt, damit Gottes Kraft als *Gottes* Kraft erkannt wird. Dies spitzt der Apostel dann nochmals zu der Aussage zu: „Allezeit tragen wir das Sterben (*nekrosis*) Jesu an unserem Leib herum, damit auch das Leben Jesu an unserem Leib sichtbar werde. Denn immer werden wir, die wir leben, in den Tod übergegeben um Jesu willen, damit auch das Leben Jesu sichtbar werde an unserem sterblichen Fleisch" (4,10).

Während sich „das Leben Jesu" v.a. dadurch manifestiert, dass Paulus trotz aller Bedrängnisse vor dem Schlimmsten bewahrt bleibt, prägt sich das Todesleiden Jesu an seinem *Leib* aus. Mit dieser Passage gibt der Apostel seinen Adressaten den entscheidenden Hinweis, wie sie bei künftigen Besuchen seinen Körper zu „lesen" haben. Sein „schwacher" Leib erzählt eine Geschichte, die die Adressaten mit Hilfe des Briefes entziffern können und sollen: Er ist deswegen „schwach", weil er am Todesleiden Jesu partizipiert. Damit insinuiert der Apostel, dass Gott selbst an seinem Leib „am Werk" ist.[38]

Das Ziel der ganzen Aussagenreihe steht aber in 4,12: „Somit ist der Tod bei *uns* am Werk, das Leben aber bei *euch*!" Mit diesem Satz behauptet er, dass das in der korinthischen Gemeinde herrschende „Leben" – gemeint sind die überwältigen Manifestationen der Präsenz des Kyrios im Geist[39] – mit dem an seinem Leib sichtbaren „Tod" dialektisch zusammenhängt. Thomas Schmeller dazu: „Nur weil Paulus die Leiden eines Apostels auf sich genommen hat, bekommt die Gemeinde Anteil am Auferstehungsleben Jesu".[40] Diesen Gedanken hatte Paulus bereits zu Beginn des Briefes angedeutet: „Wenn *wir* aber bedrängt werden, so ist es zu *eurem* Trost und Heil" (2Kor 1,6[41]), hier greift er darauf zurück.

3.3.3 Ruhm der Schwachheit

Paulus codiert also seine eigenen, entehrenden und entmännlichenden körperlichen Defekte als Epiphanie des ehrlos gekreuzigten Jesus an seinem Leib und bringt dies dialektisch mit dem „Leben“ der Gemeinde, ihren Charismen, ihrer Kraft und Stärke in Verbindung. Diese beiden Grundgedanken greift er in den großangelegten Kapiteln 10–13 dann nochmals auf.[42] Programmatisch formuliert er in 13,9: „Wir freuen uns ja, wenn *wir* schwach sind, *ihr* aber stark seid!“

Seine „Schwachheit“ breitet er dabei in Form der sog. Narrenrede aus (2Kor 11,1–12,18), die das Zentrum der genannten Kapitel bildet. Paulus „rühmt“ sich hier in paradoxer Attitüde seiner Verfolgungen und auch seiner Krankheit: „Wenn gerühmt werden muss, so will ich mich der Zeichen meiner Schwachheit rühmen“ (2Kor 11,30), dreimal formuliert er dieses „Programm“ (vgl. noch 12,5; 12,9). Damit stellt er sich einer schwierigen Aufgabe: Er will seine *Vollmacht* in der Gemeinde (10,8/13,10) dadurch begründen, dass er seine *Schwachheit* hervorhebt.

Auffällig ist nun, dass der Apostel, wie bereits erwähnt, gerade die entehrenden Strafen, denen er seine Narben verdankt, an den *Anfang* der Leidensliste stellt. Genauer steht sogar die Synagogenstrafe ganz am Anfang: Er, der sich kurz zuvor noch „rühmte“, Hebräer, Israelit und Nachkomme Abrahams zu sein wie seine Gegner (11,22), gerade *er* wurde von anderen Juden gezüchtigt (vgl. 11,26). Verweisen antike Männer auf ihre Narben, um sich durch die ehrbaren Spuren ehrbarer Kämpfe zu legitimieren, so kann Paulus nur auf die Ereignisse verweisen, die ihm seinen Sklavenkörper eingebracht haben. Er ist damit „schwächer“ als alle anderen und kann sich nur dieser Schwachheiten rühmen (11,29 f.). Flankiert wird diese Schilderung durch Anspielungen auf seine Krankheit (12,5–10). Leiden und Krankheit haben seinen Körper keineswegs im Kampf zu einem Heldenkörper gestählt, sondern im Gegenteil eine ziemlich traurige Gestalt aus ihm gemacht. Paulus erzählt eben keine Heldentaten (sonst wäre es keine Narrenrede), sondern eine ganze Reihe von Entehrungen und Peinlichkeiten, derer er sich nur als Narr rühmen kann.

Die Pointe der Narrenrede bildet dann das Herrenwort 12,9a: „Meine Gnade ist genug für dich, denn Kraft gelangt in Schwachheit zur Vollendung.“ Paulus fügt an dieser Stelle zum dritten

Mal hinzu, dass er sich deswegen seiner Schwachheiten rühmen will, damit die Kraft *Christi* (und nicht seine eigene Kraft) Wohnung bei ihm nehme (12,9b).

3.3.4 Die Gegenwart des Gekreuzigten

„Wir sind schwach in ihm" – in ihm, der ja aus Schwachheit gekreuzigt wurde. Damit ist das Kreuz Christi tatsächlich „ständige Gegenwart".[43] Doch wie stellt sich der Apostel das vor? Zunächst kündigt er sein hartes Durchgreifen in Korinth an. Da er seine Legitimität erwiesen hat, wird Christus in ihm „gegen euch nicht schwach, sondern stark unter euch sein" (13,3), das Leben Jesu aus der Kraft Gottes wird sich erweisen. Wie Kreuz und Auferstehung zeigen, schließen sich Schwachheit und Macht gerade nicht aus, sondern Ersteres ist die Bedingung, vor allem aber der Modus des Letzteren.

Wenn der Apostel das nächste Mal in die Gemeinde kommt, dann sehen die Korinther den schwachen Apostel - durch den vor der Ankunft des Apostels eingegangenen Brief sind sie aber nun in der Lage, an ihm den Gekreuzigten zu erkennen, der aus der Kraft Gottes lebt. Und: die Schwäche des Apostels ist gerade keine Schwäche und Ehrlosigkeit gegenüber den Korinthern, weil es die „Schwachheit" des Gekreuzigten ist.

Wichtiger noch ist aber die chronologische Struktur der Kreuzestheologie des Apostels. Laut 13,4 kam am „schwachen" (= gekreuzigten) Christus die Kraft Gottes (bei der Auferstehung und Erhöhung) ganz zur Auswirkung: „Denn sogar gekreuzigt wurde er aus Schwachheit [gemeint ist das Kreuz als Schandtod], aber er lebt aus der Kraft Gottes. Denn auch wir sind schwach in ihm, aber wir werden leben (Futur!) mit ihm aus der Kraft Gottes im Hinblick auf euch." Hier scheinen Jesu „Schwachheit" und „Kraft" chronologisch verteilt zu sein:

Schwachheit = Kreuz als Schandtod = Vergangenheit
Kraft = Leben/Auferstehung/Erhöhung = Gegenwart (13,4).

Vielleicht spiegelt sich hier ein besonderes Anliegen der Korinther wider, wonach die Schwachheit Jesu seit der Auferstehung der *Vergangenheit* angehört. In der Gegenwart repräsentieren dagegen die „Diener Christi" (11,22) den Auferstandenen und Erhöhten, in ihnen soll sich der Glanz der göttlichen Herrlichkeit Christi, der Gottes Bild ist, widerspiegeln (vgl. 2Kor 4,3–6).

Paulus dagegen identifiziert zunächst seine eigene, gegenwärtige Schwachheit und Ehrlosigkeit mit der „Schwachheit" des irdischen und gekreuzigten Jesus, wahrt also den „eschatologischen Vorbehalt", indem er die Gleichgestaltung *seines* Leibes der Niedrigkeit mit Christi Leib der Herrlichkeit als noch ausstehende betrachtet. Er ist eben *noch nicht* am Ziel.

Vor allem aber unterläuft er mit seinem Brief und mit seinem Körper ein rein „chronologisches" (Miss-)Verständnis von Kreuz und Auferstehung, indem er Tod und Leben nicht zeitlich (i. S. v. Vergangenheit und Gegenwart), sondern „räumlich" anordnet: Wirkt der Tod bzw. die Schwachheit, derer er sich rühmt, im *Apostel*, so das Leben in seiner *Gemeinde*, die damit zu seinem Empfehlungsbrief wird. Deshalb heißt es in 13,4: „Denn auch wir sind schwach in ihm, aber wir werden mit ihm leben aus Gottes Kraft *euch gegenüber*", d. h. das Leben Jesu in Gottes Kraft erweist sich nicht am Apostel, sondern an der Gemeinde, indem der Apostel in ihr seine Vollmacht ausübt (13,10).

Christologisch gewendet wiederum: *Der Jesus am Kreuz wird nie zur abgetanen Vergangenheit*, sondern der Auferstandene und Erhöhte *bleibt der Gekreuzigte.*[44]

3.3.5 Die Epiphanie des Gekreuzigten am Leib des Apostels

Man kann also mit Erhardt Güttgemanns sagen, dass der Gekreuzigte am *soma* des Apostels epiphan wird: „Die Würde des Apostels kommt also dadurch zustande, dass die Leiden des Apostels nichts anderes sind als die Epiphanie der Kreuzigung des irdischen Jesus, die als Heilsgeschehen am Apostel präsent ist und damit die Identität des Herrn mit dem Gekreuzigten offenbart".[45] Der Körper des Apostels ist deswegen der Ort, an dem Christus als Gekreuzigter offenbar wird, denn gerade *soma* und *sarx* haben sich der Herrschaft Gottes zuvor entgegengestellt.[46] Die „Körpersprache" des Apostels entspricht damit seinem Evangelium, will er ja nichts anderes predigen als „Christus, den Gekreuzigten" (1 Kor 1,23; 2,2; Gal 3,1).[47] Der von den Korinthern geforderte „Beweis, dass Christus in ihm redet" wird also durch eine angekündigte Epiphanie Christi erbracht – aber es wird eine Epiphanie des Gekreuzigten am Leib des Apostels sein.[48]

Über Güttgemanns hinaus ist aber wichtig zu betonen, dass die Adressaten des Briefes nur deswegen den „schwachen" Leib des Apostels als Epiphanie des Gekreuzigten erkennen können, weil sie den *Brief* haben. Dem Brief selbst kommt in dem Erschließungsvorgang also eine grundlegende Funktion zu, die über die bekannte Parusie-Funktion (s. o.) weit hinausgeht. Nur weil Paulus seinen Körper mittels des Briefes in einem von ihm selbst kontrollierten Sinne „anwesend" gemacht hat, können die Korinther beim nächsten Aufenthalt des Apostels in ihrer Mitte die *nekrosis* Jesu (!) erkennen, die ehrlosen Narben und die Zeichen der Krankheit des Paulus als *stigmata* Jesu (!) identifizieren. Dazu brauchen sie den Brief. Der Brief ist also keineswegs bloßer Ersatz für die leibliche Anwesenheit, vielmehr ist diese ohne jenen nicht als Epiphanie des Herrn zu verstehen! *Dass* Jesu Todesleiden am Leib des Apostels sichtbar werden, ist ohne den Brief nicht erkennbar.

4. Ein anderer Jesus

Charakteristisch für Paulus ist jedoch die Erkenntnis, dass der korinthische Konflikt um seinen Leib zugleich und eigentlich ein *Konflikt um die Christologie* ist. Deswegen kann er jenen, die seine „schwache" Leiblichkeit kritisieren (2Kor 10,10), im selben Zusammenhang vorwerfen, sie verkündigten *einen anderen Jesus* (11,4). Wer am „schwachen" Leib des Apostels Anstoß nimmt, der nimmt Anstoß am Leichnam des Gekreuzigten, der am Körper des Apostels präsent ist.[49] Dabei ist es wichtig, den Aspekt der Ehrlosigkeit und der Schande im Begriff „schwach" stets mitzudenken. Hier geht es nicht um Leidensmystik! In der Konfrontation mit dem Apostel, dessen Körpersprache nach den Maßstäben der Welt ehrlos und unmännlich ist, erweist sich die letztlich die Wahrheit des Satzes, dass Gott am Kreuz seines Sohnes zum Heil der in Sünde und Tod gefallenen Menschen gehandelt hat.

Karin Neutel und Matthew Anderson haben darauf hingewiesen, dass die Verkündigung eines Gekreuzigten in vielerlei Hinsicht in Opposition zu zeitgenössischen Männlichkeitsidealen steht, denn: „Crucifixion is embodied domination"! Sie weisen aber zugleich darauf hin, dass Paulus den Gekreuzigten als „Gottes *Kraft* und Weisheit" (1 Kor 1,24) verkündigt.[50] Paulus löst dieses Ineinander von Schwachheit und Kraft gerade nicht auf. Vielmehr demonstriert der auferstandene Kyrios seine Identität mit dem irdischen und gekreuzigten Jesus, indem er seine *nekrosis* und seine *stigmata* am Leib des Apostels sichtbar macht, in der von ihm gegründeten Ekklesia dagegen sein „Leben" und seine „Kraft". In der Bestreitung des Apostolats des Paulus manifestiert sich daher eine falsche Herrlichkeitschristologie, denn gerade der irdische, gekreuzigte Jesus ist jetzt der Kyrios.[51] Die Kritik am „schwachen" Körper des Apostels dokumentiert für Paulus ebenso eine defizitäre Christologie wie – im anderen Kontext – die Forderung nach der Beschneidung von christusglaubenden Nichtjuden.

Ausblick: Der „schwache" Apostel als Athlet der Askese

Abschließend sei noch ein weiterer Aspekt in Erinnerung gerufen, der in den genannten Diskussionen gerne in den Hintergrund tritt: In 1 Kor 9,24–27 präsentiert sich der Apostel zunächst als Wettläufer, der „in allem enthaltsam ist" (9,25), dann aber als Boxer, der „nicht in die Luft schlägt, sondern seinen eigenen Leib verprügelt, um ihn so immer wieder neu in die Sklaverei (des Herrn) zu führen" (9,26 f.).[52] Paulus spielt hier auf den vor den Wettkämpfen geübten Verzicht der Athleten auf Alkohol, bestimmte Nahrungsmittel und vor allem auf Geschlechtsverkehr an.[53] Seinen eigenen sexuell und diätetisch enthaltsamen Lebensstil präsentiert er im Medium des Briefes als athletisches Männlichkeitsideal, geht aber noch weiter, indem er vom Wettläufer zum Boxer wechselt, um seine Askese als Kampf gegen die *eigene* Leiblichkeit zu präsentieren.

An anderer Stelle wird er ausführen, dass im sterblichen Leib die Begierden (womit auch, aber nicht nur sexuelle Begierden gemeint sind) zur Herrschaft streben, wodurch „die Sünde" verlorenes Terrain wiedergutzumachen versucht (Röm 6,12–23). Dies konkurriert aber mit den Besitzansprüchen des Kyrios auf das *soma* des Getauften (1 Kor 6,13.15.19)! Der in der Taufe aufgerichteten Herrschaft des Kyrios muss Paulus seinen eigenen Leib immer wieder gewaltsam unterwerfen.[54]

Welche „Selbsttechniken" (Foucault) Paulus damit meint, ist seinen Briefen nur andeutungsweise entnehmbar.[55] Wir erfahren vom Verzicht auf Fleisch und Wein „um des schwachen Bruders willen" (1 Kor 8,1–13; Röm 14,21). Bekannter ist der Verzicht des Apostels auf Sexualität, Familiengründung und Fortpflanzung (1 Kor 7,7.8), was den Verzicht auf die Begleitung durch eine Ehefrau einschließt (1 Kor 9,5). Daneben erwähnt Paulus *en passant* „Nachtwachen und Fasten" (2Kor 6,5), ja sogar „häufige Nachtwachen" und „häufiges Fasten" (2Kor 11,27), womit entsprechende asketische Praktiken gemeint sein dürften.[56] Vermutlich gehört dies alles in der Lebenspraxis des Apostels zusammen, die ganz von der „Beschlagnahme" seines *soma* durch den Kyrios geprägt ist.

Die maskuline Selbstpräsentation des Apostels hat demnach zwei komplementäre Seiten. Einmal den „schwachen Apostel", an dessen ehrlosem Körper sein gekreuzigter Herr für jene sichtbar wird, denen sich seine briefliche Evangeliumsverkündigung erschließt. Ihm stellt Paulus den „enthaltsamen Athleten" an die

Seite, der seinen eigenen Leib immer wieder neu seinem Herrn unterwirft. Beide brieflichen Körperinszenierungen des Apostels gehören letztlich zusammen wie die „Stärke" und die „Schwachheit" seines Herrn. Paulus „durchkreuzt" also mit seiner „somatischen" Christologie antike Männlichkeitsideale von Herrschaft und Dominanz – Ideale, die er im Blick auf die eigene asketische und damit radikal selbst-beherrschte Lebensform dann wieder aktiviert. Wer das Sterben Jesu am Leib herumträgt, ist schließlich doch ein ganzer Mann!

Anmerkungen

1 Vgl. dazu auch den Beitrag von Peter Lampe in diesem Band.

2 So *Wick*, Peter (2007), Leib. Ein Beitrag zur paulinischen Anthropologie und Theologie, in: *Schiffner*, Kerstin/*Wengst*, Klaus/*Zager*, Werner (Hg.), Fragmentarisches Wörterbuch. Beiträge zur biblischen Exegese und christlichen Theologie (FS H. Balz), Stuttgart, 275–286, 286.

3 *Bultmann*, Rudolph ([6]1958),Theologie des Neuen Testaments, Tübingen, 195. Zum Folgenden vgl. insgesamt § 17 (= 193–203).

4 *Bultmann*, Theologie, 195 f.

5 Klassisch und immer noch unbedingt lesenswert ist *Käsemann*, Ernst ([3]1993), Zur paulinischen Anthropologie, in: *ders.* Paulinische Perspektiven, Tübingen, 9–60. Dort findet sich insbesondere auf den S. 36–54 die Auseinandersetzung mit dem entscheidenden § 17 von Bultmanns Theologie des Neuen Testaments.

6 Vgl. *Käsemann*, Anthropologie 43. Pointiert ebd. 53: „Es gibt den Menschen nie ohne seine jeweilige Welt".

7 *Güttgemanns*, Erhardt (1966), Der leidende Apostel und sein Herr. Studien zur paulinischen Christologie (FRLANT 90), Göttingen, 279.

8 *Berger*, Klaus (1991), Historische Psychologie des Neuen Testaments (SBS 146/147), Stuttgart, 84.

9 *Berger*, Psychologie, 91.

10 Mit Recht betont von *Wick*, Leib, 275 f.

11 *Dunn*, James D. G. (1998), The Theology of Paul the Apostle, Grand Rapids, MI/Cambridge, 56. 61.

12 Dazu treffend *Neutel*, Karin B. und *Anderson*, Matthew R. (2014), The First Cut is the Deepest: Masculinity and Circumcision in the First Century, in: *Creanga*, Ovidiu/*Smit*, Peter-Ben (Ed.), Biblical Masculinities Foregrounded, Sheffield, 228–244, 229: „However, *if masculinity was a performance, it required an instrument*. Ancient masculinity may not have been determined by anatomy, but the point sometimes overlooked is that

it certainly had implications for anatomy. Likewise, a man's stance and appearance were public indicators of his social status and its corollary, his masculinity. *Masculinity ‚was a language that anatomical males were taught to speak with their bodies‘* (Gleason 1995: 70).“ (Hervorheb. von mir).

13 Dazu *Williams*, Craig A. (^{2}2010), Roman Homosexuality, Oxford, 151–156. Ebd. 155 formuliert er prägnant: „Masculinity was not fundamentally a matter of sexual practice; it was a matter of control“.

14 Begriffe wie οὐλή, ὠτειλή oder τραύμα sucht man bei Paulus vergebens.

15 Livius, Ab urbe condita II 23,3–7.

16 *Koskenniemi*, Heikki (1956), Studien zur Idee und Phraseologie des griechischen Briefes bis 400 n.Chr., Helsinki, 18f. Ebd. 19–21 ein Überblick über die lückenhafte Quellenlage.

17 *Klauck*, Hans-Josef (1998), Die antike Briefliteratur und das Neue Testament. Ein Lehr- und Arbeitsbuch, Paderborn, 149.

18 Dazu *Koskenniemi*, Studien, 38–42, der die bei Demetrios greifbaren Gedanken auf peripatetische Inhalte zurückführt, zumal Demetrios Briefe des Aristoteles erwähnt. Vgl. dazu auch *Hoegen-Rohls*, Christina (2013), Zwischen Augenblicks-Korrespondenz und Ewigkeitstexten. Eine Einführung in die paulinische Epistolographie (BThS 135), Neukirchen-Vluyn, 28–31. Kritisch dazu aber *Thraede*, Klaus, Grundzüge griechisch-römischer Brieftopik (Zetemata 48), München, 21 f.

19 Vgl. mit Belegen *Koskenniemi*, Studien, 38 ff.

20 *Hoegen-Rohls*, Augenblicks-Korrespondenz, 33.

21 *Klauck*, Briefliteratur, 153.

22 Dazu *Klauck*, Briefliteratur, 153 f.

23 *Koskenniemi*, Studien, 46.

24 Zum „Ersatzcharakter“ des Briefes – so auch bei Ps.-Demetrios –, dem das persönliche Zusammensein in jedem Fall vorzuziehen ist, vgl. *Bosenius*, Bärbel (1994), Die Abwesenheit des Apostels als theologisches Programm. Der zweite Korintherbrief als Beispiel für die Brieflichkeit der paulinischen Theologie (TANZ 11), Tübingen, 86–96, außerdem *Hoegen-Rohls*, Augenblicks-Korrespondenz 58–62.

25 *Bosenius*, Abwesenheit, 92–94 u.ö.

26 Belege (v.a. ep. 55,9 und 38,1) bei *Thraede*, Grundzüge, 70.

27 *Bosenius*, Abwesenheit, 93. Vgl. auch ebd. 97, wonach es Paulus darum gegangen sei, hinter Christus und dem Evangelium zurückzutreten.

28 § 227: σχεδὸν γὰρ εἰκόνα ἕκαστος τῆς ἑαυτοῦ ψυχῆς γράφει τὴν ἐπιστολήν, bei *Koskenniemi*, Studien 40, vgl. auch *Hoegen-Rohls*, Augenblicks-Korrespondenz, 29.

29 *Bauer*, Thomas Johannes (2011), Paulus und die kaiserzeitliche Epistolographie. Kontextualisierung und Analyse der Briefe an Philemon und an die Galater (WUNT 276), Tübingen, 37 (Hervorheb. von mir).

30 So *Bauer*, Paulus 107.

31 *Klauck*, Briefliteratur 157–163.

32 τῷ σώματι μόνον πάσχω τοῦτο. Dazu *Koskenniemi*, Studien 38, *Thraede*, Grundzüge, 27. Nach *Klauck*, Briefliteratur, 158, erfolgte die Endredak-

tion im 3. Jh. n.Chr., die Stoffe dürften aber bis ins 2. Jh. v.Chr. zurückgehen. Die Idee der Anwesenheit im Brief tritt dann v.a. bei den Lateinern deutlich hervor.

33 Dazu *Schenk*, Wolfgang (1984), Die Philipperbriefe des Paulus. Kommentar, Stuttgart, 265. Diese polemische Abwertung fehlt interessanterweise im Römerbrief, der den Besuch des Paulus in Rom vorbereiten soll. Auffällig ist einerseits, dass Paulus hier gar nicht auf seinen Körper zu sprechen kommt. Der Brief an eine ihm unbekannte Gemeinde zeigt also indirekt, dass die von Paulus vorgenommenen Codierungen seiner Körpersprache entsprechende Konflikte voraussetzen. In Röm 15,1 bezeichnet er sich sogar als „Starker". Hinzu kommt, dass sich Paulus in den sog. Israel-Kapiteln des Römerbriefs (Röm 9–11) explizit als *Jude* (9,1–3) und damit als Teil des heiligen Restes inszeniert, der die Beständigkeit der Verheißungen Gottes innerhalb der Ekklesia aus Juden und Heiden garantiert und der zugleich belegt, dass Gott sein Volk nicht verstoßen hat. Wie gesagt, sein Körper ist im Römerbrief kein Thema, daher redet er auch nicht direkt von seiner eigenen Beschneidung, deren „Nutzen" er aber in 3,1f. nennt. Wohl aber präsentiert er sich als „Israelit, aus dem Samen Abrahams, vom Stamme Benjamin" (11,1) – gerade als solcher ist er „der Apostel der Heiden" (11,13, vgl. 1,5 und 15,16).

34 *Dover*, Kenneth J. (^{2}1989), Greek Homosexuality, Cambridge, MA, 127. Zum ganzen mit Belegen ebd. 124–135.

35 Dazu auch *Neutel/Anderson*, Cut, 230–233.

36 Wir lassen hier die Frage offen, ob der zweite Korintherbrief eine Briefsammlung darstellt oder nicht, vgl. dazu *Gräßer*, Erich (2002) Der zweite Brief an die Korinther I (ÖTK 8/1), Gütersloh, 29–35, sowie *Schmeller*, Thomas (2010), Der zweite Brief an die Korinther I (EKK VIII/1), Neukirchen-Vluyn, 19–38.

37 Die Passage enthält laut Gräßer den hermeneutischen Schlüssel für 2 Kor 10–13 (*Gräßer*, 1 Kor II 245).

38 Darauf deutet das passivum divinum εἰς θάνατον παραδιδόμεθα („wir werden in den Tod dahingegeben") hin, vgl. dazu *Schmeller*, 2 Kor I 264: „Wie Jesus, so wird auch Paulus von Gott dem Leiden und Sterben ausgeliefert".

39 Vgl. dazu 1 Kor 1,7: Daher habt ihr an keinem Charisma Mangel.

40 *Schmeller*, 2 Kor I, 265.

41 Dort allerdings spricht er auch davon, dass die Gemeinde dieselben Leiden leidet, wie auch die Apostel.

42 *Güttgemanns*, Apostel 95, betont mit Recht, dass 2 Kor 4,7–15 „aus sachlichen Gründen in die Nachbarschaft der Polemik von Kap. 10–13 gehört".

43 *Gräßer*, 2Kor II, 253.

44 *Güttgemanns*, Apostel, 118.

45 *Güttgemanns*, Apostel, 134.

46 *Güttgemanns*, Apostel, 109f. mit E. Käsemann.

47 Dazu auch *Güttgemanns*, Apostel, 123f.: „Einmal ist der Apostolat die irdische Manifestation des Evangeliums. Zum anderen ist die apostolische Existenz die somatische Epiphanie des Gekreuzigten, der seinerseits

wiederum einziger Inhalt des Evangeliums ist. Die Epiphanie des Gekreuzigten ist also nichts anderes als die somatisch-existentielle *Verkündigung Jesu* als des Herrn".

48 Vgl. *Güttgemanns,* Apostel, 153.

49 Treffend *Güttgemanns*, Apostel, 118.

50 *Neutel/Anderson*, Cut, 240.

51 *Güttgemanns*, Apostel, 114.

52 Ausführlich *Weidemann*, Hans-Ulrich (2014), Selbstbeherrschte Hausherren. Beobachtungen zur rhetorischen Funktion des Maskulinitätsideals in den Pastoralbriefen, in: *Hoppe*, Rudolf/*Reichardt*, Michael (Hg.), Lukas - Paulus - Pastoralbriefe (FS A. Weiser) (SBS 230), Stuttgart, 271–302, 287–290.

53 Ausführlich und mit Belegen *Poplutz*, Uta (2004), Athlet des Evangelium Eine motivgeschichtliche Studie zur Wettkampfmetaphorik bei Paulus (HBS 43), Freiburg, 270–277. Genannt werden zum Thema *Sexualaskese der Wettkämpfer* v.a. Plato, Leg VIII 839e–840a und Philostrat, Gym 48–52, zum Thema der *Weinaskese* Epiktet, Ench 29, und ebenfalls Philostrat, Gym 48–52.

54 Diesen Grundgedanken wird er in Röm 6,12–23 allgemein im Hinblick auf den Kampf der Getauften gegen den Zugriff der Sünde auf ihren „sterblichen Leib" nochmals neu ausformulieren.

55 Dazu *Tiedemann*, Holger (2002), Paulus und das Begehren. Liebe, Lust und letzte Ziele. Oder: Das Gesetz in den Gliedern, Stuttgart, 102–107 („Selbsttechniken"), laut dem die Paulusbriefe nichts erkennen lassen, was den hellenistisch-römischen Selbsttechniken (im Sinne M. Foucaults) vergleichbar wäre.

56 Von „erzwungenem Fasten" (*Gräßer*, 2 Kor II, 169) steht nichts im Text, richtig ist aber, dass mit „Hunger und Durst" die Konsequenzen des häufigen Fastens genannt werden. Dagegen spricht auch 1Kor 16,13, wo Paulus die Gemeinde zum „Wachen" und zur Standhaftigkeit in der *pistis* aufruft und dies mit dem Appell, „männlich" zu werden und Stärke zu gewinnen, verbindet.

Vom Schüler zum Freund: Männerkarriere im Johannesevangelium[1]

Peter Wick

1. Die Schüler als Freunde

In den Abschiedsreden nennt Jesus im vierten Evangelium (Joh 13–17) seine Schüler[2] Freunde. Der Begriff Freund (phílos) als Verhältnisbeschreibung von Jesus und seinen Schülern spielt in den synoptischen Evangelien kaum eine Rolle. Nur in Lk 12,4 spricht Jesus seine Schüler einmal als „seine Freunde" an, obwohl „Freunde" dort in Gleichnissen eine Rolle spielen. Auch sonst wird im biblischen Kontext größte Zurückhaltung geübt, die Beziehung von Menschen zu Jesus oder Gott mit Freund (phílos) zu bezeichnen. In Jak 2,23 wird Abraham Freund Gottes genannt. In der Hebräischen Bibel gilt neben Abraham auch Mose als Freund Gottes (Ex 33,11).

Es ist deshalb bemerkenswert, dass der Begriff Freund (phílos) im Johannesevangelium eine so wichtige Rolle für das Schüler-Jesusverhältnis spielt. Johannes der Täufer bezeichnet sich in seinem Verhältnis zu Jesus als Freund des Bräutigams (Joh 3,29).[3] Jesus spricht von Lazarus als Freund von ihm und seinen Schülern (Joh 11,11). In den letzten Jahren hat sich deshalb ein eigener Zweig der Johannesforschung gebildet, der diesem Phänomen nachgeht.

Klaus Scholtissek hat 2004 die Frage nach dem hellenistischen Hintergrund dieser Freundschaftsaussagen in einem wichtigen Aufsatz veröffentlicht. Ruben Zimmermann, Boris Repschinski und Martin Culy haben hier ebenfalls wichtige Beiträge geliefert.[4]

Im Johannesevangelium wird das Verhältnis der Schüler zu Jesus mit verschiedenen Beziehungsebenen beschrieben: Als Schüler-Lehrer-Verhältnis (1,38), als Knecht-Herr-Beziehung und zentral als Familienmitglied in der *familia Dei* (Joh 1,12f; 3,3; 3,5; 20,17 mit Gott als Vater; 14,2 Haushalt von Gott; Joh 8). In den Abschiedsreden wertet Jesus seine Beziehung von den Schülern explizit von einer Herr-Knecht-Beziehung zu einer Freundschaft (Joh 15,13–15) auf (*upgrade*).

Die Rede vom Weinstock und vom Bleiben in Jesus mit den anschließenden Worten von der Freundschaft mit Jesus bildet das Zentrum der Abschiedsreden. Diese hervorgehobene Stellung unterstreicht, dass für den Evangelisten Freundschaft zu Jesus eine herausragende Rolle spielt.

Falls der Verfasser synoptische Traditionen bearbeitet, was anzunehmen ist,[5] steigert er die Beziehung der Schüler zu Jesus über seinen Tod und Auferstehung hinaus gezielt hin zu einer besonderen Männerfreundschaft.

2. Freundschaftskonzepte des Hellenismus im Evangelium

Wie ist nun diese Freundschaft zu verstehen? Welches historisch greifbare Konzept liegt ihr zu Grunde? Zur Beantwortung dieser Frage muss zuerst der Text untersucht werden:

> *Joh 15: 9 Wie mich der Vater geliebt hat, habe ich auch euch geliebt. Bleibt in meiner Liebe. 10 Wenn ihr meine Gebote haltet, bleibt ihr in meiner Liebe, so wie ich die Gebote meines Vaters gehalten habe und in seiner Liebe bleibe. 11 Dies habe ich euch gesagt, damit meine Freude in euch sei und eure Freude vollkommen werde. 12 Dies ist mein Gebot, dass ihr einander liebt, wie ich euch geliebt habe. 13 Größere Liebe als diese hat niemand, als wer sein Leben einsetzt für seine* Freunde. *14 Ihr seid meine* Freunde, *wenn ihr tut, was ich euch gebiete. 15 Ich nenne euch nicht mehr Sklaven, denn der Sklave weiß nicht, was sein Herr tut. Euch aber habe ich Freunde genannt, weil ich euch alles, was ich von meinem Vater gehört habe, mitgeteilt habe. 16 Nicht ihr habt mich erwählt, sondern ich habe euch erwählt und euch gesetzt, dass ihr hingeht und Frucht bringt und eure Frucht bleibt, damit das, was ihr den Vater in meinem Namen bittet, er euch gibt. 17 Dieses gebiete ich euch, dass ihr einander liebt.*

Hellenistische Freundschaftsideale spielen im Hintergrund zu diesem Text eine wichtige Rolle. Doch wie greift der Text auf solche zurück und welcher Sinn wird damit hervorgerufen?

Zentrale Topoi antiker Freundschaftsdiskurse sind statusbezogene Gleichheit und Reziprozität unter den Freunden.[6] Die Reziprozität ist mit einem Nützlichkeitsdenken verbunden. Freunde bringen sich gegenseitig einen Nutzen. Solches reziproke Nützlichkeitsdenken spielt in Joh 15 kaum eine Rolle. Die Schüler bringen Jesus keinen direkten Nutzen. In der unmittelbar vorangehenden Rede vom Weinstock ist das zwar indirekt der Fall: Der Weinstock ist auf die Reben angewiesen, um Frucht zubringen. Der Duktus des Bildes aber betont die umgekehrte Richtung: Ohne die Verbindung zum Weinstock sind die Reben nutzlos. Gleichheit ist in der Bildrede vom Weinstock gerade nicht das Thema.[7] Doch das Gleichheitsideal begegnet in Joh 15,9–17 umso deutlicher: Jesus gewährt seinen Schülern, die bis jetzt den Status von Knechten hatten, die Ehre der Freundschaft und stellt sie hinsichtlich der Beziehung mit ihm selbst, der mit Gott dem Vater eins ist, auf eine Ebene.

Gleichheit ist also nicht Voraussetzung für diese Freundschaft, sondern wird erst durch diese realisiert. Der gegenseitige Nutzen ist nicht das Ziel. Dies steht in Spannung zum hellenistischen Freundschaftsideal.

Aristoteles begründet die Gleichheit besonders in einer Tugendlehre. Freunde sind auf dieselben Tugenden ausgerichtet.[8] Jesus erhebt die Schüler zu Freunden durch die gemeinsame Ausrichtung auf die Liebe, die in der Liebe des Vaters zu ihm und in seiner Liebe zu ihnen begründet ist und die zugleich Vorbild ist für ihren Umgang miteinander.

Freundschaften werden gerne beim Gastmahl am Abend, dem Deipnon, dem das Symposion folgt, geschlossen. Die Abschiedsreden folgen unmittelbar auf das Mahl am Abend (Deipnon), bei dem Jesus seinen Schülern die Füße gewaschen hat. Sie können als Reden verstanden werden, die beim Symposion stattgefunden haben, welches an das Deipnon anschloss.

Ein weiteres Ideal ist präsent: Der Besitz ist den Freunden gemeinsam.[9] Dies gilt auch für das Wissen. Freunde haben keine Geheimnisse voreinander und reden in Freimütigkeit zu einander.[10] Die Gottes-Freunde Abraham und Mose werden je von Gott in seine Gerichtspläne gegenüber Sodom und Gomorrha (1. Mose 18,16–33) beziehungsweise dem Volk in der Wüste (2. Mose 32,7–14) eingeweiht und diskutieren mit ihm. Jesus teilt den Schülern alles mit, was er vom Vater gehört hat. Da er mit dem Vater eins ist und die Schüler mit ihm in Freundschaft verbunden werden, werden sie jedenfalls hintergründig so zugleich zu Gottes Freunden. Insofern die Welt Gott und seinen Sohn ablehnt, hasst sie auch die Schüler Jesu (Joh 15,18 f).[11]

Die Schüler haben Anteil an den Zugangsrechten zu Gott. Was Jesus sich vom Vater erbeten könnte, steht ihnen in seinem Namen auch zu. Alles, was Jesus von seinem Vater weiß, teilt er seinen Freunden mit. Allerdings gilt es zu beachten, dass die Schüler keine entsprechende Gegenleistung zu bieten haben. Sie profitieren einseitig von den Gaben Jesu. Eine eigentliche Reziprozität der Freundschaft ist nicht gewährleistet (auch wenn die Liebe gegenseitig sein soll). Das Gefälle der Abhängigkeit wird unter Rückbezug auf das Bildwort vom Weinstock in Joh 15,16 nochmals verfestigt: „Nicht ihr habt mich erwählt, sondern ich habe euch erwählt und euch gesetzt, dass ihr hingeht und Frucht bringt und eure Frucht bleibt, damit das, was ihr den Vater in meinem Namen bittet, er euch gibt.“ Der johanneische Jesus hält hier deutlich fest, dass ein hierarchisches Gefälle bleibt. Das Handeln der Schüler ist letztlich allein in seinem Erwählungshandeln und seiner Liebe[12] begründet.

In hellenistischen Texten zur Freundschaft wird das Sterben für den Freund als Grenzfall der Freundschaft verhandelt.[13]

Doch in Joh 15,13 ist davon weniger als Grenzfall als vom höchsten Maß der Freundschaftsliebe die Rede. Jesus ist bereit, für seine Freunde zu sterben.[14] Dasselbe wird von seinen Schülern nicht direkt gefordert, doch indirekt schon. Denn er gibt ihnen seine Liebe zum Vorbild.[15] Werden das Evangelium und die Johannesbriefe in ihrem gegenseitigen Bezug gelesen, wird dies eindeutig: Nach 1 Joh 3,16 schulden sich die Brüder gegenseitig, das Leben für einander einzusetzen.

3. Eine radikalere und asymmetrischere Form von Freundschaft

Die Lebenshingabe als höchste Realisierung von Freundschaft und das starke, hierarchische und einseitige Gefälle im Verhältnis von Jesus und den Schülern stehen in Spannung zum hellenistischen Freundschaftsideal und bedürfen der Erklärung. Weshalb greift der Autor eindeutig Topoi hellenistischer Freundschaftsideale positiv auf, um ihnen dann doch ganz offensichtlich nicht gerecht zu werden? Für Scholtissek ist Jesu Freundschaft zwar „einseitig"[16], aber zugleich wird die Asymmetrie von ihm aufgehoben.

Einen gangbaren Weg zeigt R. von Bendemann auf: Freundschaft bleibt in Joh 15 eng verbunden mit einem Familienkonzept, welches in der Antike grundsätzlich hierarchisch verstanden wird.[17]

Doch der Text spricht hier von Freundschaft als höchster Ebene, die andere Ebenen hinter sich zurück lässt. Tatsächlich gibt es im Römischen Reich hierarchischere Konzepte von Freundschaft. Unter solchen politischen Freundschaftsbeziehungen kann die wechselseitige Solidarität von Polisbürgern oder herrschenden Eliten gemeint sein. Auch die Klientelbeziehung zu einem höher gestellten Menschen kann so bezeichnet werden. Höhergestellte verschaffen sich durch gezielte Wohltätigkeit ein Klientel, welches sie in allen Belangen unterstützt. Solche Freundschaft ist zwar asymmetrisch aber dennoch reziprok gedacht. Eine solche politische Freundschaft dient dem Johannesevangelium als Negativfolie. Sie ist eine „gegnerische" Freundschaftsvorstellung.[18] In Joh 19,12 ist Pilatus gerade als „Freund des Kaiser" kompromittierbar.

Ein anderes hierarchischeres Freundschaftskonzept zielt auf eine radikalere Form von Freundschaft, die – so wird postuliert –

östlich der Reichsgrenze zu finden sei. Bei Tacitus, einem Zeitgenossen des Evangelisten, und bei Lukian von Samosata (120–180), der ein gutes halbes Jahrhundert später schreibt, wird diese Freundschaftsvorstellung greifbar: Männer drängen sich um einen Helden und werben um seine Freundschaft, bis sie von diesem als Freund auserwählt werden. In einer Art von Blutsgemeinschaft setzen sie sich ganz für die Ziele ihres Heldenfreundes ein. Sie sind bereit, ihr Leben für diesen zu opfern. Diesen in der Schlacht zu überleben, gilt als Schande, weil dies Zeichen eines mangelnden Einsatzwillens für den Freund wäre. Umgekehrt partizipieren sie voll an den Privilegien und dem Reichtum ihres Freundes und speisen an seinem Tisch.

Christopher Beckwith, ein führender Spezialist für die Erforschung des sogenannten „Zentral Eurasiens" in Antike und Mittelalter stellt in seiner Monographie „Empires of the Silk Road" (2009)[19] das Vorwort unter den Titel: „The Hero and his friends", weil er diesen Freundschaftstyp als Teil eines zentraleurasiatischen Kulturkomplexes betrachtet. Er stützt sich dabei unter anderem auch auf Lukian und Tacitus.

Lukian beschreibt in seinem Dialog Toxaris den Wettstreit eines Griechen und eines Skythen namens Toxaris um die Frage, welche Kultur die bessere Auffassung von Freundschaft zu bieten hat. In Toxaris klingt das folgendermaßen:

> *Du mußt aber wissen, mein Lieber, daß uns Scythen die Freundschaft für das Höchste gilt, und daß ein Scythe seinen größten Stolz darein setzt, mit einem geliebten Freunde Mühen und Gefahren zu theilen* (Tox. 7[20]).

> *Vorerst aber will ich dir sagen, wie die Freundschaften bei uns entstehen. Es sind keine bloßen Bekanntschaften vom Trinktische her, wie bei euch, oder entstanden aus dem Zufalle, daß ihrer Zwei mit einander aufgewachsen oder Nachbarn sind. Wo wir einen Mann von edler Gesinnung und großer Thatkraft sehen, um den drängen wir uns alle her, und lassen es uns nicht verdrießen, um seine Freundschaft lange und angelegentlich, wie ihr um eure Bräute, zu werben und alles Mögliche anzuwenden, um derselben nicht unwürdig zu erscheinen. Und wenn er denn wirklich Einen von uns sich zum*

Freunde gewählt hat, so wird das Bündnis mit dem heiligsten Eidschwure bekräftigt, fortan mit und für einander zu leben, und, wo es nötig würde, zu sterben. Von dem Augenblicke an, wo sie sich in den Finger geschnitten, sodann in den Becher, der das rinnende Blut aufgenommen, die Spitze ihrer Schwerter getaucht, und darauf den Becher zum Munde geführt und getrunken haben, von diesem Augenblicke an ist Nichts in der Welt, was sie trennen könnte. (Tox. 37)

Ich fahre gleich mit Tacitus weiter: Tacitus schreibt über die Germanen:

Wenn man in die Schlacht gekommen ist, ist es für den Führer schändlich, sich in Tapferkeit übertreffen zu lassen, schändlich für das Gefolge, der Tapferkeit des Führers nicht gleichzukommen. Vollends entehrend und schmachvoll gegen jedes Leben ist es, seinen Führer überlebend aus der Schlacht geschieden zu sein. Jenen zu verteidigen, zu schützen, auch seine eigenen tapferen Leistungen dessen Ruhm anzurechnen ist ein außerordentlicher Akt der Treue. [ ] sie verlangen von der Freizügigkeit ihres Führers nämlich jenes Kriegsross, jene bluttränkte und siegreiche Frame[21]*. Denn Gastmähler und reichliche, wenn auch schmucklose, Zurüstungen zählen als Sold [ ].* (Tac. Ger. 14)

Hier schließen nicht Gleichgestellte miteinander Freundschaft, sondern ein Held wählt Freunde aus unter denen, die darum wetteifern. Tatsächlich weist dazu nicht nur Joh 15 eindrückliche Ähnlichkeiten auf, sondern auch andere Eigentümlichkeiten des Johannesevangeliums lassen sich durch dieses Freundschaftsmuster vertieft deuten. Erst nachdem die Ähnlichkeiten aufgezeigt worden sind, soll gefragt werden, ob und wie es zu verantworten ist, Skythen- und Germanenquellen auf das Johannesevangelium zu beziehen.

Anders als bei den Synoptikern ruft Jesus außer Philippus die Schüler nicht zur Nachfolge, sondern sie drängen von sich aus zu ihm und wollen bei ihm bleiben: „Lehrer, wo bleibst du?“ (1,38).

Jesus beruft auch den 12er Kreis nicht. Er provoziert und erschreckt seine Schüler mit der Rede davon, dass sie sein Fleisch kauen und sein Blut trinken müssen (Joh 6,51–56). Auch wenn das Bluttrinken anders als bei Toxaris symbolisch gemeint ist, wenden sich viele aufgrund dieser Rede von Jesus ab. Nur der harte Kern von zwölf Schülern bleibt übrig. Die Schüler kommen also zu Beginn des Evangeliums zu Jesus und werden von ihm geprüft. Nur wenige bleiben. Diese sind anscheinend die zwölf, die in 6,67 zum ersten Mal erwähnt werden. In Joh 15 werden sie erfahren, dass sie nicht deshalb zu Freunden von ihm werden, sondern weil er sie dazu ausgewählt hat.

Darüber hinaus scheint die Bereitschaft der Schüler, für den „Helden" und Freund zu sterben, im Johannesevangelium eben nicht der Grenzfall der Freundschaft zu sein, sondern eher eine Selbstverständlichkeit. Nachdem Jesus aus Judäa entwichen ist, weil er dort in Todesgefahr war, will er zu seinem Freund Lazarus zurückkehren, obwohl das den Einsatz seines Lebens für den Freund bedeutet.[22] Thomas weiß um die Todesgefahr in dieser Gegend und fordert seine Mitschüler auf: „Lasst auch uns gehen, um mit ihm zu sterben!" (11,16).

Petrus will sein Leben für Jesus einsetzen und für ihn lassen (13,37 f). Nur in diesem Evangelium verteidigt der namentlich genannte Petrus seinen Freund mit dem Schwert (18,10). In Joh 21,19 kündigt der Auferstandene an, dass Petrus um seinetwillen tatsächlich in der Zukunft den Tod erleiden wird.

Joh 15,9–17 bringt nun die Beziehung der Schüler zu Jesus auf den Begriff der Freundschaft. Jesus bietet den Schülern eine ganz bestimmte Freundschaft an, die viele Ähnlichkeiten zu Toxaris[23] und auch zu Germania hat. Die Voraussetzung dieser Freundschaft ist, dass seine Schüler geblieben sind, geblieben bei Jesus und in seiner Liebe, und sich nun gegenseitig mit dieser Liebe lieben. Judas wird nicht zum Freund, denn er ist nicht geblieben und hat Jesus bereits verlassen (Joh 13). Diese Freundschaft ist klar hierarchisch. Allein Jesus hat seine Freunde erwählt. Die Teilhabe ist einseitig. Die Schüler partizipieren durch ihren neuen Status als Freunde an den Gütern und Privilegien Jesu: an seiner Freude, an seinem Wissen, an seiner Gebetsvollmacht, an seiner Fähigkeit, bleibende Frucht zu wirken, und vor allem und als erste an seinem heilbringenden Einsatz seines Lebens, der die höchste Form dieser Liebe zu den Freunden ist. Sie scheitern zwar selbst mit einer solchen Liebe, als Jesus gekreuzigt wird, obwohl sie gemeint haben, dass sie dafür bereit sind. Sie verstehen die Bereitschaft, für den Freund zu sterben, offensichtlich als Selbstverständlichkeit.

Allerdings wird das Konzept dieser radikaleren Freundschaft des Ostens anscheinend gezielt und ganz im Duktus der johanneischen Theologie gebrochen und umgedreht. Es gelingt den Freunden gerade nicht, ihr Leben für den „Hero" zu lassen, sondern dieser setzt sein Leben für die Freunde ein. Der Tod des „Heros" zieht die anderen nicht mit in den Tod, sondern eröffnet ihnen das Leben in Fülle.

Die Lebenshingabe der Freunde ist durch den johanneischen Jesus gerade nicht intendiert. Später, jenseits des Textes, wird sie zur Möglichkeit (21,19).

4. Freundschaft bis in den Tod: Gefährliche Rezeptionsgeschichte

Unmittelbar nach dem ersten Weltkrieg wurden in Deutschland hunderte von Gefallenendenkmälern errichtet, auf denen Joh 15,13 erwähnt wird. Die gefallenen Soldaten werden so zu den wahren und größten Freunden der allegorischen „Germania", die bereit waren, für diese zu sterben. Unfreiwillig sind sie einander zu Kameraden geworden. Durch diesen Vers werden sie zu Freunden gemacht, die heroisch füreinander gestorben sind. Freiwillige, christliche Aufopferung wird ihnen kontrafaktisch durch diesen dabei mehrfach missbrauchten Vers unterstellt. Günther Dehn hat diesen Missbrauch 1928 in einem Vortrag kurz kritisiert. Da die Soldaten auch töten wollten, habe dies nichts mit christlicher Aufopferung zu tun. Gerade dieser Teil des Vortrages verursachte einen Skandal in der Öffentlichkeit. Die Berufungen Dehns nach Heidelberg und Halle scheiterten deshalb.[24]

Es ist zu vermuten, dass die Verwendung von Joh 15,13 auf Gefallenendenkmälern auch dadurch möglich war, dass im Hintergrund die Ideale von Tacitus' Germania in der deutschen Kultur implementiert waren. Denn im Nationalismus des 19. Jh. und frühen 20. Jahrhunderts war Tacitus' Germania als kultureller Subtext ideologisch aktiviert und aufgeladen.[25]

Arnaldo Momigliano beschreibt 1956 „Germania" als „among the most dangerous books ever written".[26]

Doch ist eine Nähe der Freundschaftsethik im Johannesevangelium zur germanischen des Tacitus und zur skythischen des Lukian abgesehen von der zeitlichen Nähe historisch überhaupt vorstellbar?

Schon 1920 hat Eduard Norden die germanischen Ideale von Germania dekonstruiert.[27] Er zeigt, dass Tacitus in Germania die Skythenberichte des Herodots typologisch verarbeitet hat.[28] Dies gilt auch in einem gewissen Umfang für Lukian,[29] der als der „Syrer" von Samosata vielleicht zugleich über direkte Informationen aus dem Osten verfügt hat. Letztlich sind sowohl Tacitus als auch Lukian Zeugen dafür, dass es im Römischen Reich Ende des ersten und im zweiten Jahrhundert eine Vorstellung gab, dass es jenseits der östlichen Grenzen des Imperiums eine radikalere, hierarchische Freundschaft gebe, die eine enge Verbindung von Männer sei, um Zielen eines heldenhaften Menschen unter Einsatz des eigenen Lebens zum Durchbruch zu verhelfen.

Das Wort von der Lebenshingabe für die Freunde war auch im zweiten Weltkrieg präsent. So sprach Pfarrer Dr. Karl Alt Hans Scholl vor seiner Hinrichtung Joh 15,13 zu. „Auch der ihnen bevorstehende Tod sei, so sagte ich, ein Lebenlassen für die Freunde, ein Opfertod fürs Vaterland genauso wie der an der Front, nur dass durch ihn viele gewarnt werden sollen vor weiterem wahnwitzigen Blutvergießen."[30] Pfarrer Alt versteht Joh 15,13 ambivalent. Das Sterben der Soldaten an der Front sei ein Opfertod. Zugleich aber würdigt er mit diesem Vers den Tod von Hans Scholl. Dieser Opfertod habe eine kritische Funktion gegen das Sterben auf den Schlachtfeldern.

5. Ergebnisse und Perspektiven

Der Evangelist scheint mit einer solchen kulturellen Projektion zu arbeiten. Jesus erhebt seine Anhänger zu Freunden im Sinne dieser radikaleren Freundschaft. Doch zugleich kehrt er dieses Konzept um und bricht ihm die Spitze, indem er selbst als „Hero" sein Leben für seine Freunde einsetzt und verliert.

Jesus bietet sich den Schülern damit auch als Prototyp zur Nachahmung an. Diese Freundschaftsethik ist Ethik im Sinne der johanneischen responsive und reactive ethics, die zum Handeln herausfordert.[31] Es liegt diesem ethischen Aspekt aber kein universaler Zug zugrunde,[32] sondern wie das Liebesgebot im Johannesevangelium nach innen ausgerichtet ist, um so gerade auch von außen erkannt zu werden (Joh 13,35), so intendiert der innere Zusammenschluss der Freunde auch den Erfolg der „Mission" nach außen.[33] Die Schüler Jesu sollen sich untereinander lieben, nicht die Welt. Aber diese Liebe führt die Welt zur wahren Erkenntnis. Jesus bildet mit seinen Schülern einen Männerbund. Gerade dieser hat die Kraft, nach außen missionarisch zu wirken. Die Liebe nach innen dient so der Liebe Gottes gegenüber der Welt (Joh 3,16). Gerade das „Ostmodell" der Freundschaft kann als „effektive Freundschaft" bezeichnet werden, weil diese enge („geschlossene") Männerverbindung viel in der Gesellschaft bewirken kann.

Durch die Aktivierung dieses Freundschaftsideals wird das Scheitern der Schüler gegenüber ihrem Freund Jesus besonders hervorgehoben. Sie bleiben dennoch in der Freundschaft mit Jesus aufgehoben, weil seine Freundschaft im Gegensatz zu diesem Ideal auch den gescheiterten Freund – solange er wie die Rebe im Weinstock bleibt und nicht wie Judas aus diesem Kreis ausbricht – nicht ausschließt. Dieses Scheitern bekommt so einen programmatischen und theologischen Aspekt.

Dieses „östliche" Konzept von Freundschaft ist ganz auf Beziehungen unter Männern ausgerichtet. Das Evangelium bricht diese Ausrichtung nicht auf. Nur Männer gehören zu diesem Freundschaftsbund. Dies ist bemerkenswert, aber doch nicht ganz überraschend. Denn den Frauen kommt im Evangelium eine andere Rolle zu.

Die Frauen sind im Johannesevangelium viel mehr ein „Gegenüber" zu Jesus: Sie beeinflussen den Fortgang der Geschichte durch ihre Interventionen immer wieder maßgeblich. Obwohl Jesus sich an der Hochzeit zu Kana noch nicht offenbaren will, macht er dies schließlich auf die Intervention seiner Mutter hin doch. Ähnliches gilt auch für die Begegnung mit der Samaritanerin (Joh 4), die Begegnung mit Martha und Maria beim Tod ihres Bruders Lazarus (Joh 11), die Fußsalbung durch Maria (Joh 12) und ihre Begegnung mit dem Auferstandenen (Joh 20). In manchen dieser Geschichten spielen auch erotische Motive und Hochzeitsmotive zwischen Mann und Frau im Hintergrund eine assoziative Rolle.[34]

Wenn, wie die Genderforschung gezeigt hat, „gender" im Gegensatz zu „sex" immer konstruiert ist und somit auch eine moderne Angleichung von „gender" eine gesellschaftliche Konstruktion ist, spricht nichts dagegen, sich auf die Konstruktion von Männerfreundschaft des Johannesevangeliums einzulassen und nach dem Potential zu fragen, das in diesem johanneischen Modell liegt.

In Diskussionen in Männerkreisen wurde mir deutlich, wie viel Männer spontan mit diesen Freundschaftskonzepten anfangen können. Zum Teil werden Sehnsüchte nach einer solchen Männerfreundschaft ausgesprochen, zum Teil dies sogar als Sinn für das eigene Leben bezeichnet, sich ganz mit seinem eigenen Leben gemeinsam mit anderen für die höheren Ziele eines Freundes einzusetzen, dem eine besondere Autorität zuerkannt wird. Allein dies im Männerkreis zu diskutieren, kann sehr viel über persönliche Ziele und Einstellungen aufdecken. Zugleich ist klar, dass dieses Ideal, gerade weil es offensichtlich latent bei vielen Männern wirksam ist, oft missbräuchlich eingesetzt worden ist, nicht nur für militärische Zwecke in der ersten Hälfte des 20. Jahrhunderts, sondern auch immer wieder im kleineren Rahmen, wenn in Beruf oder Kirche von Leitenden und Verantwortlichen als Gegenleistung für Leistung auch

Freundschaft angeboten wird. Die differenzierte Wahrnehmung des johanneischen Umgangs mit diesem Ideal kann hier kritisch und aufklärend wirken. Jesus verlangt nichts weiter von seinen Freunden, als dass sie bei ihm bleiben. Ihr Scheitern schmälert seine Freundschaft nicht, im Gegenteil, wie der Umgang von Jesus mit Petrus nach der Auferstehung zeigt (Joh 21).

So wirft das Johannesevangelium interessante Perspektiven auf Männerfreundschaften. Es bietet ein in der Antike fest verankertes Bild von Freundschaft: Freundschaft ist nicht eine Grundform sondern eine Spezialform von Beziehungen, nach Johannes die höchste Stufe von Männerbeziehungen. Freundschaft ist aber mehr als Beziehungspflege unter Gleichgesinnten. Gleichgesinnten sollen in freundschaftlicher Verbundenheit auf größere Ziele ausgerichtet sein, für die es sich lohnt, sich ganz einzusetzen. Freundschaft ist aber nicht Mittel zu einem höheren Zweck. Sondern wenn Freundschaft richtig gepflegt und gelebt ist, wächst aus ihr Frucht, die über den Rahmen der Freundschaft weit hinausgehen kann. Liebe unter Freunden kann der Liebe Gottes zur Welt Gestalt geben.

Anmerkungen

1 Dieser Aufsatz ist eine überarbeitete Version des Beitrages *Wick*, Peter (2014), Radikale Männerfreundschaft im Johannesevangelium", in: *Fischer*, Martin (Hg.): Jesus und die Männer. Impulse aus einer Fachtagung zu theologischer Männerforschung, Wien, 83–95.

2 Matetés wurde von Luther als Jünger übersetzt. Heute ist aber Schüler die adäquatere Übersetzung.

3 *Zimmermann*, Ruben (2012): Is there Ethics in the Gospel of John? Challenging an outdated consensus, in: *van der Watt*, Jan Gabriël/*ders.* (Hg.): Rethinking the Ethics of John: ‚Implicit Ethics' in the Johannine Writings (Kontexte und Normen neutestamentlicher Ethik/Contexts and Norms of New Testament Ethics 3, WUNT I/291), Tübingen, 40–80, 76.

4 *Scholtissek*, Klaus (2004): ‚Eine größere Liebe als diese hat niemand, als wenn einer sein Leben hingibt für seine Freunde' (Joh 15,13), in: *Frey*, Jörg/ *Schnelle*, Udo (Hg.): Kontexte des Johannesevangeliums: Das vierte Evangelium in religions- und traditionsgeschichtlicher Perspektive (WUNT I/175), Tübingen, 413–439; *Repschinski*, Boris, SJ (2008), Freundschaft mit Jesus: Joh 15,12–17, in: *Huber*, Konrad/ders. (Hg.): Im Geist und in der

Wahrheit: Studien zum Johannesevangelium und zur Offenbarung des Johannes sowie andere Beiträge. Festschrift für Martin Hasitschka (NTA 52), Münster, 155–67; *Culy*, Martin M. (2010): Echoes of Friendship in the Gospel of John (NTM 30), Sheffield.

5 Immer mehr Forscher nehmen heute an, dass dem Evangelisten mindestens ein synoptisches Evangelium, wenn nicht sogar alle vorgelegen haben. Zur Forschungsgeschichte *Labahn*, Michael/*Lang*,Manfred (2004): Johannes und die Synoptiker. Positionen und Impulse seit 1990, in: *Frey*, Jörg/ *Schnelle*, Udo (Hg.): Kontexte des Johannesevangeliums: Das vierte Evangelium in religions- und traditionsgeschichtlicher Perspektive (WUNT I/175), Tübingen, 443–515.

6 *Scholtissek* (s. Anm. 4), 430.

7 *Caragounis*, Chrys (2012): ‚Abide in me.' The New Mode of Relationship between Jesus and His Followers as a Basis for Christian Ethics (John 15), in: *van der Watt*, Jan Gabriël/*Zimmermann*, Ruben (Hg.): Rethinking the Ethics of John: ‚Implicit Ethics' in the Johannine Writings (Kontexte und Normen neutestamentlicher Ethik/Contexts and Norms of New Testament Ethics 3, WUNT I/291), Tübingen, 250–263, 261.

8 *Aristoteles*, eth nic 1166b.

9 *Aristoteles* eth nic 1159b.1186b; *Plato* resp. 462C, *Plutarch* mor. 490E.

10 Zur Freimütigkeit in der Freundschaft s. *Scholtissek* (s. Anm. 4), 428–430.

11 So *Scholtissek* (s. Anm. 4), 428. Weiterführend und vertiefend zur Freundschaft mit Höhergestellten, zur Kaiserfreundschaft und zu deren Funktion in Joh 19,2 *Stegemann*, Ekkehard W. (2006), Freundschaftstopik im Neuen Testament, in: *Appuhn-Radtke* Sibylle und *Wipfler* Esther P., Freundschaft. Motive und Bedeutungen, München, 9–24, 20–23.

12 Vgl. *Rabens*, Volker (2012): Johannine Perspectives on Ethical Enabling in the Context of Stoic and Philonic Ethics, in: *van der Watt*, Jan Gabriël/*Zimmermann*, Ruben (Hg.): Rethinking the Ethics of John: ‚Implicit Ethics' in the Johannine Writings (Kontexte und Normen neutestamentlicher Ethik/Contexts and Norms of New Testament Ethics 3, WUNT I/291), Tübingen, 120–133.

13 *Scholtissek* (s. Anm. 4), 433. Belege bei Scholtissek, 421–2. Neuer Wettstein: Platon Symp 179b; Aristot Eth Nic 9,8; 1169a18–1169b2; Demetrios Lakon Vita Philonides 22 (P. Herc 1044); Diod S X 4,3–6; Epict Diss II 7,2–3; Epict Diss III 24,64 s. zu 1 Kor 9,19–23; Epict Ench 32,3; Philostr Vit Ap VII 14; Diog L VII 130; Diog L X 121; Diog L X 148; Jambl Vit Pyth 235–2364; Sen Ep 9,10; Val Max IV 7 ext 1.

14 Hier ist weniger von der Lebenshingabe als vom Einsatz des Lebens mit dem Risiko des Lebensverlustes die Rede (vgl. LXX Ri 12,3; 1 Sam 19,5; 28,21; 1 Kön 19,2). So *Söding*, Thomas (2007), Einsatz des Lebens. Ein Motiv johanneischer Soteriologie, in: *van Belle*, G. (Hg.), The Death of Jesus in the Fourth Gospel, Leuven u. a., 363–384, 365.382.

15 Gegen *Popkes*, Enno Edzard (2005), Die Theologie der Liebe Gottes in den johanneischen Schriften: zur Semantik der Liebe und zum Motivkreis des Dualismus, Tübingen, 310, der die Ansicht vertritt, dass hier nicht die

Bereitschaft zur Lebenshingabe gefordert wird, obwohl Joh 13,15.34 die Schüler Jesu explizit dazu auffordert, der vorbildlichen Liebe Jesu zu entsprechen. Popkes betont die sühnende Kraft des Todes Jesu und will deshalb einen allfälligen Tod der Schüler von diesem deutlich abgrenzen.

16 *Scholtissek* (s. Anm. 4), 438; vgl. 435 f.

17 *Bendemann,* Reinhard von (2011): Frühchristliche Freundschaftsethik, in: *Karle* Isolde (Hg.): Lebensberatung – Weisheit – Lebenskunst, Leipzig, 80–99, 96; mit vielen Quellenbelegen; vgl. auch *Scholtissek* (s. Anm. 4), 430 f, der auf die hierarchische Perspektive in diesem Zusammenhang nicht eingeht.

18 So *Scholtissek* (s. Anm. 4), 428. Weiterführend und vertiefend zur Freundschaft mit Höhergestellten, zur Kaiserfreundschaft und zu deren Funktion in Joh 19,2 *Stegemann,* Ekkehard W. (2006), (s. Anm. 12), 9–14.

19 *Beckwith,* Christopher I. (2009): Empires of the Silk Road. A history of Central Eurasia from the Bronze Age to the present, Princeton (NJ).

20 Dt. Übersetzung nach Lukian. Werke in drei Bänden, hrsg. von Jürgen Werner/Herbert Greiner-Mai, Berlin, 1974.

21 Germanischer Wurfspieß.

22 Vgl. zu Joh 11,1–12,11 *Scholtissek* (s. Anm. 4), 427.

23 *Pervo,* Richard I. (1997): With Lucian: Who Needs Friends? Friendship in the Toxaris, in: *Fitzgerald,* John T.: Greco-Roman Perspectives on Friendship (Resources for Biblical Studies 34), Atlanta, 163–180.

24 *Dehn,* Günther (1931): Kirche und Völkerversöhnung. Dokumente zum Halleschen Universitätskonflikt, Berlin. Der Vortrag wurde am 6. November 1928 im Gemeindehaus der Ulrichskirche in Magdeburg unter dem Titel „Kirche und Völkerversöhnung“ gehalten. „Wir sollen uns sodann hüten, von uns aus auch nur das Geringste dazu zu tun, dem Krieg ein romantisches oder gar christliches Gesicht zu geben. Es ist allgemein üblich, daß von der Kirche der Tod fürs Vaterland unter den Gesichtspunkt des reinen Opfertodes gestellt wird, unter das Bibelwort: ‚Niemand hat größere Liebe denn die, daß er sein Leben lasse für seine Freunde.‘ *Wir wollen ganz gewiß diesem Tod seine Würde und auch seine Größe lassen,* aber ebenso gewiß wollen wir auch die Wahrheit sagen. Es wird bei dieser Darstellung eben außer acht gelassen, daß der, der getötet wurde, eben auch selbst hat töten wollen. Damit wird die Parallelisierung mit dem christlichen Opfertod zu einer Unmöglichkeit. Im Anschluß daran sollte man auch die Frage erwägen, ob es richtig ist, daß die Kirche den Gefallenen Denkmäler in ihren eignen Mauern errichtet. Sollte man das nicht vielmehr der bürgerlichen Gemeinde überlassen?“ (Ebd. 21 f.; Hervorhebung im Original).

25 *Fröhlich,* Franz (1907): Fichtes Reden an die deutsche Nation, Berlin, 67 f, zitiert Fichte mit der Gleichung „Urvolk, Menschheitsvolk, deutsche Nation.“ Fichte habe sich beinahe ausschließlich mit Tacitus’ Germania beschäftigt. Vgl. auch *Norden,* Eduard ([4]1959): Die Germanische Urgeschichte in Tacitus Germania, Stuttgart [zuerst 1920], 56. Unter Berufung auf *Geffroy,* Mathieu Auguste (1874): Rome et les barbares. Étude sur la Germanie

de Tacite, Paris, schreibt Norden selbst: „In der Tat hätte dieses seine weltgeschichtliche Mission, die Umgestaltung der Völkerwelt des gestürzten Imperiums, nicht vollziehen können, wenn seiner Rasse nicht eine schöpferisch wirkende Eigenart innegewohnt hätte. Diese verband sich nun freilich schon in früher Zeit mit der Fähigkeit einer Anpassung an Fremdes bis zur Selbstentäußerung. Dieses Übermaß der Hingabe hat uns in entscheidungsvollen Abschnitten unserer Geschichte an der rechten Entfaltung der inneren Kräfte und der Ausprägung des Nationalbewußtseins gehindert. Wohl mag uns jetzt das von Tacitus weitergegebene Kernwort eines alten Berichterstatters über Germanisches ein Ansporn sein zur Selbstbesinnung auf unsere angestammte Art und zu deren Betätigung: aus dem Hasse der Völker erblühe uns eine stärkere Liebe zu dem echten Wesenskerne unseres eignen Volkes" (Norden, 57).

26 Zitiert nach *Birley,* Anthony (1999): ‚Introduction' to: Tacitus, Agricola and Germany, Oxford, xxxviii.

27 Diesen Hinweis verdanke ich Prof. Dr. Martin Leutzsch.

28 Am deutlichsten in *Norden,* Eduard (1920): Die germanische Urgeschichte in Tacitus Germania, Leipzig/Berlin. „Wie alle literarischen Gattungen des Altertums, so ist auch die ethnographische einer Typologie verfallen. Das von einem Beobachter über ein bestimmtes Volk Ausgesagte wurde von einem anderen auf ein anderes Volk übertragen" (56).

29 Zum gemeinsamen Bluttrinken als Freundschaftsband bei den Skythen vgl. Herodot IV, 70.

30 *Scholl,* Inge ([11]2005): Die weiße Rose (erw. Neuausgabe, Fischer TB 11802), Frankfurt/M., 189. Diesen Hinweis verdanke ich Pfr. David Scherler.

31 *Zimmermann* (s. Anm. 3), 80.

32 Gegen *Zimmermann* (s. Anm. 3), 78.

33 *van der Watt,* Jan Gabriël (2006): Radical Social Redefinition and Radical Love: Ethics and Ethos in the Gospel According to John, in: *ders.* (Hg.): Identity, Ethics, and Ethos in the New Testament (BZNW 141), Berlin/New York, 107–133, spricht auf S. 127 f. von zwei foci, einen nach innen und einen nach außen, wobei bei der Fußwaschung beide zusammenkommen.

34 Dazu ausführlich mit weiteren Literaturhinweisen: *Wick,* Peter (2008): Liebe – Freundschaft – Eros im Johannesevangelium, in: *Schröter,* Hartmut (Hg.): Weltentfremdung – Weltoffenheit. Alternativen der Moderne. Perspektiven aus Wissenschaft – Religion – Kunst, Berlin, 123–140.

Männerbeziehungen im Spiegel biblischer Vielfalt

Reiner Knieling

Männergeschichten kann man als Berufsgeschichten und als Familiengeschichten, als Geschichten vom Gewinnen und Verlieren, von Kampf und Geschenk, von Glück und Schmerz erzählen. Man kann sie auch als Berufungs-, Finde- und Such-Geschichten erzählen – und nicht zuletzt als Gottes-Geschichten.

Biblische Geschichten haben durch die Jahrtausende ihre Kraft entfaltet – in ihrer Fremdheit und Andersartigkeit, in ihrer existentiellen Tiefe und mit den unterschiedlichen Gotteserfahrungen. Es gehört zum Geheimnis biblischer Geschichten, dass sie besonders stark werden, wenn sie sich mit gegenwärtigen Glaubens- und Lebenserfahrungen verbinden; wenn wechselseitige Resonanz entsteht; wenn es zu produktiven Spannungen und Irritationen kommt.

1. Beziehungen, Religion, Stärke und Schwäche – Männer im 21. Jahrhundert

Ich nehme wenige Ergebnisse aus den Männerstudien der letzten Jahre mit dem Fokus auf Männer-Beziehungen auf.[1]

Gewachsene Beziehungsvielfalt und -verantwortung

Die Studien zeigen und bestätigen damit, was viele im Alltag wahrnehmen: Männer sind in den vergangenen Jahren – auch in der Gestaltung ihrer Beziehungen – vielseitiger geworden. Familie, Freunde und Freizeit haben einen sehr hohen Stellenwert als

„wichtigste Lebensbereiche" (jeweils 78 % Zustimmung). Etwas dahinter liegt der Beruf (65 %). Für unser Thema ist besonders die Angleichung von Familie und Freundschaften interessant:[2] die Zustimmung zu Familie als einer der „wichtigsten Lebensbereiche" ist leicht gefallen (1998: 84 %), die Zustimmung bei Freunden dagegen deutlich gestiegen ist (1998: 68 %). Männer pflegen 2008 – wie auch Frauen – deutlich intensiver Freundschaften, wobei für Frauen eher Freundinnen, für Männer eher Freunde wichtig sind. Männerfreundschaften werden nicht nur von Männern, sondern auch von Frauen als eher konfliktarm, ehrlich und locker, aber auch als verbindlich und natürlich nicht beliebig auflösbar verstanden. Für ein Drittel der Männer sind sie beruflich wichtig, für zwei Drittel nicht. Sie bereichern vor allem die familiale Lebenswelt.

In diesem Zusammenhang ist eine weitere Beobachtung interessant, für die die Belege aus einer anderen Studie stammen: Die Zahl der alleinlebenden Männer hat sich zwischen 1996 und 2011 fast verdoppelt (Steigung um 48 %, in Westdeutschland um 40,5 %, in Ostdeutschland um 78,1 %). Die Zahl der alleinlebenden Frauen ist auch gestiegen, aber deutlich schwächer (insgesamt um 10,5 %, im Westen um 8,1 %, im Osten um 19,5 %), wobei die alleinlebenden Frauen immer noch die knappe Hälfte der Alleinlebenden insgesamt ausmachen (53,3 % 2011). Aufgrund der höheren Lebenserwartung ist bei den alleinlebenden Frauen die Gruppe der Verwitweten die größte. Bei den Männern sind es die Ledigen (63,1 %; geschieden: 18,9 %, verwitwet: 11,2 %, getrennt lebend: 6,8 %). Damit korrespondiert: „Während im jungen und mittleren Alter Männer häufiger als Frauen in einem Einpersonenhaushalt leben, sind es im höheren Alter eher die Frauen."[3]

Zurück zu den Männerstudien: Auffällig ist, dass auch die Verantwortung gegenüber eigenen Kindern gestiegen ist. In der Studie „Männer in Bewegung" stehen an erster Stelle der „Wunschthemen für Männerentwicklung": „gleiche Rechte für Männer bei Scheidungen" (74 %, 1998: 70 %); „dass sich Männer um ihre Kinder kümmern" (70 %, 1998: „sich für Familie und Haushalt verantwortlich fühlen" 66 %); „geteiltes Sorgerecht bei nichtehelichen Kindern" (66 %).[4] Alle Anliegen rund um das Wohl der Kinder in Trennungssituationen haben hohe Zustimmungswerte.

Wenn man die Entwicklung der letzten beiden Jahrzehnte anschaut, kann man sagen: Männer setzen zunehmend auf vielfältige Beziehungen, auch wenn sie sie weniger im eigenen Haushalt leben. Sie bauen ihr Netz in Familie, Freundschaften, Freizeit und Beruf aus. Sie übernehmen vermehrt Verantwortung für sich, ihre Kinder und ihre Freundschaften. Kurz: Männer übernehmen Beziehungsverantwortung.

Gestiegenes Interesse an Religion und Kirche

Das Interesse an Religion und Kirche ist zwischen den Jahren 1998 und 2008 bei Männern deutlich gestiegen. Bei den „wichtigsten Lebensbereichen" haben sich die Werte verdoppelt. Bei Religion stieg die Zustimmung von 12 % auf 24 %, bei Kirche von 9 % auf 17 %. Das sind im Vergleich zu Familie, Freundschaften, Freizeit und Beruf keine besonders hohen Werte und führen auch nicht zur Reduktion der Kirchenkritik. Auf der anderen Seite ist die *Verdoppelung* der Werte nicht gering zu schätzen und wird durch andere Werte konkretisiert: Abgenommen hat die Kirchendistanz bei Männern (von 52 % auf 41 %, zum Vergleich bei Frauen: von 42 % auf 40 %). Deutlich zugenommen hat die Kirchenverbundenheit. Zu „Die Kirche ist mir Heimat" stieg die Zustimmung bei Männern von 11 % auf 20 % (bei Frauen von 15 % auf 16 %). Noch auffälliger ist: „Der religiöse Glaube hat bei Männern Bedeutung für die Bewältigung persönlicher Krisen" fand bei Männern 2008 33 % Zustimmung (1998: 14 %), bei Frauen in ihrer Einschätzung der Männer etwas weniger: 23 % (1998: 12 %). Nun liegt es in der Natur einer quantitativen Befragung, dass die Gründe für diesen Zuwachs nicht mit erhoben werden. Eine Vermutung, die durch weitere Forschungen erhärtet werden müsste, ist: Die vielfältigen Umbrüche (Gesellschaft, Arbeitswelt, Lebensformen …), die unterschiedlichen Rollenerwartungen im Beruf, zu Hause, in sonstigen Bezügen, die Reibungen zwischen eigenen Wünschen und fremden Erwartungen, … all das nährt Unsicherheiten genauso wie Gegenkräfte dazu: Pragmatismus, Rückzug, Auseinandersetzung und nicht zuletzt spirituelle Vertiefung. Wie auch immer die genannten Beziehungen und Wirkungen näher zu bestimmen sind, die aktuellen Erfahrungen und Entwicklungen schärfen den Blick auf die Männer der Bibel: auf ihre Umbrüche und Unsicherheiten, auf ihre Rückzüge, Auseinandersetzungen und Wandlungen, auf ihre Fluchten und Beziehungsverantwortungen, auf ihre Gottesvorstellungen und Gotteserfahrungen. Und je mehr sich die Faszination verstärkt und die Wahrnehmung vertieft, desto klarer wird wiederum der Blick für das eigene Leben – wie wenn man nach dem Eintauchen in ein anderes Land, eine andere Kultur, andere Lebensgewohnheiten wieder in das Eigene, Vertraute zurückkommt.

Ich ergänze einen weiteren Aspekt: Die vierte Kirchenmitgliedschaftsuntersuchung „Kirche in der Vielfalt der Lebensbezüge“ zeigt: Männer stimmen der Aussage „Ich glaube, dass es einen Gott gibt, der sich in Jesus Christus zu erkennen gegeben hat“, also einer spezifisch christlichen Beschreibung des Glaubens seltener zu (25 %) als Frauen (36 %). Umgekehrt liegt die Zustimmung zu „Ich glaube an eine höhere Kraft, aber nicht an einen Gott, wie ihn die Kirche beschreibt“ bei Männern (28 %) etwas höher als bei Frauen (24 %).[5] Männer tendieren also zu einem Glaubensverständnis, das sich im Unterschied zu Frauen von spezifisch christlichen Beschreibungen des Glaubens etwas mehr distanziert und mehr Freiraum beansprucht.

Hinzu kommt: „Für beide Geschlechter – die Männer jedoch noch deutlich stärker als die Frauen – bildet die Natur einen wichtigen Anknüpfungspunkt religiös-spirituellen Erlebens.“[6] Dabei kann die Natur relativ unbestimmt auf ‚etwas Göttliches‘ bezogen werden, das ‚irgendwie‘ darin gefunden wird. Sie kann genauso als Gottes gut geplante, sinnvolle und beeindruckende Schöpfung verstanden werden. Und dazwischen gibt es alle denkbaren Mischformen. Auch hier ist die Frage spannend: Was bedeutet es, die erzählten spirituellen Erfahrungen der dargestellten Männer der Bibel wahrzunehmen: Mose in der Wüste, vor dem Dornbusch, auf dem Berg; David als Hirten oder Kämpfer; Petrus und Paulus als Wanderer durch das Römische Reich …?

Das Leben als Kampf und der lange Weg zur eigenen Schwäche

In der Studie „Was Männern Sinn gibt" wird auf den Punkt gebracht, was im täglichen Leben facettenreich zu beobachten ist: Männer verstehen ihr Leben u. a. als Kampf: als Kampf ums Überleben oder als Einsatz für ein besseres Leben, als Kampf gegen widrige Umstände oder gegen den Widerstand anderer Menschen etc. Wer durchgehalten hat und dabei Erfahrungen – teilweise verbunden mit Erfolg – gewonnen hat, verbucht das Ergebnis anschließend in der Regel positiv als erarbeiteten Sinn. Selbst etwas geleistet zu haben – im Beruf, im Sport, in der Freizeit, in der Familie –, ist wichtig. Was „erkämpft" werden musste, prägt sich besonders ein.

Männer brauchen Räume, wo sie ihre Stärke spüren können, in dem, was der Alltag fordert, und in eher spielerischen Bereichen (Sport, Natur, Abenteuer, Handwerk …). Die Erfahrung in der Männerarbeit ist: Wo Männer ihre eigene Stärke spüren und mit sich in Kontakt sind, werden sie auch offen für andere, unangenehmere Themenbereiche. So berichtet Markus Röntgen, katholischer Referent für Männerseelsorge in Köln, von einer Bergtour, nach der sich intensive Gespräche „über das Aufsteigen und Absteigen als wichtige Erfahrungen im Männerleben" entwickelten.[7] Martin Strauß, bayrischer Pfarrer und Meditationsanleiter, bietet Männerbergwochen an, in denen die einzelnen Tage z. B. so überschrieben werden: „Meinen Schritt finden; Gipfelziele; Übergänge; An Abgründen gehen; Weite Wege zum Ziel; Erschöpfung; Genuss und Geschwindigkeit; Aufbruch und Heimkehr." So ist eine Annäherung an die Schattenseiten des Lebens möglich. Und auf einmal wird klar: Die Natur ist nicht nur wohltuender Kontrast zu manchen Alltagserfahrungen. Sie spiegelt auch die Ambivalenzen des Lebens: wenn eben noch die Sonne schien und urplötzlich ein Gewitter hinter dem Bergkamm aufzieht; wenn ich von den Blumen in der Bergwelt fasziniert bin und die Abgründe, die sich gleich dahinter auftun, übersehe oder übersehen möchte; wenn mir der steinige Weg alle Energie raubt und ich die vielen schönen Kleinigkeiten am Wegrand gar nicht mehr wahrnehme. Manchmal kommt die spirituelle Dimension wie von selbst hinzu: Ich staune über Gottes wunderbare Schöpfung und bin ganz in diesem Moment. Ich lobe Gott angesichts all des Wunderbaren. Dann wieder spüre ich, wie mich der mühsame Aufstieg quält. Oder ich klage Gott die Abgründe meines Lebens. Ich danke ihm für alles Gute und wünsche mir Kraft für das Schwere und Bedrückende. Die Schöpfung selbst lobt Gott (z. B. Ps 148) und seufzt zugleich ihrer Erlösung entgegen (Röm 8,18–25).

In alledem bleibt das Kreuz als Ausdruck des Scheiterns und der Ohnmacht Gottes für viele Männer eine Provokation.[8] Annäherungen werden oft erst durch leidvolle Erfahrungen wie z. B. Arbeitslosigkeit, gescheiterte Beziehungen, überraschende Krankheiten oder globale Krisen möglich. „Um die Kraft, die in der Schwäche liegt, zu erfahren, braucht es bei Männern in der Regel einen längeren Reifeprozess."[9]

Hegemoniale Männlichkeiten: Gewinne, Kosten und Wandlungen

Die beschriebenen Wege zur eigenen Schwäche und das Gespür für die eigene Stärke unterstützen einen konstruktiven Umgang mit „hegemonialen Männlichkeiten", die z. B. von Robert W. Connell umfassend beschrieben wurden. Er nimmt dabei nicht nur die Vorherrschaft von Männern über Frauen, sondern auch von Männern über Männer in den Blick. Und Letzteres bedeutet, dass wenige Männer über viele herrschen. Ganz wenige herrschen fast ausschließlich (die ganz oben), abgesehen von den Zwängen, denen auch sie unterworfen sind. Viele sind zugleich Beherrschte und Herrschende. Und viele sind nahezu ausschließlich Beherrschte. Sie tun, was andere ihnen sagen, und leben – je nach Chef, Betriebsklima und eigener Einstellung – damit unterschiedlich gut oder schlecht. Ein Grund für die Verteidigung *hegemonialer Männlichkeiten* durch Männer sind nach Connell die unterschiedlich hoch ausfallenden „patriarchalen Dividenden" wie Ansehen, Prestige, Befehlsgewalt und materieller Profit.[10] Wie in der Finanzbranche ist freilich der *erhoffte* Profit nicht selten höher als das *reale* Ergebnis. So geprägte *Männlichkeiten* werden durch soziale Interaktionen ständig reproduziert und dadurch stabilisiert.[11]

In den letzten Jahren hat auch der Schatten dieser Konstellation zunehmend Beachtung gefunden hat: Männer profitieren nicht nur von den hegemonialen Männlichkeiten, sie haben auch ihren Preis dafür zu zahlen. Beides darf nicht gegen das jeweils andere ausgespielt werden. Beides ist zu beachten: die Privilegien, die nicht klein geredet werden dürfen, und das „Unprivilegierte", das nicht verschwiegen werden darf. Bei Letzterem geht es nicht nur um „männliche Viktimisierung" (von der Diskriminierung Schwuler bis zum heroischen Opfer, z. B. von Soldaten), sondern auch um die Beschränkung des Lebens auf bestimmte Bereiche, der mit der klassischen Rollenverteilung verbunden ist, wenn z. B. wegen des Berufs wenig Zeit für Familie und Freunde bleibt. Positiv unterstützt werden diese Diskurse der kritischen Männerforschung durch manche Entwicklungen in der feministischen Diskussion, z. B. durch die Aufdeckung von Unterdrückungsmechanismen, ganz gleich, ob Frauen oder Männer dabei agieren. „Dann ist weder Eva die Sünderin schlechthin, noch ist Adam allein für die Unterdrückungsverhältnisse verantwortlich."[12]

2. Beziehungsvielfalt, Männerpotenziale und Gottesbegegnungen – Biblische Inspirationen

Mit den dargestellten Aspekten – Umbrüche und Beziehungsvielfalt, Gottoffenheit und Natur, Beziehung zur eigenen Stärke und Schwäche, Macht und Ohnmacht – schaue ich auf die beschriebenen Männer der Bibel. Ich sichte die Beiträge dieses Buches und frage nach ähnlichen und unterschiedlichen Erfahrungen in biblischen und gegenwärtigen Männerwelten, nach existentiellen Berührungen und gegenseitigen Infragestellungen und Bereicherungen. Ich achte in den biblischen Darstellungen darauf, wie sich Männerbeziehungen entwickeln und verändern, wie sie sich vertiefen und Risse bekommen, was Männern eingeschrieben scheint und was sich wandelt. Ich frage auch, welche verändernden Potenziale in den Gotteserfahrungen liegen. In all dem liegen hilfreiche, manchmal irritierende Deutungsaspekte für eigene Erfahrungen und mögliche Kriterien für eigene Suchbewegungen. Daraus entstehen Fragen für die eigene, vielfältige Beziehungsgestaltung und Weiterentwicklung.[13]

Bruderkonflikte in der Genesis

Bruderbeziehungen haben ihre eigene Dynamik: weil man die Familiengeschichte nicht los wird; weil man aus demselben „Nest" kommt, biologisch, sozial und kulturell; weil man mit denselben Bezugspersonen aufgewachsen ist, sie aber unterschiedlich erlebt und sich unterschiedlich entwickelt; weil man durch die Familienbande verbunden bleibt und sich als Freunde nicht unbedingt gefunden hätte. Das ermöglicht ein enges und vertrautes Miteinander und potenziert mögliche Konfliktpunkte. Die Genesis ist voll davon und zeigt, wohin Konflikte führen können: auch zu Gewalt. Das ist kein schönes Thema, gleich am Anfang der Bibel. Aber es ist mutig, es nicht auszublenden, auch in den Anfängen nicht. Im Richterbuch, auf das Matthias Millard in seinem Beitrag verweist, geht es nicht mehr speziell um Gewalt unter Brüdern. Erschreckend ist, welches Ausmaß sie dort annimmt: Es sind häufig Männer, die in diesen Geschichten Gewalt ausüben. Frauen *und* Männer sind die Opfer.[14]

Die biblischen Bruder- und Beziehungsgeschichten, die Gewalt thematisieren, fordern uns heraus, uns diesem abgründigen Potenzial zu stellen – als Frauen und Männer![15] –: Anfänge von Gewalt wahrzunehmen, Entwicklungen zu beobachten, geschützte Räume zu eröffnen, in denen Erfahrungen mit Gewalt Platz haben, eigene Abgründe anzuschauen … und nicht zuletzt der Gewalt mit geeigneten Mitteln entgegenzutreten. Die biblischen Geschichten können ihren Beitrag zur Vertiefung der Wahrnehmung leisten – nicht nur unter Brüdern –, Gespräche über Gewalt anregen bzw. befruchten, auf Aspekte aufmerksam machen, die leicht übersehen werden, für bestimmte Konstellationen, Entwicklungen und Dynamiken sensibilisieren und nicht zuletzt Kraft und Mut zum Handeln freisetzen.

Die Genesis bietet als Modell zur Konfliktlösung und Gewaltreduktion die räumliche Trennung an. Das ist wenig spektakulär oder heldenhaft, dafür aber wirksam. Trennung kann einschließen, dass Einzelne weiterhin Verantwortung für die fernen Brüder übernehmen (z. B. Josef) und dass zu gegebener Zeit Wege der Versöhnung gesucht werden (z. B. Jakob und Esau, aber auch Josef). Dabei verschweigen die Geschichten die langen Wege nicht, die dazu manchmal nötig sind. Im Gegenteil: Es werden unterschiedliche Entwicklungen und Überraschungen, heilsame Wendungen genauso wie Rückschläge benannt. Deren Breite und Facettenreichtum ermöglichen vielfältige Berührungen mit gegenwärtigen Konflikt- und Gewalt-, Trennungs- und Versöhnungserfahrungen. Und gerade mit ihrem Realitätssinn bergen die Geschichten Potenziale, die in eigene, gegenwärtige Lösungen locken.

Mose

Die Beziehungsvielfalt, die Mose im Laufe seines langen Lebens durchlebt, könnte facettenreicher nicht sein: Mutigen Frauen auf der einen wie auf der anderen Seite (Hebräerinnen und Ägypterinnen) verdankt er sein Leben. Gerettet wird er später zum Retter. Zwei unterschiedliche Kulturen trägt er in sich, mit allen Konflikten, die sich daraus ergeben und die er bewältigen muss – als Mann seiner Zeit, mit den kulturellen Männerbildern, die sich in ihn eingeschrieben haben. Er formt die nationale Identität und Einheit seines Volkes und lässt sich doch nicht in Konventionen zwängen (Heirat zweier Frauen aus anderen Kulturen). Um die Anerkennung seines Volkes muss er immer wieder ringen. Er schlichtet in Konflikten und benötigt bald Unterstützung. Er gerät in Konflikte und hört auf den Rat anderer. Er bewahrt Souveränität und Ruhe – und hört auf Gott, der ihn berufen hat, der ihm in turbulenten Zeiten Halt gibt und bei dem er für sein Volk eintritt – immer und immer wieder. Aus all diesen Erfahrungen erwächst eine innere Kraft, die auch zur Demut fähig ist: zu mutigem Dienen (nicht zu verwechseln mit schwächlichem Rückzug). Dominik Markl hat das hervorragend herausgearbeitet.

Mose wird als Gottesmann dargestellt: von Gott berufen, von Gott mit einem großen Auftrag versehen, in direktem Kontakt mit Gott. Mose wird zum religiösen und politischen Vater eines Volkes. Gleichzeitig wird Mose sehr menschlich dargestellt: mit seinem Fehlverhalten, mit seinen Schwächen, mit Konflikten, die nicht wirklich gelöst werden konnten. – Es gehört zur Größe und zum Mut der biblischen Erzählungen, auch diese Seite des „Helden“ zu zeigen, in einer Zeit, in der das keineswegs üblich war. Gleichzeitig wird erzählt, wie Mose in seiner Menschlichkeit auf Gott geworfen, auf ihn angewiesen ist; und wie sich seine Gottesbeziehung darin vertieft.

Auch wenn ich nicht die Identität eines ganzen Volkes forme, inspiriert mich die Moseerzählung, mich mit meinen alltäglichen Aufgaben – nicht nur, aber auch als Mann – bewusst auf

Gott auszurichten: mich an den Grundgeboten Gottes zu orientieren, in Wüstenzeiten der eigenen Berufung nachzuspüren und diese zu vergewissern, mich der Kraft Gottes – besonders in der Unmittelbarkeit der Natur – auszusetzen und auszuhalten, wenn er sich nicht gleich zeigt. Die Moseerzählung ermutigt mich, mich mit allem, was zu meinem Mensch- und Mann-Sein gehört, Gott zuzumuten und seine heilschaffende Gütekraft für diese Welt zu erbitten, zu erklagen und zu erhoffen. Vielleicht ist dazu auch die Unmittelbarkeit der Natur neu zu entdecken. Mose hat wesentliche Gottes-Entdeckungen dort gemacht: am Dornbusch, in der Wüste, auf dem Berg, durch Lebenswasser, Feuer- und Wolkensäule. Er hat wie später Petrus und Paulus und viele andere unendliche Strecken zu Fuß zurückgelegt. Er wusste, was es bedeutet, auf elementare Lebens-Mittel angewiesen zu sein. Das alles hat sein Reden geprägt und die Frage ist spannend, wie Naturerleben und Gottes Worthaftigkeit zusammengehören.[16] Dazu liegt noch einige theologische Arbeit vor uns, die umso interessanter wird, je mehr wir glaubwürdig, ehrlich und spürgenau unsere Gotteserfahrungen auch als Männer einbringen, einschließlich der Irritationen, enttäuschten Gottes-Sehnsüchte und Gleichgültigkeiten.

Die Moseerzählung regt mich an, nach dem zu suchen, was mir als Mann und Mensch Orientierung gibt, was mich als Mann und Mensch trägt, was hilft und heilt und was zerstört und kaputt macht. Die Moseerzählung nährt meine Zuversicht, dass Gott sein Recht durchsetzt, nicht nur anderen, sondern auch mir gegenüber (Mose darf nicht in das versprochene Land) – und dass seine Gütekraft noch viel umfassender ist und alle Gerichtserfahrungen zu etwas Vorletztem machen – für Frauen und Männer: Am Ende stirbt Mose „auf dem Mund Gottes" in enger Verbindung mit ihm. Bei Mose lerne ich: Durch eine solche Ausrichtung auf Gott geschieht eine tiefere Orientierung, als wenn sie alleine durch Regeln erfolgen würde. Oder anders: Es ist ein Unterschied, ob ich aus eigener Kraft Regeln einhalte, oder ob die Kraft, die aus der Gottesbeziehung erwächst, im Leben Gestalt gewinnt und sich dabei auch an Regeln orientiert.

Die Moseerzählung und die Vertiefung seiner Gotteserfahrungen auf seinem Weg provozieren noch eine weitergehende Frage in mir: Bin ich bereit, aus der Ausrichtung auf Gott und der daraus erwachsenden Gottesbeziehung die Kernsätze meines Glaubens neu zu formulieren? Bin ich bereit, dabei meine Männlichkeitskonstruktionen aufs Spiel zu setzen? Auch wenn Gotteserfahrungen durch Bilder vom Glauben, vom Menschsein, vom Frau- und Mann-Sein geprägt sind, überschreiten sie diese mitunter: Sie transzendieren, vertiefen, modifizieren, korrigieren unsere Glaubenssätze und Menschen-, Männer- und Frauenbilder.

David und Jonatan

„Die Liebesbeziehung Jonatans zu David [entwickelt sich] zu der alles bestimmenden Beziehung" in dem Beziehungsviereck zwischen Saul, David, Jonatan und Michal. Dabei sind die politische und die persönliche Dimension untrennbar ineinander verschränkt. Die Beziehung zwischen Jonatan und David ist verbindlich und verlässlich. Sie bewährt sich in der Gefahr, die von Sauls Eifersucht und Stimmungsschwankungen ausgeht. Sie bewährt sich in Jonatans symbolischem Ablegen der Machtinsignien. Und sie ist liebevoll, jedenfalls von Jonatan aus. Wie sehr die Liebe auch von David ausgeht, bleibt offen. Das Faszinierende an dieser biblischen Erzählung ist für mich, wie die unterschiedlichen Facetten beschrieben und nicht bewertet werden; wie an manchen Stellen die homoerotische Spannung greifbar ist und an anderen Stellen höchst zurückhaltend erzählt wird; wie selbstverständlich die zärtlichen Momente dieser Männerbeziehung in die Erzählung einfließen, ohne dass daraus abgeleitet werden kann, dass es um eine *durchgehend* zärtliche Männerbeziehung geht. Detlef Dieckmann hat das in seinem Beitrag differenziert und präzise herausgearbeitet.

Die Zumutung dieser Geschichte ist, dass man aus ihr weder einfach ein Ja noch ein Nein zu verbindlichen, verlässlichen und liebevollen homosexuellen Partnerschaften ableiten kann. Sie mutet uns zu, im genauen Wahrnehmen der biblischen Texte und des eigenen Lebens eigene Bewertungen zu finden und auf einfache Einordnungen in gut und schlecht zu verzichten (diese passen ja ohnehin ganz selten), also etwa eine sexuelle Orientierung grundsätzlich für gut oder für schlecht zu halten bzw. zu erklären. Die einfühlsame und dezente Erzählung der David-Jonatan-Beziehung als Teil des Beziehungsvierecks Saul, David, Jonatan und Michal fordert uns heraus, genau hinzuschauen und auf Zwischentöne zu hören – in Freundschaften wie in Liebesbeziehungen: Was geht von wem aus? Was wird wie erwidert? Was nährt die Treue, die Liebe und die Verlässlichkeit in Beziehungen? Was gefährdet sie? Was lässt das Vertrauen schrumpfen bzw. schürt das Misstrauen? Was verletzt den anderen/die andere? Usw. Gerade das, was in den biblischen Geschichten offen bleibt und nicht bewertet wird, wirft uns auf uns selbst zurück. Wir sind genötigt, selbst Antworten zu finden, uns mit uns selbst auseinanderzusetzen, nach dem zu suchen, was in der konkreten Beziehungsgestaltung – welcher Art auch immer – gut und schlecht ist, was hilfreich und was zerstörerisch … und dann gemeinsam zu ringen, was kirchlich und gesellschaftlich insgesamt gelten soll.

Abschalom und David

Bei Abschalom und David geht es um das Miteinander und Gegeneinander von König und Thronfolger, das wiederum untrennbar mit den familiären Beziehungen verwoben ist. David wird als König dargestellt: Er handelt als Staatsmann und bewahrt, wo immer es möglich ist, seine politische Stärke. Gleichzeitig wird er sehr menschlich beschrieben, teilweise geradezu schwach (es gehört auch hier zur Größe der biblischen Überlieferung, das nicht zu verschweigen): Seinen Söhnen scheint er keinen Wunsch abschlagen zu können, auch wenn die Wünsche regelmäßig ins Verderben führen. David scheint es nicht zu merken oder er will es nicht wahrhaben. In seinen Vater-Sohn-Beziehungen wirkt er naiv. Seine Zuneigung zu seinem Sohn Abschalom, der gleichzeitig sein politischer Feind ist, zerreißt ihn schier. Unterstützt durch sein Umfeld entscheidet er sich dafür, sich die Macht nicht nehmen zu lassen. Der Preis ist der Tod seines Sohnes, den er unter allen Umständen verhindern wollte. Schon um Amnon hatte David lange getrauert. Die Trauer um Abschalom bricht ihm das Herz und raubt ihm seine Stärke, die er nicht mehr zurückgewinnen wird. „David hält an der Macht fest und besiegt den politischen Feind Abschalom. Zugleich aber trauert er um den Sohn Abschalom. Das wird in seiner Ambivalenz sichtbar und von der Erzählstimme nicht beurteilt, geschweige denn verurteilt. Es bleibt einfach stehen." (Rainer Kessler).

Vater-Sohn- und Sohn-Vater-Beziehungen genießen in Deutschland seit Jahrzehnten hohe Aufmerksamkeit – nicht zuletzt durch die Auseinandersetzungen mit der „Vätergeneration" und deren Verstrickungen in die Kriegskatastrophen des 20. Jahrhunderts. Die bewusste Beziehungsgestaltung mit den eigenen Kindern in Trennungssituationen hat für Männer erheblich an Bedeutung gewonnen. Die David-Abschalom-Erzählung macht mich wachsam und lässt mich fragen: Was dient meinen Kindern wirklich? Was unterstützt sie nicht nur vordergründig, sondern nachhaltig? Was fördert sie auf ihrem eigenen Weg in einer lebensdienlichen Weise? Wie kann ich meine eigenen Interessen angemessen und stimmig vertreten? In diesen Fragen wachsam zu sein und zusammen mit anderen nach Orientierung zu suchen, sich nicht einfach von Mitleid auf der einen Seite oder Härte auf der anderen Seite leiten zu lassen, halte ich für wichtig, verheißungsvoll und heilsam für die Generationenbeziehungen.

Auf eines möchte ich noch eingehen, das mich herausfordert: Davids Niedergang, so wird erzählt, war bei Gott beschlossene Sache – als Folge des Ehebruchs mit Batseba und der Ermordung ihres Ehemannes Urija. Gleichzeitig folgt „alles andere […] den Gesetzen menschlicher Logik" (Rainer Kessler) und die einzelnen Wendungen der tragischen Geschichte werden gerade nicht auf

Einzelentscheidungen Gottes zurückgeführt. Das fordert mich heraus: in meinem Männermut und Kampfgeist. Ich frage: Sind solche Vorstellungen nicht längst überholt? Doch das Argument ist mir zu billig. Überzeugungen sind nicht einfach gut, weil sie neu sind, oder schlecht, weil sie alt sind. Kommt es nicht auf den Moment an? Und auf die eigene Gotteserfahrung? Gott erweist sich doch immer wieder als heilsam inkonsequent; wie Liebende das eben tun. Diese Auseinandersetzung führt mich in die Skepsis gegenüber allen menschlichen Festlegungen göttlicher Vorentscheidungen. Dass sie unumstößlich seien, will ich jedenfalls nicht kampflos hinnehmen. Die Psalmen sind mir darin ein Vorbild; *die* Psalmen, die einen anderen David zeigen: den, der mit Gott intensiv im Gespräch ist, der dankt und fleht und ringt und nicht so schnell locker lässt. Falls ich mich – nach dem Kampf – wie Mose ergeben muss, ohne das verheißene Land zu erreichen, will ich wenigstens um Gottes Güte und Nähe gerungen haben.

Hiob

Männlichkeiten entwickeln und verändern sich – gesellschaftlich genauso wie individuell. Ein besonders auffälliges und eindrückliches Beispiel ist Hiob. In den ersten Kapiteln entsprechen er und die Art des Erzählens ganz dem, was in seiner Zeit galt: Ein Mann wird über seinen Besitz definiert. Dazu gehören auch die Kinder. Der Verlust des Besitzes trifft ihn hart und ist sein Verlust, nicht der seiner Frau, die ja auch ihre Kinder verloren hat. Hiob ist so, wie man(n) eben ist in einer bestimmten Zeit, Kultur, Gesellschaft, Familie. Das arbeitet Anja Bartels in ihrem Beitrag präzise und einleuchtend heraus und zeigt genauso überzeugend, dass Mann nicht blieben muss, wie man(n) eben ist.

Hiob erlebt Zumutungen, die zum Glück selten so geballt sind im Leben eines Menschen. Er verliert, was er hat: seine Lebensgrundlage, seine Sicherheiten und Zukunftsvorsorge, sein Ansehen und seine Ehre. Er verliert, was wesentlich zur Identität eines Mannes gehörte. Seine Freunde besuchen ihn und teilen seinen

Schmerz. Das alles wird in den ersten beiden Kapiteln erzählt. In einem großen Mittelteil folgen die Gespräche Hiobs mit seinen Freunden und seine Auseinandersetzung mit Gott. Diese Kapitel zeigen, wie der Trost der Freunde Hiob nur begrenzt erreicht. Hiob erlebt, was Verzweiflung ist. Aber er findet sich nicht einfach damit ab, dass Dunkles und Trübes sich grenzenlos ausbreiten. Er weiß, dass der Weg in die Resignation eine reale Gefahr darstellt. Und er ringt um Alternativen. Er setzt sich auseinander: mit seinen Freunden, mit sich selbst und mit Gott. Er klagt und kämpft. Er ringt um Argumente und sucht nach Sinn; und versteht doch nicht, was das alles bedeutet und was er dem positiv abringen könnte. Lange bleibt er in seiner Logik, die er mit seinen Freunden teilt: Das Ergehen ist Folge des eigenen Handelns. Die Freunde schließen daraus: Hiob müsste etwas getan haben, was zu diesem Handeln geführt hat. Hiob kontert: Ich bin redlich und habe das nicht verdient und deshalb muss Gott einen Fehler gemacht haben. Solche Rationalisierungen sind allzu menschlich und manchmal nötig als Ventil, als Form, überhaupt über das eigene Leiden und Schicksal sprechen zu können. Aber sie führen in der Regel nicht zu Lösungen, die nachhaltig stabilisieren, die Sinn stiften, die das Innere aufrichten.

Erst in der Gottesbegegnung verändert sich die Situation. Auf einmal werden die Argumente relativiert, weil es für einen Moment zur Berührung mit dem tragenden Grund des Lebens gekommen ist; weil für diesen Moment sich das Gespür breit macht, dass es da um eine Kraft geht, die jenseits der vorher gestellten Fragen und der nicht gefundenen Antworten liegt und die sich doch heilsam und trostreich im eigenen Leben entfaltet. Solche Gottesbegegnungen sind so schnell vergangen, wie sie gekommen sind. Und es gehört zu ihrem Wesen, dass sie nicht festgehalten werden können. Doch ihre Wirkungen sind spürbar, auch wenn die Antworten auf der rationalen Ebene noch nicht gefunden sind. Auf einer tieferen Ebene hat sich eine Erfahrung eingestellt, die nachhaltig verändert. Das Leben ist mit seinem Ursprung in Berührung gekommen, es fühlt sich wieder „aufgehoben“ an, neuer Sinn wächst.

Mit dieser Erfahrung ändern sich auch Männlichkeiten bei Hiob mit signifikanten Wirkungen. Für seine Freunde, die seinen Schmerz geteilt haben, mit denen er gerungen hat und die ihn in der Tiefe doch nicht verstehen konnten, tritt er bei Gott ein. Er bekommt doppelt so viel Besitz, wie er verloren hat. Die Herden sind riesig. Dass zum Besitz auch Menschen gehören, ist nicht erkennbar. Wichtig ist dagegen, dass er ins soziale Leben zurückkehrt, wieder angesehen ist und besucht wird. Wichtig ist auch, dass er wieder Kinder bekommt. Dabei fällt besonders auf, dass die Töchter jetzt mit Namen genannt und ins Erbe einbezogen werden. Das ist absolut außergewöhnlich zu Hiobs Zeiten und in seiner Kultur. Hier erscheint Hiob als ganz anderer Vater als in den ersten Kapiteln.

Abgeschnittene Beziehungen – Beispiel Jeremia

Dass Beziehungen abbrechen können, wird bei den bisher beschriebenen Männern vorausgesetzt. Dass es aber in der Radikalität und Intensität wie bei Jeremia geschehen könnte, ist dabei nicht denkbar. Wenn Abraham, Jakob, Mose oder David sich aus ihren ursprünglichen Kontexten herauslösen (müssen), nehmen sie einen Teil der Familie mit oder verorten sich in neuen familialen und sozialen Systemen und greifen z. T. auf ursprüngliche familiäre Bindungen zurück, auch wenn die natürlich nicht ersetzen können, was sie aufgeben mussten. Die Erzählungen können u. a. als „Abschiedsgeschichten von Idealen" und als „Ankunftsgeschichten in der Realität", auch bei Gott *in* dieser Realität gelesen werden. Und sie können als Einladung verstanden werden, den eigenen „Abschiedsgeschichten von Idealen" auf die Spur zu kommen und sie einander zu erzählen, sich der eigenen Wirklichkeit zu stellen, in ihr anzukommen und ein Gespür für Gott *in* dieser Wirklichkeit zu entwickeln.

Bei Abraham, Jakob, Mose oder David geht es um Abschiede *und* Beziehungs-Neuanfänge. Bei Jeremia dagegen erreichen die „abgeschnittenen Beziehungen" ein Ausmaß, das es sonst im AT nicht gibt, wie Andreas Ruffing in seinem Beitrag plausibel herausarbeitet: Ein Leben außerhalb einer Familie und sonstiger soziale Beziehungen ist keine denkbare Alternative, keine wählbare Variante, sondern ein Zeichen des Gerichts. Jeremia soll „keine Frau nehmen“ (Jer 16,2) und keine Familie gründen; er soll wichtige gesellschaftliche Begegnungsorte und lebensgeschichtliche Übergänge meiden (Trauerhäuser, Hochzeits- und andere Feste). Daraus entsteht eine „beispiellose soziale und persönliche Isolation“, die durch „Ausgrenzung, Spott, Missachtung, Verfolgung und Gewalt“ noch schmerzhafter wird, als sie ohnehin schon ist. Das Leben als Zeichen des Gerichts zu führen, hat sich nicht zufällig so ergeben, sondern wird als Gottes Ausnahmeauftrag gedeutet. Da wundert es nicht, dass auch die Gottes-„Beziehung“ bei Jeremia eine besondere Gestalt hat: Jeremia klagt Gott seine Beziehungslosigkeit und sein Leiden. Er klagt Gott, dass der ihn von allen menschlichen Beziehungen abgeschnitten hat. Er fühlt sich verführt (Jer 20,7): „Du hast mich betört, o Herr, und ich ließ mich betören; du hast mich gepackt und überwältigt. Zum Gespött bin ich geworden den ganzen Tag, ein jeder verhöhnt mich.“ Jeremia fühlt sich auch von Gott und dessen Lebenskraft abgeschnitten und kommt doch von ihm nicht los. Darin sind Erfahrungen verdichtet, die zum Glück selten so umfassend und tiefgehend wie bei Jeremia sind, die aber in anderer Form zum Alltag von Männern und Frauen gehören. Damit erschließt die Prophetenerzählung eine Dimension, die nicht selten vergessen oder verschwiegen wird: Gottes Zumutungen. Räume zu eröffnen, in denen vorsichtig zur Sprache kommen und gemeinsam gesucht werden kann, welche Zumutungen Gottes sich in den Zumutungen des Lebens verbergen, ist eine zentrale Aufgabe kirchlicher Arbeit. Und es könnte hilfreich sein, der Frage gemeinsam in Männer- und Frauengruppen nachzuspüren.

Petrus und Paulus

Peter Lampe stellt Petrus und Paulus als zwei „Alphamänner" vor und lässt unterschiedliche Bilder entstehen: Petrus, der Fischer vom See Genezareth, durch körperliche Arbeit, Wind und Wetter geprägt, Familienmensch und Mann des Ausgleichs und Kompromisses; einer, der bis zuletzt durchhält und dann doch aufgibt (Verleugnung); einer, der in seiner galiläischen Heimat verwurzelt ist und später dennoch das römische Reich durchwandert. Daneben Paulus, der Asket und Handwerker. Er lebt davon, Zeltbahnen zusammenzunähen, ist genauso kompromisslos in der Verfolgung der Christen wie später als Missionar. Es ist ein gebildeter Mahner und pocht entschieden auf seine eigene Unabhängigkeit.

Beide sind auf ihre Weise Christus verpflichtet: der eine in einer Beziehung, die sich durch die gemeinsame Zeit mit Jesus von Nazareth formte und durch die Begegnung mit dem Auferstandenen entscheidend vertiefte und veränderte; der andere in einer Beziehung, die durch die einschneidende Erfahrung vor Damaskus entstand und die vorherige radikale Feindschaft ersetzte. „Ans Wandern waren beide gewöhnt. Hunderte, tausende Kilometer legten die beiden Missionare auf dem Straßennetz des Kaiserreichs zurück. Aber nicht gemeinsam." (Peter Lampe) Was bedeutet es, dass die beiden so viel unterwegs waren und Zeit hatten: für sich allein und zusammen mit Begleitern (und Begleiterinnen)? Was bedeutet das für die Verarbeitung der Erfahrungen, der Erfahrungen mit Jesus und miteinander? Was bedeutet es für die Gestaltung ihrer Beziehungen oder die Entwicklung ihrer Theologie? Was bedeutet es für den Weg zur eigenen Seele, zur Sehnsucht des eigenen Herzens und zum Schmerz dessen, was nicht gelungen ist? Bei Paulus kennen wir vieles, was auf dem Weg durchs römische Reich entstanden ist. Von dem, was sich bei Petrus entwickelt hat, wissen wir vergleichsweise wenig.

Im Blick auf Paulus, der mich diesbezüglich mehr als Petrus herausfordert, frage ich: Was bedeutet es, dass er ein Kämpfer ist, ein Mann, der alles auf eine Karte setzt (vgl. u. a. 1 Kor 9,24–27), einer, der sehr zielstrebig und leistungsorientiert wirkt und doch so allergisch reagiert, wenn der „geschenkweise" Empfang der Rechtfertigung, das „allein aus Gnaden" und „ohne Verdienst" (vgl. Röm 3) in irgendeiner Weise gefährdet erscheinen. Dann kämpft er entschieden, bringt seine ganze, machtvolle Argumentationskraft zugunsten der schwachen, zarten und doch kraftvoll wirksamen Güte Gottes ins Spiel (am deutlichsten im Galaterbrief, aber auch im 2. Korintherbrief). Ich kann mir Paulus darin nur allzu gut vorstellen. Und gleichzeitig frage ich mich: Wäre es nicht auch ein bisschen gelassener gegangen? Wäre das Evangelium dadurch wirklich gefährdet gewesen? Musste Paulus selbst noch angesteckt werden von der Gelassenheit des Evangeliums und der Gütekraft Gottes? Vielleicht ist das einfach so: Wo wir auf die Kraft verweisen, die in Gottes Geheimnis verborgen ist, verweisen wir immer auf etwas, das unser konkret gelebtes Leben übersteigt und das wir niemals vollständig abbilden werden. Das entlastet.

Mich inspirieren Petrus und Paulus, meine Ausrichtung auf Christus auf meine Weise zu leben – und meinen (Männer-) Weg zu gehen, im wörtlichen und übertragenen Sinne. Sie ermutigen mich, meiner Sehnsucht im Herzen zu folgen und dabei auch zu dem zu stehen, was in meinem Leben gescheitert ist; was schiefgegangen ist und gerichtet werden muss; was zerbrochen ist und geheilt werden kann. Mich ermutigen die beiden, das alles Christus und seiner Gottesliebe auszusetzen. Mich ermutigen sie auch, mich vom auferstandenen Christus überraschen zu lassen. Aus all dem mag eine Vertiefung des Glaubens entstehen, die in der Verwurzelung in Christus auch etwas Radikales (radix, Wurzel) haben kann. Damit ist die Frage aufgeworfen ist: Wie kann solche „Radikalität" in der Ausrichtung auf Gott so gelebt werden, dass sie sich nicht gegen andere wendet, sondern anderen Menschen und dieser Welt dient und dass sie offen, lernbereit und tolerant ist? Wie das gehen kann, kann im Miteinander erprobt werden. Und es gibt viele Alltagsbeispiele, wie Männer und Frauen ihre Hingabe an Gott so leben, dass sie gleichzeitig Hingabe an die Menschheit und die Welt ist.[17]

Paulus als beschnittener und geschlagener Mann

Paulus ist ein beschnittener und ein geschlagener Mann. Sein Männerkörper zeigt seine Herkunft und seine Geschichte unübersehbar. Die „Stempel“ sind aufgedrückt. Sein Männerkörper spricht, bevor Paulus den Mund aufmacht. Was das in damaligen Kontext bedeutet, arbeitet Hans-Ulrich Weidemann in seinem Beitrag anschaulich und plausibel heraus.

Im Einzelnen: Paulus ist ein beschnittener Israelit. Er trägt das körperliche und eindeutige Zeichen der Zugehörigkeit zu seinem hebräischen, erwählten Volk – und entspricht damit nicht dem männlichen Schönheitsideal im römischen Reich, zu dem die Vorhaut selbstverständlich dazugehörte.

Dazu kommt: Er ist durch eine sicher chronische Krankheit geschwächt und – deutlich schlimmer – geschlagen und entehrt: Andere haben über ihn Herrschaft und Gewalt ausgeübt. Das ist für immer in seinen Männerkörper eingeschrieben. Die Narben trägt er unübersehbar auf dem Rücken. Es sind nicht die ehrenvollen Narben auf der Brust, die angesehene Kämpfer davontragen, wenn sie aufrecht in den Kampf ziehen, den Feind im Visier. Paulus trägt die Narben an seinem Körper, die Männern zugefügt werden, wenn sie von anderen Männern gedemütigt werden: nicht von Angesicht zu Angesicht, nicht aufrecht, sondern gebückt und wehrlos: von hinten geschlagen. Was der Verlust der Ehre bedeutet und dass die Folgen schlimmer sind als die akuten Schmerzen, zeigt ein Blick in orientalische oder osteuropäische Kulturen. Wie agiert nun Paulus als beschnittener und geschlagener Mann?

Er kämpft als der Mann, der er ist. Er tut es mit aller Entschiedenheit. Darin entspricht er den Männlichkeitsidealen seiner Zeit: er hat sich im Griff und erlangt ruhmreich sein Ziel (vgl. z. B. 1 Kor 9,24–27). Das ist die Art, *wie* er kämpft. Mit dem, *wofür* er kämpft, durchbricht er diese gleichen Männlichkeitsideale – und zwar radikal. Die Verbindung dieser scheinbaren Gegensätze passt zu Paulus. Er kämpft dafür, die Eindeutigkeit der Zuschreibungen aufzubrechen. Er tritt mit aller seiner Argumentationskraft dafür ein, den Festlegungen zu entkommen. Er erkämpft sich alternative Deutungen seiner Körpersprache gegen die damals herrschenden Männlichkeitskonstruktionen, auch wenn er ahnt, dass die kurzfristigen Erfolge eher bescheiden ausfallen werden.

Wie argumentiert Paulus? Die Bedeutung der körperlichen Beschneidung relativiert er. Aufgrund seiner *Erfahrungen* ist für ihn klar, dass die ansteckende Lebendigkeit des Auferstandenen, die Kraft des Geistes und die Befreiungswirkungen des Evangeliums nicht mehr von (zugefügten) Körpermerkmalen abhängig sind, auch wenn diese religiös konnotiert sind. Für Paulus ist klar: In dieser Hinsicht ist kein Unterschied mehr zwischen Beschnittenen und Unbeschnittenen, Frauen und Männern, Mächtigen und Beherrschten (Gal 3,28). Dabei zeigt der Verlauf der Diskussion: Wer für etwas Größeres, für gleiche Gottunmittelbarkeit aller eintritt, kommt mit der Exklusivität einzelner Gruppen, Religionsgemeinschaften oder Völker in Konflikt.

Im Blick auf gegenwärtige Diskurse, insbesondere um hegemoniale Männlichkeiten und mögliche Alternativen, finde ich die Art, wie Paulus seine Schläge re-interpretiert, besonders spannend und anregend. Er bringt sich mit seinem geschlagenen und entehrten Männerkörper in enge Verbindung mit dem geschlagenen und entehrten Jesus, dem gekreuzigten Christus: So sehr Jesus an diesem „gottverlassenen Kreuz" unter seinen Schmerzen gelitten hat und öffentliche Schande und Verachtung ertragen musste, so sehr hat Gott es sich nicht nehmen lassen, daraus neues Leben erwachsen zu lassen, nämlich Jesus von den Toten zu erwecken und durch ihn neues Leben in seinen Anhängerinnen und Anhängern und darüber hinaus zu stiften. Die Botschaft ist: Schläge und Schande tragen mehr Kraft in sich, als zunächst sichtbar ist; und zwar dann, wenn Gott wandelnd eingreift, nicht nur bei Jesus, sondern auch bei Paulus. Dieser kann zwar nicht so glänzend und kraftvoll auftreten wie andere in Korinth – sein Männerkörper macht ihm einen Strich durch die Rechnung – aber genau darin liegt die besondere Chance: Die Kraft entfaltet sich bei Paulus nicht in den tollen Reden, deren Glanz doch bald wieder verginge. Man könnte auch sagen: er gehört nicht zu den vielen „Vorturnern", die kommen und gehen.[18] Die Lebendigkeit entfaltet sich vielmehr in der ganzen Gemeinde: „So ist nun der Tod mächtig in uns, aber das Leben in euch." Oder: „Wir freuen uns ja, wenn wir schwach sind und ihr mächtig seid." (2 Kor 4,12 und 13,9) Den Gewinn haben also alle. Alle profitieren von der Lebendigkeit, alle werden in Verantwortung genommen, alle leben aus *ihrer* Gottesbeziehung usw. Die Pointe ist: Gerade weil Paulus wie Christus leidet und nicht den erwünschten rhetorischen Glanz kraftvoller, ehrenhafter Körpersprache zur Darstellung bringt, hat die Gemeinde Anteil am Auferstehungsleben, das sich natürlich auch wieder auf Paulus und seine Stärkung auswirkt. Das heißt: Dieses Leben mit den bleibenden, sichtbaren körperlichen Narben, aber auch mit dem Anteilhaben am Leben anderer (Christus und Gemeinde), ist ein ganzes Männerleben – von Gott geehrt.

Paulus tut Schwachheit und Verlust eigener Ehre nicht als etwas ab, das möglichst schnell und möglichst spurenfrei zu überwinden ist. Er findet darin vielmehr eigene Kräfte und eine eigene Ehre. Paulus würdigt zutiefst theologisch, was gesellschaftlich ein offensichtlicher und folgenreicher Makel gewesen ist. Auch wenn es heute nicht so drastisch ist: Das Ansehen zu verlieren, ist immer noch grausam und Schwäche ist besonders für Männer etwas, was es möglichst zu überwinden gilt. In einer Studie heißt dazu: „Krisen, Krankheiten, berufliches Scheitern […], das alles taucht in den Schilderungen der Gesprächspartner auf und nimmt einen breiten Raum ein. Es wird aber nicht als sinnvoll für das eigene Leben eingeordnet."[19] Andere Männerstudien schweigen zu diesem Thema. Umso wichtiger ist es, dass und wie das Thema bei Paulus zur Sprache kommt: Es wird nicht nur aus der Tabuisierung geholt – das geschieht auch an einigen anderen Stellen – es erfährt vielmehr eine theologische Würdigung und ermöglicht so eine geistliche Verankerung. Die Verleihung göttlicher Würde für Entehrte und Geschwächte birgt eine Kraft, die neu entdeckt werde könnte: als spirituelle Lebensnahrung, als Kraft der kreativen Erweiterung eingeschriebener Männlichkeiten und – langfristig gedacht – nicht zuletzt als gesellschaftliche Transformationskraft.

Freunde im Johannesevangelium

Peter Wick schlägt in seinem Beitrag die Brücke zwischen antiken und gegenwärtigen Freundschaftskonzepten. Er identifiziert die johanneische Freundschaftsvorstellung als eine, die östlich des römischen Reiches verankert war und ein starkes hierarchisches Gefälle hatte: Die Freunde geben sich dem Helden hin, der sie erwählt, und sind bereit, ihr Leben dafür zu geben. Das wird im Johannesevangelium aufgenommen und kritisch gebrochen: Die Betonung liegt nicht darauf, dass die Freunde für den „Helden" sterben (auch wenn das nicht ausgeschlossen wird), sondern dass Jesus sein Leben für die Freunde gibt. Oder anders: Der „Held" zieht seine Freunde nicht mit in den Tod, sondern beteiligt sie – durch seinen eigenen Tod hindurch – an der Fülle des Lebens: Auf Petrus z. B. geht er wieder zu, nagelt ihn nicht auf dessen Scheitern fest, führt die Freundschaft selbstverständlich weiter und verbindet sie noch zusätzlich mit weiteren Aufgaben für die Zukunft (Joh 21). Durch die *kritische* Aufnahme des Freundschaftskonzepts im Johannesevangelium sind bleibende Stachel gegen blinde Loyalität und besinnungsfreie Opferbereitschaft gesetzt. Peter Wick beschreibt in seinem Beitrag, wie sehr sich Männer in diesen Johannestexten und antiken Freundschaftskonzepten wiederfinden:

> *Zum Teil werden Sehnsüchte nach einer solchen Männerfreundschaft ausgesprochen, zum Teil dies sogar als Sinn für das eigene Leben bezeichnet, sich ganz mit seinem eigenen Leben gemeinsam mit anderen für die höheren Ziele eines Freundes einzusetzen, dem eine besondere Autorität zuerkannt wird. Allein dies im Männerkreis zu diskutieren, kann sehr viel über persönliche Ziele und Einstellungen aufdecken. Zugleich ist klar, dass dieses Ideal, gerade weil es offensichtlich latent bei vielen Männern wirksam ist, oft missbräuchlich eingesetzt worden ist, nicht nur für militärische Zwecke in der ersten Hälfte des*

20. Jahrhunderts, sondern auch immer wieder im kleineren Rahmen, wenn in Beruf oder Kirche von Leitenden und Verantwortlichen als Gegenleistung für Leistung auch Freundschaft angeboten wird. Die differenzierte Wahrnehmung des johanneischen Umgangs mit diesem Ideal kann hier kritisch und aufklärend wirken. Jesus verlangt nichts weiter von seinen Freunden, als dass sie bei ihm bleiben. Ihr Scheitern schmälert seine Freundschaft nicht, im Gegenteil, wie der Umgang von Jesus mit Petrus nach der Auferstehung zeigt (Joh 21).

Letzteres verbindet sich mit zentralen Entdeckungen des Evangeliums durch Männer wie Paulus: Aus der geschenkten Beziehung zu diesem Christus – geschändet, entehrt und doch so lebendig – erwachsen Kräfte, die gängige Männlichkeitskonstruktionen heilsam kontrapunktieren und Spielräume für De- und Rekonstruktionen erheblich erweitern: Zum Kampf kommt das Geschenk und zur Leistung die schlichte Freude am Sein. Der Erfolgsdruck wird durch Scheiter- und Güte-Räume aufgebrochen und die Stärke-Ideale durch Schwäche-Potentiale. Wenn das kein Evangelium ist – für Männer wie für Frauen!

3. Anstelle eines Fazits

Männer werden in den biblischen Erzählungen selbstverständlich als Beziehungsmänner dargestellt. Sie leben in ihren Beziehungen, freuen sich an ihnen, leiden an ihnen. Sie brechen Beziehungen ab und bauen neue auf. Männer geraten in Konflikte. Manchmal suchen sie Gott und manchmal handeln sie einfach. Sie übernehmen Verantwortung. Sie suchen und finden Orientierung für ihr Leben – aber sie halten sich nicht immer daran. Gelegentlich werden sie von Gott ergriffen, ohne nach ihm gesucht zu haben.

„Mann sein ist kein abendfüllendes Programm, färbt aber Letzteres genauso wie das Tagesgeschäft und das Beziehungsgefüge ein“, haben wir in der Einführung geschrieben. Und: „Abendprogramme von Männern sind genauso wenig wie die von Frauen für alle Zeiten festgelegt. […] die Möglichkeiten, Beziehungen zu gestalten, sind bunter, als uns manche ‚Einschreibungen' glauben lassen."

Die biblischen Inspirationen dazu sind so vielfältig wie das Leben. Eine kleine Auswahl haben wir in diesem Band vorgestellt. Die Erzählungen auf einen Nenner zu bringen, verbietet sich von selbst. Zu facettenreich sind die Geschichten, zu verwoben die einzelnen Erzählstränge, zu vernetzt die verschiedenen Akteure, zu überraschend bestimmte Wendungen, zu offen die Gottes-Geschichten. Ich verstehe die biblischen Erzählungen als Einladung, mich mit meinem eigenen Mann-Sein auseinanderzusetzen: mit dem, was mir eingeschrieben wurde und wie ich damit umgehe; worin ich mich gerne eingerichtet habe und woran ich mich reibe; mit gelungenen und gescheiterten Beziehungen; mit meiner Schwäche und mit meiner Stärke; mit versagter und gewährter Ehre …

Die biblischen Geschichten laden mich darüber hinaus ein, Gott in meinem alltäglichen Männerleben zu finden; und gleichzeitig zu wissen, dass er in meinem bescheidenen Leben und meinen Erfahrungen nicht aufgeht. Die biblischen Geschichten machen mich auf Facetten aufmerksam, die ich sonst zu übersehen drohe: Gott zu begegnen, kann Berufung und Befreiung bedeuten, Orientierung und Mut geben. Es kann aber auch schmerzlich sein und Zumutungen nach sich ziehen. Dann heißt es, nicht alles hinzunehmen und mit Gott zu ringen.

In der Auseinandersetzung mit den biblischen Geschichten und Texten, die wir für dieses Buch ausgewählt haben, geriet immer wieder eines in den Blick: die Männer stoßen in ihrem Ringen in der Regel früher oder später auf Gottes Gütekraft, auf seine Freiheitsstärke, auf seine Ehrung des Lebens einschließlich aller Wunden und allen Scheiterns, auf seine Verleihung von Lebenskraft, die aus der Schwäche wächst. Von dieser Dynamik lasse ich mich gerne anstecken.

Anmerkungen

1 Vgl. zum Folgenden: *Knieling*, Reiner (2010), Männer und Kirche. Konflikte, Missverständnisse, Annäherungen, Göttingen, bes. Kap. 1–3, 5 und 9. Dort auch die Einzelbelege. Die zugrunde liegenden Studien sind: *Engelbrecht* Martin/*Rosowski*, Martin (2007), Was Männern Sinn gibt. Leben zwischen Welt und Gegenwelt, Stuttgart; *Volz*, Rainer/*Zulehner*, Paul M. (2009), Männer in Bewegung. Zehn Jahre Männerentwicklung in Deutschland, Baden-Baden; *Volz*, Rainer/*Zulehner*, Paul M. (1998, [3]1999), Männer im Aufbruch. Wie Deutschlands Männer sich selbst und wie sie Frauen sehen. Ein Forschungsbericht, Ostfildern; *Wippermann*, Carsten/*Calmbach*, Marc/*Wippermann*, Katja (2009), Männer, Rolle vorwärts, Rolle rückwärts? Identitäten und Verhalten von traditionellen, modernen und postmodernen Männern, Leverkusen.

2 Vgl.: *Volz/Zulehner*, Männer in Bewegung (Anm. 1), 136–142. Dort werden jeweils auch Vergleichszahlen aus der zehn Jahre älteren Studie „Männer im Aufbruch" angegeben.

3 http://www.bpb.de/nachschlagen/zahlen-und-fakten/soziale-situation-in-deutschland/61572/alleinlebende (eingesehen am 10.1.2015). Vgl. auch: *Zulehner*, Paul M./*Steinmair-Pösel*, Petra (2014), Gleichstellung in der Sackgasse? Frauen, Männer und die erschöpfte Familie von heute, Wien, 89 f.

4 *Volz/Zulehner*, Männer in Bewegung (Anm. 1), 298, vgl. auch das Kapitel zur familialen Lebenswelt, 69 ff. Zu den Details der neuen Väter (z. B. was sie zusammen mit ihren Kindern machen und was nicht): 88–111.

5 Vgl. Kirche in der Vielfalt der Lebensbezüge. Die vierte EKD-Erhebung über Kirchenmitgliedschaft (2006), hg.v. Wolfgang *Huber* u. a., Gütersloh (Erhebungsdaten von 2002). Dazu: *Benthaus-Apel*, Friederike (2006), Kirchlichkeit, Religiosität und (religiöse) Sinndeutungsmuster von Männern. Ergebnisse der vierten EKD-Erhebung über Kirchenmitgliedschaft und ihre Verknüpfung mit der Studie „Was Männern Sinn gibt. Die unsichtbare Religion kirchenferner Männer", Unveröffentlichter Forschungsbericht im Auftrag der Männerarbeit der EKD, Köln, 41–45. – Spannend wäre ein Vergleich mit den Daten der fünften Kirchenmitgliedschaftsstudie, die leider noch nicht veröffentlicht sind und bei der die genannten Fragen so modifiziert wurden, dass ein aussagekräftiger Vergleich kaum möglich sein wird.

6 Engelbrecht, Martin (2009), ‚Weibliche' und ‚männliche' Spiritualität? Die Pluralisierung religiöser Sinnstiftungsformen und ihre Beziehung zu Geschlechterstereotypen, in: FrauenMännerGeschlechterforschung. State of the Art (Forum Frauen- und Geschlechterforschung, Bd. 19, [2]2009), hg.v. Brigitte *Aulenbacher* u. a., Münster, 254–264, 259.

7 Geht raus und sammelt. Männer suchen einen Gott, der hinter ihnen steht und sagt: „Gut, dass es dich gibt." Ein Gespräch mit Markus *Roentgen*, von H. *Messmann*, in: Publik-Forum, 5/2006, 46–49., 47.

8 Der Umgang mit Ohnmachtserfahrungen ist ja auch kirchlich nicht gut eingeübt und wird theologisch selten reflektiert (in den gängigen theologischen Lexika gibt es keinen einzigen Artikel dazu, in der Regel noch

nicht einmal Verweise auf Kreuz, Passion etc.). Manchmal scheinen mir gerade im Protestantismus Kreuzestheologie und Passionsfrömmigkeit in Instrumente zur Verhinderung von Ohnmachtserfahrungen verwandelt zu werden, indem schmerzlichen Momenten allzu schnell Sinn abgerungen und somit Erleichterung geschaffen wird, ohne die Ohnmacht in ihrer Tiefe wirklich zu spüren.

9 Geht raus (Anm. 7), 49. – Dabei spielen Einsichten, für die Richard Rohr und seine Anhänger stehen, eine wichtige Rolle, z. B.: Sich spüren in der Natur, an die eigenen Grenzen kommen, die Kraft der Kontemplation entdecken, die verschiedenen Dimensionen des Lebens integrieren. Die Würdigung dieser Aspekte bedeutet nicht, der dort verbreiteten Initationsvorstellung zu folgen (vgl. *ders.* (2004), Endlich Mann werden. Die Wiederentdeckung der Initiation, München).

10 Vgl. *Connell*, Robert W., Der gemachte Mann. Konstruktion und Krise von Männlichkeiten, Wiesbaden [3]2006, 103 f. (Nach Geschlechtsumwandlung Raewyn Connell, nach Möller, Kurt, Männergewalt – ein nachwachsender Rohstoff? Befunde, Deutungen, Schlussfolgerungen, in: *Volz/Zulehner*, Männer in Bewegung (Anm. 1), 357–370, 364).

11 Vgl. auch Pierre *Bourdieus* Habitus-Konzept (Einführung, Anm. 3).

12 *Walz*, Heike (2008), Blinde Flecken. Warum es theologische Geschlechterdialoge querbeet braucht (Einleitung), in: Theologie und Geschlecht. Dialoge querbeet (Theologie und Geschlecht, Bd. 1), hg.v. Heike Walz u. a., Münster, 9–36, 13.

13 Zitate ohne Quellenangabe in den folgenden Unterkapiteln sind jeweils den Beiträgen in diesem Buch entnommen.

14 Vgl. dazu: *Dieckmann*, Detlef (2012), Männer als Opfer. Gewalt gegen Jungen und Männer in der Genesis, in: *Knieling*, Reiner/*Ruffing*, Andreas (Hg.): Männerspezifische Bibelauslegung, Göttingen, 39–61.

15 Vgl. dazu im Einzelnen: *Volz/Zulehner*, Männer in Bewegung (Anm. 1), 189–209, bes. 199; dazu: *Knieling*, Männer und Kirche (Anm. 1), 32–35.

16 Vgl. dazu *Knieling*, Männer und Kirche (Anm. 1), bes. 116–135.

17 In der Diskussion um den Zusammenhang von Monotheismus und Gewalt wird das leider häufig übersehen. So behauptet der sonst so differenzierte Ulrich Beck, dass es im Wesen aller Religionen, ausdrücklich auch des Christentums liege, dass denen, die sich nicht zur Religion halten, ihr Menschsein (!) abgesprochen werde (*ders.* (2007), Gott ist gefährlich. So human Religion auch scheinen mag: Sie birgt stets einen totalitären Kern, in: DIE ZEIT, 62, Nr. 52 (19. Dezember) 2007, 12). Jan Assmann dagegen differenziert mittlerweile und beschreibt, wie in der „kulturellen Semantik" der monotheistischen Religionen (Judentum, Christentum, Islam) die eigene Geschichte als Abgrenzungsgeschichte erzählt wird, was allerdings weniger im Wesen der Religionen als in ihren politischen Entstehungsbedingungen liege (vgl. *ders.* (2006), Monotheismus und die Sprache der Gewalt, Wien, 21, 56 f).

18 „Der Kontakt der Männer zueinander ist wichtig, viel wichtiger als einen der weiteren männlichen Vorturner kennenzulernen." (*Schnack*, Dieter/

Neutzling, Rainer (1995), Wie Männer miteinander umgehen. In: Männer verändern sich. Wie Männergruppen Lebendigkeit entfalten, hg.v. Hans Stapelfeld u. a., Bielefeld, 172 f.).

19 Vgl. *Engelbrecht/Rosowski*, Was Männern Sinn gibt (Anm. 1), 67, dazu *Knieling*, Männer und Kirche (Anm. 1), 12.

Autorin und Autoren

Anja C. Bartels
Evangelische Theologin und Wissenschaftliche Mitarbeiterin des Forschungsprojektes „Dynamiken von Raum und Geschlecht: entdecken – erobern – erfinden – erzählen“ (Deutsche Forschungsgemeinschaft), Kassel

Detlef Dieckmann-von Bünau
Dr. theol., Leiter des Theologischen Studienseminars der VELKD in Pullach bei München und Privatdozent für Altes Testament an der Evangelisch-Theologischen Fakultät der Ruhr-Universität Bochum

Rainer Kessler
Dr. theol., Professor em. für Evangelische Theologie (Altes Testament) an der Philipps-Universität Marburg

Reiner Knieling (Herausgeber)
Dr. theol., Leiter des Gemeindekollegs der Vereinigten Evangelisch-Lutherischen Kirche Deutschlands (VELKD) in Neudietendorf bei Erfurt und außerplanmäßiger Professor für praktische Theologie an der Kirchlichen Hochschule Wuppertal/Bethel

Peter Lampe
Dr. theol., Professor für Neutestamentliche Theologie an der Ruprecht-Karls-Universität Heidelberg und Honorarprofessor an den Theologischen Fakultät der University of the Free State in Bloemfontein in Südafrika

Dominik Markl, SJ
Dr. theol., Privatdozent am Pontifical Biblical Institute in Rom

Matthias Millard
Dr. theol., apl. Professor für Altes Testament an der Kirchlichen Hochschule Wuppertal/Bethel, Detmold

Andreas Ruffing (Herausgeber)
Dr. theol., Leiter der Kirchlichen Arbeitsstelle für Männerseelsorge und Männerarbeit in den deutschen Diözesen e. V., Fulda

Hans-Ulrich Weidemann
Dr. theol., Professor für Katholische Theologie (Altes Testament) an der Universität Gießen

Peter Wick
Dr. theol., Professor für Exegese und Theologie des Neuen Testaments an der Ruhr-Universität Bochum